国家社科基金
后期资助项目

牧区草地资源的
可持续管理：
制度、政策与市场

Sustainable Grassland Management
in Pastoral Areas: Institutions, Policies and Markets

谭淑豪　著

社会科学文献出版社
SOCIAL SCIENCES ACADEMIC PRESS (CHINA)

国家社科基金后期资助项目
出版说明

　　后期资助项目是国家社科基金设立的一类重要项目，旨在鼓励广大社科研究者潜心治学，支持基础研究多出优秀成果。它是经过严格评审，从接近完成的科研成果中遴选立项的。为扩大后期资助项目的影响，更好地推动学术发展，促进成果转化，全国哲学社会科学工作办公室按照"统一设计、统一标识、统一版式、形成系列"的总体要求，组织出版国家社科基金后期资助项目成果。

全国哲学社会科学工作办公室

目　录

第五篇　草地管理：是单干还是合作

第1章 导论

牧区草地资源的可持续管理：制度、政策与市场是关键

草地是人类的放牧畜牧业基地，不仅栖息和养育了 3% 的世界总人口、35% 的绵羊、23% 的山羊和 16% 的牛，而且提供了巨大的生态系统服务功能，包括生产植物（如饲草料、薪柴和草药等）、调节气候、供水调水、提供养分并促进养分循环以及保护土壤等。草原畜牧业被认为是全球最可持续的食物生产体系之一（McGahey et al.，2014），也是干旱半干旱地区主要的土地利用方式和牧民的重要收入来源（Undargaa and Mccarthy，2016）。根据联合国粮农组织 2017 年的数据，全球现有永久性草地面积约 32.3 亿公顷，占地球陆地面积的 1/4，封存了全球陆地生态系统 1/3 以上的碳，提供了全球 30%~50% 的畜产品。因此，草地在全球碳氮循环调节、气候变化减缓和食物安全保障中起着重要作用。中国天然草地面积居全球第二，占国土面积的 41.7%，约为森林面积的 3 倍，农田面积的 3.3 倍（张新时等，2016），为最大的陆地生态系统和三大食物来源之一，不仅是发展牧区经济和稳定社会的物质基础，更是国家的重要生态屏障（洪绂曾，2009；高鸿宾，2012）以及大江大河的发源地和水源涵养核心区。然而，中国退化的可利用天然草场面积达90%，并以每年 200 万公顷的速度继续扩张。虽然近十多年来中国不断加强对牧区的生态保护，如 2003~2010 年中央对草原牧区投资达 135.7 亿元，2011 年以来中央财政更是每年安排 134 亿元资金用于在内蒙古、四川等八个主要草原省区实行草原生态补助奖励（生态补奖）制度，然而草原生态退化的状况仍未能从根本上扭转。而总面积为 504 万平方公里、占国土总面积 52.5%、分布着 50 个少数民族和 75% 的少数民族人口的北方干旱半干旱草原牧区更为脆弱，全国每年新增荒漠化土地面积的 90% 以上发生在该区域，而该区域生态环境的退化又直接影响北京等

地，因而有"风起额济纳，沙落北京城"之说。1993 年 5 月 5 日，起源于内蒙古自治区阿拉善盟额济纳旗的黑尘暴袭击了我国甘肃、宁夏和内蒙古的大部分地区，风力最高达 13 级，能见度最低为 0，造成 85 人死亡、264 人受伤、31 人失踪，损失牲畜 12 万头（只），农作物受灾面积560 万亩，直接经济损失 5.4 亿多元。这次的沙尘暴不仅波及北京等地，甚至使日本、朝鲜和韩国等国家也出现连续多天降尘。[①] 2021 年 3 月 15日，北京、河北中北部、山西北部、陕西北部、宁夏北部、甘肃河西和内蒙古西部出现了沙尘暴。这是北京近十年以来最强的一次沙尘暴，从强度来看达到强沙尘暴天气等级。15 日上午 9 时，北京城六区 PM10 浓度超过 8000，严重爆表，当时全国已有 11 个城市因沙尘影响，小时空气质量指数（Air Quality Index，简称 AQI）达到 500。[②] 据 2016 年 10 月 24日美国《纽约时报》报道，中国北方沙漠在过去若干年以每年超过 3367平方公里的速度拓展，致使 40 年间多出了一个"克罗地亚"那么大的沙漠面积。这严重威胁着中国北方地区的生态安全。

全球的草地也面临着类似退化的趋势。据 Steinfeld 等（2006）的估计，全球 1/5 的牧场以及干旱地区 73% 的草地遭到退化。是什么原因导致了草地的退化呢？总的说来，气候变化等自然因素和草地的不合理利用等人为因素是草地退化的主要驱动力。如 Yang 等（2016）认为，人类活动是导致草地退化的罪魁祸首。李文军和张倩（2009）、Cao 等（2018）以及 Li 等（2018）认为，草地退化主要由草地使用权私有化所致。王金枝等（2020）认为，超载过牧、鼠虫害、滥挖药材、道路工程建设和矿产资源开发是藏北高寒草地退化的主要原因。而根据刘纪远等（2008）对近 30 年青海三江源地区草地退化时空特征的分析，三江源草地退化的格局在 20 世纪 70 年代中后期已基本形成，并且退化还在继续，不存在 90年代以来草地退化加剧现象。就内蒙古而言，低温、干旱、牧草较短的生长期以及多大风天气等自然原因致使草地生态极为脆弱，而开垦草原、游牧改定牧、牧民定居、牧区开矿和采挖药用食材等人为因素加剧了草

[①]　http://www.northnews.cn/p/800241.html，2021 年 3 月 23 日。

[②]　https://finance.sina.com.cn/china/dfjj/2021 - 03 - 15/doc-ikknscsi5434997.shtml，2021年 3 月 17 日。

原生态环境的恶化（海山，2014）。① 万华伟等（2016）对 2003～2012年呼伦贝尔市生态功能区草地退化的时空特征分析证实，极端气候和采矿及工业建设等人类活动是该区草地质量变化的主要驱动力。学界对草地退化的理论解释莫衷一是，如根据海山（2014）的整理，主要有超载过牧论、粗放经营论、传统游牧论、山羊刨食论、人口超载论、社会发展论、气候干旱论、草场产权论和游牧消失论等，但无论何种理论占主流，与草地利用有关的制度、政策和市场对其可持续管理的重要性都不容忽视。

第一节　制度、政策和市场对于草地可持续管理的重要性

　　草地是最重要的陆地生态系统之一，也是人类的放牧畜牧业基地。由于具有产权界定的困难性（即强竞争性和弱排他性）和功能的多样性等特征，草地被视为典型的共享资源（CPRs，即 Common Pool Resources）。目前全球草地资源遭受的普遍退化，已成为人类社会面临的主要生态问题。中国北方草原产草量大量减少、功能降低且稳定性下降，已成为或即将成为一个不能自我维持的不可持续发展的系统（陈秋红，2013）。我国主要牧区草地"局部改善、总体恶化"的状况极大地削弱了草地生态系统的服务功能，致使近90%可利用草地的生物多样性、系统稳定性和碳汇功能显著下降，一些草地正在由碳汇转化为碳源，由生态屏障转向沙尘源地，由社会发展的动力转变为负担，这严重威胁着我国的绿色发展（白永飞等，2020；任继周，2020）。因此，草地资源的可持续管理（即对草地资源的管理方式不仅要看重短期经济利益，更要着眼于长远的生态和社会利益）成为当前学术界、政府和公众关注的一个焦点。草地可持续管理有助于生产系统充分发挥其确保零饥饿的潜力，改善牧民生计，提高牧民的食物和营养安全并消除其贫困（FAO，2020）。现有遏制草地退化的研究多集中在技术层面（Akiyamal and Kawamura，

---

① 海山在2014年1月18～19日中国社科院举办的"牧区草场经营体制改革与草原生态保护"学术研讨会上的报告。

2007；唐华俊等，2016；黄梅、尚占环，2019），这为草地的可持续利用提供了诸多技术选择（赵萌莉等，2014；刘明等，2020）。然而，有关的理论（科斯等，1994）及来自不同国家或地区正反两方面的实践（Swallow and Bromley，1995；Fernández-Giménez，2002；Mwangi，2007；Huntsinger et al.，2014；曾贤刚等，2014；Ivo，2014）表明，草地等共享资源的利用问题不是一个仅依靠技术手段而不求助于制度就能够解决的，它们涉及多个利益相关者，需要多个层面共同决策，是新一代发展中所谓的"难缠问题"（wicked-problem）（Mwangi，2009）。而现有资源制度与经济绩效关系的研究虽然长期以来备受关注，但至今没有形成令人信服的一致性结论。如哈丁（Hardin，1968）认为资源私有化制度可使"公地"免遭悲剧，而奥斯特罗姆等（2000）却认为以社区为基础的资源制度可避免政府失灵和市场失灵从而能更有效地管理共享资源。学术界关于制度对共享资源管理影响的研究中有关草地的研究较少，有待加强，特别是对于中国的研究。以中国北方干旱半干旱牧区为例，探讨草地制度多样化的成因、效应及创新，可望丰富共享资源的可持续管理理论与实践。

从制度、政策和市场的角度探讨牧区草地的可持续管理，有利于促进草地制度创新和相关的政策设计，从而保障我国的生态安全、增强民族团结、增进人民福祉。我国天然草地面积居全球第一，占国土面积的41.7%，为最大的陆地生态系统和三大食物生产来源之一，也是牧区经济发展、社会稳定的物质基础和我国的生态安全屏障（洪绂曾，2009）。天然草地中牧区草原3.133亿公顷，南、北方草山草坡0.733亿公顷，江河与沿海滩涂草地0.133亿公顷（李毓堂，2008）。然而，约有90%的天然草地处于不同程度的退化，其中严重退化草地占60%以上（白永飞等，2020）。近十年来，虽然国家不断加强对牧区的生态保护，如2003~2010年中央对草原牧区投资达135.7亿元，但草原生态"点上好转、面上恶化，局部好转、整体恶化"的趋势仍未能从根本上改变（侯向阳等，2011）。2010年，全国266个牧区、半牧区县（旗）天然草原的牲畜超载率仍分别高达42%和47%。而总面积为504万平方公里、占国土总面积52.5%、分布着50个少数民族和75%的少数民族人口的北方干旱半干旱区（年平均降水量小于200毫米的地区为干旱区，介于200~400毫米的地区为半干旱区）生态更为脆弱。这一地区草地退化的主要原因在于制度缺失下的草地管理失当（王晓毅，2009a；陈秋红，2013；李周，2017）和不够完善的放牧管理制度（任继周等，2011；冯静蕾等，2014；王晓毅，2016）。有鉴于此，国家于 2011 年 8 月出台了"生态优先"的草原新政，并自 2011 年起对我国主要草原牧区实施生态补奖政策，旨在促进草地资源的可持续管理。

中国对于草地制度（主要指草地产权制度和草地管理制度两方面）的现有研究，多侧重于从纵向定性比较产权制度的变迁（即不同时期的产权制度安排）对草地管理的影响（于立等，2009；李毓堂，2009；樊胜岳、张卉，2007），并较为清晰地梳理了产权制度变迁的脉络及其影响。有学者（谭淑豪等，2008；蔡虹、李文军，2016）对草地资源利用的微观行为进行了探讨，从一定程度上揭示了管理制度对微观行为的影响机制和效果；还有学者对草地制度变迁作了深刻的理性思考和详尽的逻辑分析（盖志毅，2008；王晓毅，2009b；杨理，2010，2015），促进了人们对草地制度的反思。但对于同一地区不同时期及同一时期不同地区的草地制度变迁规律与草地资源属性的关系、草地制度形成的条件及其影响因素（包括自然、社会经济和非正式制度因素），以及制度对牧民等利益相关者行为的影响及其所产生的经济、生态和社会效应的研究还有待加强。对此进行深入探讨，有助于政策制定者用多样性思维来解决草原问题，这对有效实施草原新政、保障我国生态安全、增强牧区民族团结、增进人民福祉具有重要的现实意义。

第二节　对草地制度相关研究的大致回顾

草地由于具有生产、生态和文化等多种功能并因具有排他性和竞争性而被视为重要的共享资源。草地资源不同程度的退化，不仅影响牧业生产、牧民生计和牧区发展，也削弱了草原生态系统的服务功能，从而制约着社会经济发展的发展。全球大部分草地位于干旱半干旱区，对气候变化极为敏感。随着气候变化加剧，草地资源的可持续管理日益成为当前学术界、政府和公众关注的焦点，而草地制度为草地资源可持续管理的关键。以下就草地制度的形成及其多样化原因、草地制度对草地资源管理的影响以及草地制度的研究方法和研究思路简要综述国际国内有关研究的进展。这里的制度是一个广义的概念，包括政策和市场等机制。

2.1 草地制度的形成及其多样化原因

探讨草地等自然资源制度的形成及其多样化原因，有助于防止人们用简单的思维方式来解决复杂的资源管理问题（Ostrom，2009）。制度或制度安排是一系列被制定出来的规则，包括法律、政策等正式制度和宗教、习俗等非正式制度及其实施。关于制度形成和演化的驱动力，可归纳为三种观点：自然演化、人为设计以及自然演化与人为设计的结合（卢现祥，2011）。Willamson（2000）的制度分析框架表明，制度演化是多层次的，不同层次的制度演化过程和机制是有差异的，这些不同的层次是相互影响的。

资源制度的形成和演化机制也符合以上规律。经济学家们认为资源制度的形成在于提高资源的利用效率、激励保护性投入。资源管理学者则强调资源制度应建立在不同资源的属性之上（Ostrom，2000）。根据Ostrom及其追随者在世界各地对渔业和森林等共享资源进行的大量研究，成功的共享资源管理制度既有从传统中延续下来的，也有通过新的制度设计创新出来的。资源制度对管理者和利用者提供的激励与约束功能的有效发挥与其形成的自然条件和社会经济环境密切相关（Acemoglu and Johnson，2005），这表明资源制度的形成受自然条件和社会经济环境的影响。对此，Ostrom（2009）在经过大量案例研究的基础上指出，所有人类利用的资源都嵌套于复杂的社会生态系统，这些系统又由多个子系统和其内部变量在不同层面上构成。而无论是对于内生制度还是外生制度，资源制度的形成根植于本土的文化，制度能否形成并对资源的管理发挥作用，取决于这些制度是否符合当地的文化多样性，并被当地人所接受和自觉遵守（柯武刚、史漫飞，2004）。

草地制度指拥有和使用草地资源的期限和条件（Bruce et al.，1993）。相对于"开放获取"（open access）的资源，草地资源多在"控制获取"（controlled access）下管理，即一般由国家（国有）、社区（共有）或个人私有［有时被称为"封闭获取资源"（closed access resources）］单独管理，或者由多者共同管理（Lane and Moorehead，1995）。传统上，草地资源多以共有产权存在。强制改变产权不仅会改变牧民与草地管理，也会对整个社会结构造成深远影响（Lane and Moorehead，1995）。

草地制度的形成理论主要有三种：公地悲剧理论、产权学派理论和担保问题理论。"公地悲剧"（the tragedy of the commons）理论来自 Hardin（1968）。哈丁认为，如果草地是公有而牲畜是私有的，每个牧民都会增加自己的牲畜而使增加的收入归自己所有，由此导致的外部成本却由大家共同承担。因此，早期哈丁（Hardin，1968）认为私有化草地可以解决共有产权导致的过牧而引发的草地退化问题。但有些学者并不赞同这种观点，他们认为通过改革共有产权制度来避免悲剧不值得盲从（Fratkin，1997）。产权学派（the property rights school）的代表是 Demsetz（1967）和 Behnke（1994）。他们认为随着资源稀缺程度的增加，人们会尽量以最大化自身收益的方式利用资源，这样就必须加强对资源利用的控制，由此而产生的控制成本（costs of policing）若低于人们所获得的收益，那么资源的产权就会倾向于私有化。在以下两种情况下，草地资源的产权可能会被私有化：一是当草地的生产力较高时，如英国和荷兰等国的草地；二是生产力低的草地资源变得稀缺，而日益增大的人口压力改变了牧民"逐水草而牧"的机会主义放牧策略时。与之相反的是，当资源不稀缺、"搭便车"不成为问题时，共有产权可以有效。也存在资源相对稀缺而生产力较高地区长期维持草地共有产权的情形（Netting，1976）。担保问题理论（the assurance problem approach）来自 Runge（1981）。Runge（1981）认为，如果能够将期望、保证和行动协同起来预测行为，牧民"搭便车"的可能性就会降低，而作为效用最大化策略的合作行为则会增强。社会制度可以协调和预测行为，从而激发群体合作。Runge（1981）补充道，在收入水平低、严重依赖于自然资源基础且面临收入极其不稳定的社区，共有产权更为合算（cost effective）和有效（efficient），因为这样的社区难以承受资源私有化的交易成本。习俗和规则等非正式制度发挥着协调行动的作用，它们促进牧民对制度进行自愿支持和维护。同时，广泛存在于牧民之间的互惠关系大大加强了牲畜的移动性。共有（或共用）产权制度下的草地治理必然有集体行动存在，即集体行动是伴随产权制度而产生和变化的。

目前，世界各地有着从私有到共有和国有的草地产权制度，也有着不同的管理制度（草地产权制度和管理制度是密切相关的两个问题）（王晓毅，2009）。草地制度的多样化是因为草原这种共享资源私有产权的排他成本很高，资源本身的时间动态性和空间异质性也很强。因此，有别于农地产权对于效率的强调，草地产权应更多关注资源的特征和牧民的社会文化。随着经济的全球化、市场力量的进入以及政府的干预，世界各地的草地制度正在发生迅速变化，一方面以明晰产权为主的草原私有化在很多地区推进，另一方面以社区为基础的草地制度也在不断涌现。

2.2 草地制度对草地资源管理的影响

随着 Ostrom 获得诺贝尔经济学奖，其多年来重点关注的共享资源的研究成了一个重要的理论话题，关于草原牧业的研究也成为共享资源研究的 5 个经典课题之一。在 1985 ~ 2005 年的 20 年中，从共享资源角度研究草原牧业的国际学术文章有约 200 篇（Laerhoven et al.，2007），其中不少是有关制度对于草地资源管理影响的研究。

McCarthy 等（2000）运用社区、牧户和市场等层面的数据对布基纳法索东北部 48 个村庄的研究表明，社区和牧户层面的合作能力对草场管理有显著正影响。Banks（2003）和曹建军等（2017）的研究发现，中国西部小组合作的放牧方式及模糊的草场边界能够提高草场的管理效率。因此，加强草场的共管相对于仅建立在牧户基础上的草场管理而言可能是更合理的制度改进路径。通过调查访谈埃塞俄比亚南部博洛纳牧区 20 个村的 40 户牧户和对其中 18 个村的 128 位老人所进行的畜牧生产体系以及牧民对草场管理实践和草场退化的认知评估，Solomon 等（2007）揭示，在市场不完善的情况下，政府有效的管理制度是使畜牧生产免遭自然灾害的关键因素。通过分析游牧和定居两种管理制度对草原生态和经济效益的影响，Niamir-Fuller（2005）发现援助项目对草场管理起着重要作用。对尼日尔的研究（Ngaido and McCarthy，2005）显示，市场机制的存在会通过影响牧民的放牧行为而对环境产生有利影响。在半农半牧区，农民给在收获后的地里放牧的牧民支付一定的费用，可吸引他们前来放牧。家畜的粪便可有效地改良土壤，同时在某种程度上缓解了草原的压力。这表明市场关系对牧区草地资源的管理产生了重要影响（达林太、郑易生，2010）。

国内有关学者的研究指出，草地产权制度是我国草原退化加剧的主要原因。如王晓毅（2009，2016）认为，草场承包后牧民在自己和租赁的草场上增加了牲畜，因此对草原的破坏更加严重；杨理（2010）认为承包责任制并不能将草原转化为非公共品，因而对缓解草地退化作用不大；李文军和张倩（2009）通过对锡林郭勒盟苏尼特左旗某嘎查的调查研究和分析，认为由产权制度引起的"数量型过牧"及其"分布型过牧"是环境退化的重要原因。缺乏效率的制度（Huang, et al., 2016）使放牧系统深陷"维持生计 - 增加牲畜数量 - 草地退化 - 生计水平降低 - 增加牲畜"的恶性循环（王晓毅，2016）。在这种产权制度下，牧业生产中草地资源与牧户家庭其他要素匹配不合理，除不能使牧户的生产要素在牧业生产中组成一个水平较高的"木桶"（Tan et al., 2017,2018），还可能是牲畜在草地上不断觅食游走导致"蹄灾"（海山，2012；刘红霞，2016）。马梅和乔光华（2015）认为，草畜承包时间上的错位及草地公有与牲畜私有产权之间的矛盾，是造成 1978 ~ 2000 年内蒙古牧区草地退化面积快速增长、牧草质量严重下降的主要原因。

于立等（2009）认为我国草原问题的关键是"草畜不平衡"，将草场承包给牧户虽然改变了导致"公地悲剧"产生的制度条件，但未能改善牧区的人地关系和"畜多草少"的矛盾，并由此导致了一系列新问题的产生。如对宁夏的实地调查显示，几乎所有的牧民均认为草原正在遭受不同程度的退化（Ho and Azadi，2010）。这表明传统粗放的草原畜牧业生产经营方式已经难以为继，草原管理机制有待完善（陈洁、方炎，2003；陈洁等，2009）。对此，侯向阳等（2011）呼吁对草原实行适应性放牧管理制度。不过，曹建军等（2017）的研究证实，多户合作利用草场的集体行动可以降低生产成本、提高收入，而且节省的劳动力可以从事兼业活动。联户可通过提高牲畜的移动性改善牧户资源配置，减轻碳排放强度（Ma et al., 2016）和草地退化程度（韦惠兰、鲁斌，2010），促进植被更新和种子散布，提高物种和遗传的多样性及植被的生产力（刘黎明等，2013）。

2.3　草地制度的研究方法和研究思路

草地管理是一种环境管理，具有复杂性、多目标性和不确定性，并涉及多个利益相关者。复杂性意味着环境管理具有非线性动态变化和不清晰的系统边界；多目标性意味着决策的困难性，因为需要关注的领域较多，并且没有哪个行动过程是最好的；多个利益相关者意味着资源被多个个人、群体所利用和管理；而不确定性可以很宽泛，可能有好几个互不交叠的不确定性存在，而结果可能受我们所未知事件的影响。

为了探究草地管理生态、经济和社会效应之间的复杂联系，国外学者在研究中采取了一些数量分析的方法。如 Quaas 和 Baumgärtner（2006）运用随机生态经济模型（stochastic ecological economic model）对一个半干旱草原牧区管理进行分析，发现厌恶风险的牧民即便没有考虑保护策略所带来的长期生态和经济效果，也依然会采取一种可持续的草场管理策略。Beukes 等（2002）的模型结果表明，对生态具有缓冲作用的非选择放牧机制增加了生态系统的恢复力，因而也使得经济效果得以增加。因此，生态经济模型的结果有望改变资源管理者的行为，使其朝着资源更可持续的方面利用，使得经济所依赖的和支撑生命的生态系统之间产生协同作用（Costanza et al.，1993；Huang et al.，2016）。Wang 等（2013）和 Rui 等（2019）采用 Agent-based 模型探讨了正式和非正式制度对牧户草地管理效果的影响。

在研究思路上，国际上出现了两种倾向：一是利用 IAD（Institutional Analysis and Development）分析框架，考虑不同利益相关者，以分析制度对资源管理的影响以及评估制度的效应（Polski and Ostrom，1999；Andersson，2006）；二是将草原生态系统的非平衡性（Briske et al.，2005）和地方性（Davis，2005；Bollig and Schulte，1999）纳入草地管理的研究，认为在设计制度时如能考虑到草地系统的非平衡性和地方性知识，制度将能够得到更有效的实施，其所产生的经济、生态和社会效果也将更好。国内在这个方面的研究（赵成章等，2005；樊胜岳、张卉，2007；王关区，2006，2007；丁恒杰，2002；赵兴梅、左停，2010）多以逻辑思辨为主，数量方法运用较为薄弱，受学科和研究领域的限制较明显。可喜的是，近年来国内一批研究草原问题的学者正致力于将国际上关于草原管理研究的新思路引入中国的研究（王晓毅等，2010）。在内容上更关注非正式制度对草地管理的影响（Tu et al.，2011；贡布泽仁、李文军，2016）；在方法上注重定性讨论与定量分析相结合（Wang et al.，2013；Huang et al.，2016）；在研究思路上采用 Ostrom 等（2010）倡导的社会学、经济学、人类生态学和生态学等多学科交叉的方法论（王羊等，2012；Rui et al.，2019）。这些研究为促进草地可持续管理提供了理论依据和借鉴。

2.4　简要评述

以上文献综述表明，国际上基于制度对草地资源可持续管理的研究相对于森林等其他共享资源而言起步较晚，研究水平也有待提高。不过，近年来在研究内容、研究方法和研究思路上已有了较好的尝试。如在内容上不仅注重正式产权制度和管理制度的作用，也关注非正式管理制度的影响；在方法上将定性讨论与定量分析相结合，从定性分析为主向综合分析发展，并更多地结合模型的定量分析；在研究思路上采用社会学、经济学、人类生态学和生态学等多学科交叉的方法论。这些研究为解决草原问题提供了理论依据和借鉴。国内有关草地管理的研究，内容上探讨不同自然条件和社会经济环境对草地制度影响、特别是对非正式制度如何影响正式制度，从而促进其对草地资源管理激励和约束机制发挥的研究不够。对草地利用中相关经济主体的利益与草原问题的内在联系重视不足，也较少涉及如何改变政府功能、加强社区作用和引导牧户行为来激励草地生态系统功能的主动提供。在研究方法上大多侧重定性讨论和逻辑思辨，这在一定程度上对遏制我国草原退化起到较大的作用。然而，市场力量等外部环境的急剧变化，使我国草原问题更为复杂，涉及面更多更广，不确定性也更大。因此，需要在研究思路和研究方法上进一步完善，以得出更具说服力的解释和更可操作的管理实践；此外，鉴于草原问题的复杂性等特征，多学科交叉的思路在我国草地资源管理研究上的运用也亟待加强，以更好地揭示牧区有关制度、政策和市场对草地管理机制及草地利用效果的影响，从而完善草地资源管理的理论和改善草地管理的实践。

第三节　研究范围、目标和意义

3.1　研究范围和目标

我国的草原牧区自 20 世纪 80 年代实行草畜双承包，传统上草地资源族群共有共用的游牧制度变成草地资源共有私用的定居放牧制度。本研究旨在针对"双权一制"以来我国主要草原牧区草地退化严重的状况，探讨在现有的草地产权制度安排下，促进牧区草地资源可持续管理的制度、政策和市场机制。主要的研究对象为草地的利用者和管理者——牧户，即探讨牧户对于现有草地相关制度、政策和市场机制的行为响应及其草地利用和管理的效果。这一总目标可以分解为以下具体目标。

（1）了解我国主要牧区草地退化的大致状况及其主要原因。

（2）探讨草原"双权一制"政策对草场利用和管理以及牧户生计的影响。

（3）了解现行草地经营制度下牧户是如何管理草场的，其牧业经营是否有效率。

（4）非正式制度的文化和宗教等对于草地管理和牧业生产有何影响。

（5）评估退牧还草、草畜平衡和生态补奖政策对于草地利用、管理和牧户生计的效果，发现政策实施中存在的问题。

（6）了解牧区要素市场发育及牧户参与对其利用和管理草地的影响。

（7）比较牧户单家独户经营、非正式合伙经营以及正式参与合作社经营对于草地管理效果的影响。

基于以上研究，提出促进草地可持续管理的制度框架和政策激励。

3.2　研究意义

草地是地球上分布最广的陆地生态系统，约占全球陆地面积的 40.5%，是近 6 亿以牧业为主的国家或地区牧民的主要收入来源和生计基础。然而，由于全球性人口增长、气候变化、过度利用等，全球草地正面临退化和不可持续管理的挑战，北半球近 20% 的草原消失。我国主要草原牧区的情况更加严峻。约占全国陆地面积 42% 的草地中的 78% 位于环境条件脆弱的北部温带地区，由于气候变化及管理不善，草原不断退化。这不仅极大地削弱了牧户的收入来源，也威胁着我国牧区经济社会可持续发展的基础和北方地区的生态安全。可持续管理草地资源，促进牧区又好又快发展，是我国生态文明建设的一项重要内容。

草原问题的复杂性，加上草原牧区及外界市场力量等外部环境的急剧变化，使我国草原问题更为复杂，涉及面更广，不确定性也更大。因此，深入探究牧业经济转型期有助于草地资源可持续管理的制度创新和政策设计，具有重要的理论价值和现实意义。本书以我国北方干旱半干旱牧区为研究对象，探讨制度、政策和市场对草地资源管理及草地利用效果的影响，并基于研究发现，对可持续管理牧区草地资源提出相关建议，以丰富草地等共享资源的管理理论，并为我国草地资源管理制度的创新和完善提供理论支撑。

第四节　概念界定、研究方法及资料来源

4.1　主要概念界定

这一小节将对本书涉及的主要概念进行大致界定，这些概念包括牧区、草地资源、草地制度、草地可持续管理或利用和牧户等。本书涉及的其他一些重要概念，如草地退化、牧户生计水平、生计资本的失配与适配以及生态系统服务功能等将在相关章节详细界定，这里不再列出。

4.1.1　牧区

牧区是指基于天然草原进行畜牧业生产为主的地区。相对于以种植业生产为主的农区、以林业生产为主的林区和以渔业生产为主的渔区，牧区具有草地农业的重要特征，是商品牲畜、役畜和种畜等的生产基地。大部分牧区位于年降水量 400 毫米以下的非季风区。

依据天然草原的分布，全球牧区可大致分为两部分。①温带牧区，包括亚欧草原区和北美草原区。由于低温少雨，温带牧区的牧草种类较

少，植株矮小，多为旱生禾草，载畜量不高。且牧草生产季节不平衡，冬春畜草矛盾更为突出，畜牧业生产不够稳定。②热带牧区，包括低纬度地带的非洲中部、巴西的大部分、澳大利亚北部和东部的半干旱牧区。由于终年温暖多雨，牧草高达 2 ~ 3 米，种类繁多，畜牧业生产水平较高。

本书所讨论的我国草原牧区属温带牧区亚欧草原区的一部分，位于我国西部及西北部边缘地带，包括内蒙古、新疆、西藏、青海、甘肃、宁夏和四川西部。

4.1.2　草地资源

学界对草地的定义有多种。本书认为，草地是指以生长着草本和灌木为主、适宜发展畜牧业的土地，又称草原，是"草"与"地"的"自然综合体"。其中，"地"是草地的环境，"草"是草地的主体，是畜牧业经营利用的对象（贾慎修、夏景新，1985）。"地"与"草"好比"皮"与"毛"，"草地"因而就好比"皮毛"，"皮之不存，毛将焉附"，表明草地这一综合体或系统中两者之间紧密的关系。

在很多场合，草地也称草地资源，是指有一定分布面积和多种功能（经济功能、生态功能和文化保育功能等）、主要用作畜牧业生产资料的自然资源（王云霞，2004），又称草场资源或草原，是一种可更新的自然资源。草地资源因其具有的生产功能而具有经济价值，因此又被视为"自然 - 经济综合体"，具有"资源"和"资产"属性。

草地资源是草地畜牧业的基本生产资料，也是牧民赖以生存的基础。中国天然草地资源面积达 3.93 亿公顷，而主要草原牧区的草地资源面积多达 2 亿多公顷，约占国土总面积的 23%，是中国面积最大的自然资源。主要类型如下：①草甸草原，主要有平原草甸草原和高原草甸草原，前者包括内蒙古呼伦贝尔市和锡林郭勒盟东部的牧区，后者包括青藏高原的许多地方，如青海省祁连县、甘肃省玛曲县和四川省若尔盖县的一些草原；②典型草原，主要位于内蒙古锡林郭勒盟中部；③荒漠草原，包括平原荒漠和高（寒）原荒漠等，其中平原荒漠集中分布于新疆、甘肃、宁夏、内蒙古等省区，高（寒）原荒漠主要分布在西藏高原、内蒙古高原西部和藏北高原。

本书所讨论的草地指植被自然生长未经改良的天然草地。在中国西部和西北的广大牧区，天然草场或按季节划分为季节牧场，或按海拔高度划分为不同季节的牧场，通常冬春牧场海拔较低，而夏秋牧场海拔较高。不同季节的牧场轮流放牧利用。季节牧场遵循"冬暖、夏凉、春水、秋草"等自然规律，相应地划分为冬草场、夏草场、春草场和秋草场。因地域或海拔状况而异，可分为"春、夏、秋、冬"四季草场，"冬春草场、夏草场、秋草场"三季牧场，"冬春、夏秋"两季牧场以及不分季节的全年放牧四种形式，其中以"冬春（冷季）"和"夏秋（暖季）"两季牧场为多。如在青海的一些高寒地区，天然草场多被分为冬春草场和夏秋草场两种类型；而在内蒙古的锡林郭勒等地，草场不分季节，而以放牧场和打草场的形式加以利用。

总体而言，中国的草场资源具有非均衡系统的特征，具体表现为草场的季节性不平衡，如冬春草场面积相对于夏秋草场而言相对不足，牧草的生长、营养状况和草场的载畜能力存在季节性的不平衡。这些都会影响牧户的牧业生产决策。草地资源的具体情况将在所涉及的章节详细介绍。

4.1.3　草地制度

制度是约束人们行为的一系列规则，它抑制着人际交往中可能出现的任意行为和机会主义行为。制度包括正式制度和非正式制度。前者指以成文形式存在，且由权威机构付诸实施的法律、文件和各种规则等；后者指以非成文形式存在，或虽有成文形式，但没有权威机构执行和惩罚违规者的规定，如社会规范、宗教信仰、惯例、习俗以及道德伦理等。

草地制度指牧户在利用和管理草场时应共同遵守的规程或行动准则，包括正式的产权制度安排、草地相关政策以及在一定历史条件下形成的法令。本书所讨论的草地制度，主要指 20 世纪 80 年代以来借鉴农区耕地的家庭联产承包责任制而在牧区实施的一项政策。根据内蒙古自治区人民政府内政字〔2002〕235 号文件，作为深化农村牧区改革的一项核心内容，该政策将草原所有权、使用权和承包经营责任制（以下简称"双权一制"）在以家庭承包为主的基础上，允许其他合法形式进行落实，试图缓解之前由于牲畜承包到户等不合理制度安排引起的草场退化问题。本研究所指的制度，还包括牧户之间的正式合作和非正式的合伙使用草场等行为以及宗教信仰、民间借贷以及互相帮工等非正式制度。并且，作为广义的制度，产品和要素市场、退牧还草政策、草畜平衡政策以及生态补奖政策等也被纳入制度的范畴。此外，可能影响牧户草地管理行为的非正式制度，即人们在长期社会交往过程中逐步形成并得到认可的社会规范，包括宗教信仰、风俗习惯和文化传统等，也纳入考虑。具体详见有关章节。

4.1.4　草地可持续管理

可持续管理是由可持续发展概念引申而来的，后者在《我们共同的未来》（世界环境与发展委员会，1997）中被定义为："既能满足当代人的需要，又不对后代人满足其需要的能力构成危害的发展。"可持续管理指对资源管理的方式不仅要满足短期利益，更要着眼于长远的利益，即按照一定的生态环境功能和社会经济发展目标，综合运用制度、经济和技术等手段管理资源，以达到社会经济和环境可持续发展的目的。

草地管理的目标在于提供长期的、多元的来自健康的、多样化的和可持续草地生态系统的社会价值和将来的管理选择（Kennedy et al.，1995）。草地可持续管理的概念源自"土地可持续管理"（陈秋红，2013），后者由印度农业研究会和美国罗代尔研究所在 1990 年于新德里召开的土地利用研讨会上首次提出，随后在一系列专门的学术会议上得到发展：以经济上可行和社会可接受的方式，达到提高土地生产力、保持自然资源的潜力和稳定性目标的土地管理活动。通过采用符合国情的政策和经济手段来平衡草地资源利用中的生态和经济效益以及短期和长远效益的关系，维护生态与经济的协调发展，达到维护草地生态系统健康、提高草地资源生产能力和保证生产者经济利益的目的（李海鹏等，2004）。草地可持续管理强调管理实践既能满足当前人类的经济生活需求，又能维持草地生态系统可持续，并保障社会的生存空间和子孙后代的资源数量。

本书所讨论的草地可持续管理主要是基于要素配置的视角，即在草地资源的主要利用者和管理者——牧户层面，强调牧户拥有的草地资源和其他生计资源或资本能够合理匹配（适配），并有所增强。如牧户层面的劳动力供给、牲畜数量以及生产性资产（如内蒙古牧区牧户的打草机、搂草机和拖拉机等生产性设备）与草场的面积或生产力相匹配，而且草地资源的自然资本量以及牧户的社会资本量等在草地资源利用的过程中有所增强。这也是牧区可持续发展所强调的所谓"人-草-畜"的有机结合。这是针对目前草地经营制度下牧户家庭资源的不合理匹配（失配）以及生计资产的减少而提出的改进方向，也就是草地利用者的资源从"失配"到"适配"的过程。

4.1.5　牧户

牧户是指以经营草原畜牧业为主的草原牧民。草原畜牧业是一种古老的人类生产活动。草原牧民具有多样的文化，对不断变化的环境等具有生态适应性及管理能力（国际草原大会，2008）。根据 Swift（1988）的研究，至少 50% 的收入来自畜牧业及与其相关活动的家庭被称为草原牧户或牧民，简称牧户。这一定义在全球得到广泛采纳。牧户作为牧业生产和畜产品消费的微观决策主体，是畜牧业生产和牧区经济中最基本的决策单元（刘博、谭淑豪，2018）。本书讨论的牧户，指位于我国西部和西北干旱半干旱牧区、以经营牧业为主要收入来源的牧户。在我国现有的草地经营制度下，牧户是最主要和最直接的草地利用者和管理者。他们多居住于少数民族聚集区和贫困人口集中分布区。受所处温带草原生产率较低、牧草生产季节性分布不均等的制约，历史上他们多"逐水草而居"，即通过在远近程度不等的范围内进行转场来游牧，因而也被称为"游牧民"。目前，这些牧户基本上已定居在其某种类型的草场上（如内蒙古的牧户多定居在其放牧场上，而青海等藏族聚居区的牧户多定居在其冬春草场上），但季节性的转场在青海等牧区依然存在，如每年在距离冬春草场几公里到一两百公里远的夏秋草场上放牧 2 ~ 3 个月。在内蒙古，牧民的移动性极大地降低，季节性转场几乎不存在，而代之以从打草场上打草进行舍饲喂养。

4.2　研究方法

本书的研究方法包括所采用数据的收集方法以及对所使用数据和资料的分析方法两个方面。数据的收集方法主要采用实地调研和面对面访谈的方式进行，包括问卷和半结构访谈；分析方法则根据各章内容需要，采用质性研究方法来探讨牧业制度变迁对牧户生计和草原环境的影响，分析制度变迁背景下牧户的生计脆弱性问题。采用描述性统计方法，探讨了牧区土地、劳动力和信贷市场发育及牧户参与这些市场对其管理草场的影响。采用计量分析的方法，探讨影响牧户参与各种要素市场的因素；探讨现行草地经营体制下，牧户的草地管理行为以及牧业经营效率；探讨宗教等非正式制度如何影响牧户的经济绩效等。采用制度分析的方法，探讨牧区的合作经营问题。此外，文献分析法贯穿了整个研究，如第一章导论部分，关于草地退化的状况和原因分析、关于制度与草地管理的研究综述等都应用了文献分析的方法。通过文献分析，寻找制度安排对于草地管理重要性的证据，并了解现有文献在这些方面所做的主要工作内容，比如它们是如何研究这一问题的。据此，探寻适合我国草原牧区制度对草地可持续管理影响的研究视角和研究方法。其他各章节，特别是第二篇正式制度、非正式制度与牧户草地管理的各章中都有对应话题的文献分析。

4.3　资料来源

本研究所用的主要数据和信息，多来自作者自 2005 年以来参与和主持的课题调研，包括：①2005～2006 年参与中国农业科学院王济民研究员的畜牧经济研究室退牧还草项目组在全国 7 个主要牧区进行的 231 家牧户的调研，参与调研的还有中国农业科学院该项目组的黄仁研究员和蒲华博士、中国社会科学院世界经济研究所涂勤研究员；②2007 年中国科技部和荷兰皇家科学院合作的课题在环青海湖四县调查的 217 家牧户；③2011～2012 年在内蒙古呼伦贝尔市 4 个纯牧业旗和锡林郭勒盟 8 个纯牧业旗调研的 422 家牧户的材料；④2014 年在四川阿坝藏族羌族自治州若尔盖县以及青海久治县（门塘乡）针对牧业合作社进行的调研；⑤2015～2018 年在内蒙古呼伦贝尔市和锡林郭勒盟纯牧区进行的多次调研；⑥2018 年 7～12 月在青海省祁连县的调研。需要特别说明的是，第 9 章"退牧还草"的政策评价采用了国务院发展研究中心农村经济研究部于 2007 年组织的在内蒙古、新疆、甘肃和青海调研中内蒙古的部分。抽样和数据收集的具体介绍详见相关章节。

第五节　本书的安排

5.1　研究思路

本书的写作，缘于我国主要草原牧区草地退化严重的事实和草地资源面临着的不可持续管理的局面。这一方面体现为在现有草地经营制度下，牧户的草场、劳动力、牲畜和打草机搂草机等生产性资产之间的匹配不够合理，这使得有的牧户生计资本减少，生计水平不高；另一方面牧户赖以生存的草地资源遭到退化，草原生态服务功能降低。要想使草地不可持续管理向可持续管理转变，就要改善牧户生计资源的匹配状况，使其从"失配"到"适配"，并提高牧户的生计水平；同时，减轻草地退化，恢复草原生态系统的服务功能。而草地资源不可持续管理与可持续管理之间的转变，受以下四方面因素的影响：草地、劳动力和信贷等要素市场的发育；牧民之间的合作；产权等正式制度和非正式制度的限制和激励；影响草地利用与管理的相关政策。基于对草地利用和管理效果影响的探讨和结论，有助于促进草地可持续管理的制度框架构建和政策激励机制设计。本书的写作思路基于图 1.1 所示的分析框架而展开。

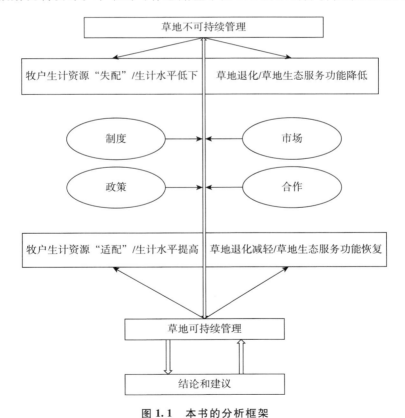

图 1.1 本书的分析框架

图 1.1 中分析框架是按照"制度/政策/市场 – 牧户的牧业生产行

为－草地管理效果"的逻辑顺序展开的。本书讨论的时间节点，从 20 世纪 80 年代初草原牧区"双权一制"的实施开始。如自"双权一制"政策实施以来草地有何变化，牧户的生计资本和生计水平状况如何，可以发现，草地从不可持续管理（表现为图 1.1 所示的草地退化/草地生态服务功能降低，牧户生计资源"失配"/生计水平低下）到可持续管理（表现为图 1.1 所示的草地退化减轻/草地生态服务功能恢复，牧户生计资源"适配"/生计水平提高）的双向变化中，制度、合作、政策和市场对行为主体——牧户起着重要作用。有关的制度和政策是如何激励或约束牧户的生产行为的，这些行为又怎样影响了他们的草地管理效果和生计，牧户可以通过何种市场、如何配置其生计资源以达到提高生计水平和改善草地管理效果的目的，这些就是本书区别于其他相关研究（陈秋红，2013）的内容之一。

5.2 结构安排

本专著由三大部分共 17 章组成。

第一部分为导论即第 1 章。该章交代了本书的写作背景、意义、主要内容、写作思路和内容安排等。

第二部分为本书的主体部分，包括五篇。

第一篇探讨了 20 世纪 80 年代以来我国主要草原牧区的牧业制度变迁对草原生态环境和牧户生计的影响。这一篇主要阐述了牧区草地制度变迁是如何导致牧户生产要素或生计资产的"失配"，从而影响牧户赖以生存的生态环境，并进而影响牧户生计效果的。这一篇涵盖了第 2～4 章。第 2 章综述了草地退化的定义以及我国主要草原牧区草地退化的现状和原因。第 3 章、第 4 章分别对制度变迁给草原环境和牧户生计造成的影响进行了远看和近观。第 3 章基于中国六大草原牧区的实地调研，用大数据、从大范围探讨了草地制度变迁对牧户生计资产及牧户弹性的影响。第 4 章则通过对内蒙古牧区两个盟的 10 个牧户进行的半结构深入访谈，运用"脆弱性－恢复力"分析框架，剖析了牧业制度变迁背景下牧户的生计脆弱性状况。这两章阐述了自 20 世纪 80 年代以来我国主要牧区实施的草地产权制度，将原本社区共有共用的草地资源以及游牧或转场的放牧方式，变成了牲畜私有、草地私用以及定居定牧的放牧方式，导致了"人（劳动力）–草（草地）–畜（牲畜）–生产性资产（机械等）"的不合理匹配（失配），从而在较大程度上加剧了草地退化和牧户的生计脆弱性。

那么，在现行"双权一制"草地经营制度之下，牧户是如何管理草地的？与"小而有效"（small but efficient）的农户相比，牧户也是"小而有效"的吗？正式的草地产权制度安排极大地影响了牧户的草地管理行为和草地利用效果，那么非正式制度如文化和宗教等，会如何影响牧户行为和草地管理呢？第二篇对这些问题进行回答。这一篇涵盖了第5～8章。第 5 章利用来自全国 6 个主要牧区 17 个旗县的牧户数据，分析了在现有制度环境下牧户的草地管理行为，包括对植物或作物种植的选择行为，即牧户是否种植草地保护性植物，这些植物是一年生的还是多年生的；放牧行为，即牧户是否进行轮牧或实施禁牧等；设施建设行为，即牧户是否对自家草场拉网围栏、建舍棚和打井等；牲畜饲养行为，即牧户饲养牲畜的畜群规模多大，牲畜的不同种类间结构如何，这些草地管理行为对草地利用效果有何影响。第 6 章利用作者对内蒙古草原牧区的实地调研数据，分析现行草地产权制度下牧户的牧业生产效率及其影响因素。第 7 章和第 8 章分别探讨了非正式制度的文化和宗教对牧户生计水平和牧区生态环境的影响。

第三篇评估了近年来草原牧区实施的主要公共政策对草地可持续管理的作用。这些政策主要包括退牧还草、草畜平衡、禁牧休牧和生态补奖等。鉴于"草畜平衡"政策和"禁牧休牧"政策既单独作为政策实施过，又是"退牧还草"项目和"生态补奖"政策中的具体措施，因此没有单列出来讨论，而将重点放在目前仍在大面积实施的"生态补奖"政策和"退牧还草"政策上。这一篇包括第 9～11 章。第 9 章评估了"退牧还草"的效果及牧民对政策的响应。第 10 章探讨了"生态补奖"政策的落实及牧户对于补奖的偏好。第 11 章基于对牧户的实地访谈，运用制度分析方法，评价了草原"生态补奖"的效果，分析了政策失效的原因，并据此提出了促进政策发挥更大效果的途径。

牧区草原生态恶化和牧户生计水平低下的状况除依靠政府的制度建设和政策激励加以改善，牧户家庭还能做出何种努力以提高其自身生计水平和改进草原管理呢？在既定的制度环境和政策规定之下，牧民在很大程度上受其生计资产"木桶效应"的影响，即当牧户的各种生计资产较高且匹配合理（适配）时，草地就可以得到更可持续的利用，牧户的生计水平也更高；反之，如果牧户的生计资产总体不高，或某些生计资产高、某些有明显短板，则该牧户的草地利用效果和生计水平就会受制于生计短板而难以提高。通过优化配置牧户自身的家庭资源，使这些资源或资产之间的匹配更为合理，实现家庭生计资产从"失配"到"适配"，可提高牧户的生计水平和草地管理效果。这通常可以通过两种途径来达到，即参与要素市场与进行牧户间合作。接下来的第四篇和第五篇将分别讨论这个问题。

第四篇旨在说明草地制度改革导致的牧户生计资产的不合理匹配可通过牧户参与要素市场来调节，即通过租入草地、雇用劳动力和获得信贷等使自家生产资源的短板得以加长或租出多余的劳动力和草地等资源，使其与其他家庭资源相配，实现家庭资源或生计资产从"失配"到"适配"。该部分包括第 12~14 章。第 12 章从草地租赁市场的状况、参与草地租赁市场的牧户特征、以及牧户租赁草地利用效果方面探讨了草地租赁市场的发育状况、特征及其对草地管理的影响。第 13 章基于牧区劳动力转移的特点，探讨了牧区劳动力转移对草地管理的影响。第 14 章从牧户信贷行为特征以及牧户信贷行为对草地利用的影响方面探讨了牧区信贷市场的发育状况及其对草地管理的影响。

第五篇为草地管理的组织形式，即单干还是合作。本部分旨在说明，可能导致草地不可持续管理的牧户生计资产的不合理匹配除通过参与要素市场对资产进行截长补短以外，还可以通过社区治理即牧户之间的合作互助来达到牧户生产资料长短板的截长补齐，使各个牧户的生产要素从"失配"到"适配"，并实现生产资源的规模利用。该部分包括第 15~16 章。第 15 章从分析草原畜牧业的特点入手，介绍了牧区草场利用的状况和合作对草场利用的影响，并比较了合伙经营和单独经营牧户的草地利用效果。第 16 章利用牧户面对面实地访谈的大样本数据，构建生态、经济和社会指标体系，运用综合指标评估法测算了单家独户经营、合伙经营和市场参与三种草地经营模式下牧户的草地经营效果，以便比较在目前的草地经营制度下哪种模式更有利于草地资源的可持续管理。

第三部分即第 17 章为全书的结论与政策建议。该章总结了整个研究，并提出了促进草地资源可持续管理的制度和政策建议。

第六节 本书的主要观点和学术创新

6.1 主要观点

本书阐述了以下主要观点。

（1）传统轮牧时期牧区草场资源共享制度被农区"产权清晰化"的资源共有私用制度取代，草原畜牧业以牧户定居化、草地细碎化为特征，造成草原生态环境恶化。这威胁着草地利用和牧民生计的可持续性。

（2）牧区草地制度改革导致了牧户生产要素或生计资产的失配，从而影响牧区生态环境，加剧牧户的生计脆弱性。牧户生计资产的不合理匹配，可通过要素市场来调节，即通过租入草地和雇用劳动力等使自家生产资源的短板得以加长或租出多余的劳动力和草地等资源，使其与其他资源相配，实现家庭资源从"失配"到"适配"。

（3）牧户生计资产的不合理匹配，还可以通过社区治理，即牧户之间的合作互助来达到生产资料长短板的截长补齐，使要素从"失配"到"适配"，并实现生产资源的规模利用。

（4）由于草地资源具有生产率低、异质性强和可分性弱等特点，在现行草地经营制度下，以经营草地为主的牧户存在的生计资产"失配"使其变得"小而无效"，而难以像以经营耕地为主的小农户那样"小而有效"。

（5）非正式制度如文化和宗教等可通过维系社区内牧户的关系在某种程度上弥补正式制度的不足，利于促进草地资源的可持续管理，降低牧户的生计脆弱性，提高牧户的恢复力和经济绩效。

（6）目前草原牧区实施的"退牧还草"和"生态补奖"政策在一定程度上促进了草地资源的利用，但效果仍然不够理想。要使牧区草地资源得到可持续管理，需要进行正式与非正式制度创新、政策设计和市场完善。

6.2　学术价值和创新

本书的学术价值主要体现在理论价值和实践价值方面。草地是最重要的陆地生态系统之一，也是人类的放牧畜牧业基地。由于具有产权界定的困难性（即强竞争性和弱排他性）和功能的多样性等特征，草地被视为典型的共享资源。目前，全球草地资源遭受的普遍退化，已成为人类社会面临的主要生态问题，因此草地资源的可持续管理（即草地资源的管理方式不仅满足于短期经济利益，更着眼于长远的生态和社会利益）已成为当前学术界、政府和公众关注的焦点。现有遏制草地退化的研究多集中在技术层面，这为草地的可持续利用提供了诸多技术选择。然而，有关的理论及来自不同国家或地区正反两方面的实践表明，草地等共享资源的利用问题不是一个仅依靠技术手段而不求助于制度就能够解决的，它们涉及多个利益相关者，需要多个层面共同决策，是新一代发展中所谓的"难缠问题"。现有资源制度与经济绩效关系的研究虽然长期以来备受关注，但至今没有形成令人信服的一致性结论。如哈丁（Harding，1968）认为资源私有化制度可使"公地"免遭悲剧，而奥斯特罗姆（Ostrom，2000）等却认为以社区为基础的资源制度可避免政府失灵和市场失灵而更为有效地管理共享资源。学术界关于制度对共享资源管理影响的研究中有关草地的研究较少，有待加强，特别是对于中国的研究。因此，以中国牧区为例，从制度、政策与市场角度探讨草地资源的管理，可为国际上共享资源的可持续管理提供一个有益的借鉴，对完善共享资源的产权制度和管理制度、丰富共享资源管理理论具有重要理论意义。

我国天然草地面积居全球第一，约占国土面积的42%，为最大的陆地生态系统和三大食物来源之一。然而，我国退化的可利用天然草场面积达90%，并以每年200万公顷的速度继续扩张。近年来，虽然国家不断加强对牧区的生态保护，但草原生态仍未能摆脱大面积退化的局面。而草地退化的主要原因在于制度缺失下的草地管理失当和不够完善的放牧管理制度。从制度、政策和市场的角度探讨牧区草地的可持续管理，有助于政策制定者用多样性思维来解决草原问题，这对保障我国生态安全、增强牧区民族团结和增进人民福祉具有重要的现实意义。

本书的创新主要体现在所采用数据、方法、研究视角以及研究观点等方面。如前所述，本书主要基于大范围、长时间、大样本实地调研的牧户数据，利用制度分析、量化研究和质性分析等多种方法的组合，采用社会学、经济学、人类生态学和生态学等多学科交叉的方法论，从制度（不仅注重正式产权制度和管理制度，也关注非正式管理制度）、政策（如"退牧还草"政策和"生态补奖"政策等）以及市场（如草地、劳动力和信贷市场）视角探讨我国牧区"双权一制"实施以来牧户对草地资源管理的状况。本书基于翔实的数据和严谨、可靠的研究方法，研究结果和观点较为可信。

　　总之，国际上基于制度对草地资源可持续管理的研究相对于森林和海洋等共享资源而言起步较晚，研究水平也有待提高。本书以我国北方牧区为研究对象，探讨制度、政策和市场对草地资源管理及草地利用效果的影响，并基于研究发现，对如何可持续管理牧区草地资源提出相关建议，可丰富草地等共享资源的管理理论，并为我国草地资源管理制度的创新和完善提供理论支撑。

第一篇　牧业制度变迁对生态环境
和牧户生计的影响

牧业制度变迁使得原本族群共有、草场资源共享的游牧方式逐步转向了分户承包牲畜和草场，导致牧户"人（劳动力）－草（草地）－畜（牲畜）－生产性资产（机械等）"不合理匹配（失配），从而影响牧户生计水平和牧区生态环境，加剧了牧户的生计脆弱性。

第 2 章　牧区的草地退化：含义、现状及原因

牧区是指以畜牧业为主的地区。相对于以种植业为主的农区、以林业为主的林区和以渔业生产为主的渔区而言，牧区是牲畜和役畜的饲育、生产基地。我国主要牧区分布在西部及西北部边缘天然草原地带，多位于非季风区，年降水量均在 400 毫米以下，包括内蒙古、新疆、西藏、青海、甘肃和四川。这六大牧区草原面积共 2.93 亿公顷，约占全国草原面积的 75%（高鸿宾，2012）。这些牧区不仅是我国的草原畜牧业基地，也是最重要的生态屏障之一。然而，在草地退化已成为全球性环境问题的大背景下，中国也成了世界上草地退化最严重的国家之一，90% 以上的可利用天然草原存在不同程度的退化，并且退化还在以每年 200 万公顷的速度推进（姜立鹏等，2006）。

如此大范围的草地退化，不仅削弱了草地本身的生产力，还将进一步恶化生态环境，并通过草地组成、结构和功能的衰退降低草地的经济价值和服务功能，从而威胁人类的生存和发展。本章主要基于文献综述，梳理草地退化的含义、现状及退化的主要原因。

第一节　何为草地退化？

根据中华人民共和国国家标准《天然草地退化、沙化、盐渍化的分级指标》（GB 19377—2003）关于天然草地退化、沙化、盐渍化的分级指标术语和定义，草地退化是指"天然草地在干旱、风沙、盐碱、内涝、地下水位变化等不利自然因素的影响下，或过度放牧与割草等不合理利用，或滥挖、滥割、樵采破坏植被，引起草地生态环境恶化，草地牧草生物产量降低，品质下降，草地利用性能降低，甚至失去利用价值的过程"。实质上，草地退化会打破草原生态系统物质的相对平衡，使系统逆向演替——原有的能流规模缩小、物质循环失调、熵值增加、偏离原有

的稳态和有序性，从而使系统的组成、结构与功能向低能量级转化，造成生态系统功能削弱。

现有文献对于草地退化的定义有多种，如百度将草地退化或草原退化定义为"在不合理利用下，草原生态系统逆行演替、生产力下降的过程"。黄文秀（1991）认为，草地退化是指草地承载牲畜的能力下降，进而引起畜产品生产力下降的过程。陈佐忠（1988）认为草地退化的过程包括草的退化和/或地的退化，但也指出草地退化是一种草地利用不当的结果，即无论是草的退化或地的退化，还是草和地的共同退化，其结果都会破坏草原生态系统物质循环的相对平衡，使生态系统逆向演替，从而导致整个生态系统的退化。Sampson（1991）将草地退化视为一定生境条件下的草地植被与该生境的顶级或亚顶级植被状态的背离，即一种现象。Thind 和 Chillon（1994）认为草地退化包括可见的土壤侵蚀和盐渍化与不可见的化学、物理和生物因素的变化导致的生产力下降。有研究者（李博，1997）从草地退化的原因入手定义草地退化，认为草地退化是指放牧、开垦和搂柴等人为活动使草地生态系统远离顶极状态的现象。李永宏（1994）认为，草地退化是由不利的自然因素或人为活动所引起的草地（包括植物及土壤）质量衰退、生产力下降、经济潜力及服务功能降低、环境变劣以及生物多样性或复杂程度降低、恢复功能减弱或失去的现象。

草地退化主要表现为地表植被的生物量（包括高度、盖度及产量）和质量的下降、土壤生境的恶化以及生产能力和生态功能的衰退。换言之，当草地遭到退化时，草地生物系统会出现物种群落退化、生物多样性降低、草地生产能力和生态功能下降、非适口性草种增加等现象（Lin et al.，2015）。草地沙化是非常严重的草地退化，意味着大部分生态系统服务功能丧失。

草地退化包括"草"的退化和"地"的退化，即地表植被和其下的土壤均衰退的现象（陈佐忠等，2000；李绍良等，2002）。植被的退化主要表现为覆盖度降低、群落中优质牧草的种类及其占比减少、毒杂草占比增加。土壤的退化一般滞后于植被的退化，主要表现为营养物质和矿物质流失、理化性质逆向变化、肥力下降以及动物和微生物活性下降（陈乐乐等，2016；穆少杰等，2017）。只要"草"或"地"的某一指标有明显变坏，即可认为草地遭到退化。

韩念勇（2013）[①] 认为，在分析草场退化时，还需要区别植被角度的退化和放牧角度的退化。这两个概念是不同的，有时甚至是完全相反的。比如，从植被角度看，针茅是植被较好的标志；而从放牧角度看，针茅的出现不利于放牧，针茅的大量出现意味着草场退化了；恰恰相反，冷蒿的出现是植被退化的标志，但对放牧来说，冷蒿却是营养价值很高的牧草。

第二节　草地退化的状况

近几十年来，草地退化成了一个全球性环境问题。根据长期遥感数据，以归一化差值植被指数（Normalized Difference Vegetation Index，NDVI）作为草地退化的代理变量，从 1982 年到 2006 年，全球 40% 的草地面积遭到退化（Kwon et al., 2016；Wiesmair et al., 2016）。中国是世界上草地退化最严重的国家之一，在过去的几十年里，中国主要草原牧区的草地退化扩展非常迅速，以至于人们普遍认同草地退化已成为当下中国最严重的环境问题（Hua and Squires, 2015；Feng et al., 2009）。

根据 Meng 和 Gao（2002）的研究，20 世纪 70 年代中国草地总面积的 10% 遭到退化，80 年代退化草地比例增加到 30%，而到 90 年代中期退化草地比例已上升为 50%。进入 21 世纪，各地不同程度退化的草地已达草地总面积的 90%（Unkovich and Nan, 2008；Waldron et al., 2010）。从单位面积产草量来看，自 20 世纪 50 年代以来，产草量下降了约 40%，而疯长的毒杂草替代了高质量牧草（Liu & Diamond, 2005）。北方重点牧区在 20 世纪 80 年代中期的退化草地面积占可利用草地面积的 39.7%，至 90 年代中期达到 50.24%（王庆锁等，2004）。几大主要草原牧区的草地退化形势相当严峻。如作为草原畜牧业大省的青海，有 3256 平方公里的草地遭到退化，占天然草地总面积的 74.70%。其中，轻度退化面积 1371 平方公里，占退化草地总面积的 42.11%；中度退化面积为 834 平方公里，占 25.61%；重度退化草地面积为 1051 平方公里，占 32.28%

---

① 韩念勇在 2013 年 5 月 18 日 IHE 草原沙龙会议上的发言。

（李旭谦，2018）。同 20 世纪 80 年代相比，90 年代末单位草地面积产草量下降了 10% ~ 40%，局部地区下降幅度达 50% ~ 90%（王庆锁等，2004）。

而最重要的草原牧区之一的内蒙古，20 世纪 90 年代中期，草地退化面积超过 60%，大大超过 20 世纪 80 年代的 35.57%，平均每年扩大近 1.16 万平方公里。据 1992 ~ 1998 年的卫星图片，内蒙古锡林郭勒盟的草地每年以 2% 的速度退化（李博，1997）。与 20 世纪 60 年代相比，20 世纪 90 年代锡林郭勒盟草甸草原单位面积牧草年产量下降了 54% ~ 70%，典型草原下降了 30% ~ 40%，荒漠草原下降了 50%。适口性好的多年生牧草和豆科牧草比例急剧下降，而毒、害草比例上升（Zhao et al.，2006）。与 20 世纪 60 年代相比，80 年代锡林郭勒草原可食性饲草减少了 33.9%，优良牧草下降了 37.3% ~ 90%（王庆锁等，2004）。万华伟等（2016）利用 2003 ~ 2012 年的 MODIS 数据，采用基于植被覆盖度的草地退化监测方法，对呼伦贝尔生态功能区草地进行的动态监测发现，十年间呼伦贝尔草地普遍退化，其中中西部地区草地退化尤为严重，满洲里市和新巴尔虎右旗均出现了大面积的极重度草地退化现象，其他地区以轻度和中度退化为主。如以 $2 < GDI \leqslant 3$ 为中度退化，$3 < GDI \leqslant 4$ 为重度退化，2012 年满洲里市和新巴尔虎右旗的草地总体为重度退化，其 GDI 分别高达 3.77 和 3.64，而新巴尔虎左旗、海拉尔区以及陈巴尔虎旗的草地总体为中度退化，其 GDI 分别为 2.71、2.47 和 2.33。

其他草原牧区的草地退化形势也不容乐观。根据刘佳等（2018）的梳理，1966 ~ 2000 年川西北高寒草地的沙化面积增加了 307.7%（雍国玮等，2003）。以若尔盖为例，何介南等（2016）对比分析了若尔盖县 1994 年、1999 年、2004 年和 2009 年的土地沙漠化监测数据，发现 1994 ~ 2009 年，该县沙地年平均增长速度为 11.08%，2009 年沙化草地面积为 1994 年的 4.5 倍，以轻度沙化为主。而自 20 世纪 60 年代起，位于青藏高原的玛曲生态环境也明显恶化，沙漠化土地从起初的零星分布逐渐演变为成片发展（胡梦珺等，2016）。1994 ~ 1999 年玛曲草地沙化面积年增速为 6.7%，截至 2003 年底，重度及以上沙化草地占区域沙化面积的 41.4%，而中度和轻度草地沙化面积分别占 31.4% 和 27.2%（逯军峰等，2012）。甘南地区 1982 ~ 1996 年优良牧草所占比例由 70% 下降到

45%，而杂毒草所占比例则由 30% 上升到 55%（王庆锁等，2004）。

2000 年初，三江源区中度以上退化草场面积达 12 万平方公里，占该区可利用草场面积的 58%。同 20 世纪 50 年代相比，草场单位面积产草量下降 30%~50%，优质牧草比例下降 20%~30%，有毒有害类杂草增加 70%~80%，草地植被盖度减少 15%~25%（赵新全、周华坤，2005）。西藏草地退化形势也非常严峻，2007 年西藏沙化土地约 43 万平方公里（赵好信，2007），占全区 88.2 万平方公里草原总面积的 48.8%，相当于三江源区中度以上退化草场面积的 3.6 倍。而新疆天然草地从产草量来看，20 世纪 90 年代末比 60 年代下降了一半，如天山山区的大小尤尔都斯盆地草地，植被覆盖度由 89.4% 下降到 40% 左右，鲜草产量由 1470 公斤/公顷下降到 600 公斤/公顷。曹旭娟等（2016）的研究显示，截至 2010 年，藏北地区草地退化面积占全区面积的 58.2%。其中，重度退化和极重度退化草地面积的比例分别为 19.0% 和 6.5%，区域草地退化指数为 1.97，接近中等退化水平。伊犁河谷草地整体持续退化，退化草地的比例从 2001 年的 25.79% 上升到 2015 年的 46.18%，其中中度和重度退化草地的比例增加了 3.71%，且退化草地逐步向高海拔区域扩展，尤以海拔 1500~3000 米的中山和中高山区明显（闫俊杰等，2018）。

进入 2010 年以来，特别是我国主要草原牧区大面积实施生态补奖政策之后，草地退化现象有所遏制。根据第五次《中国荒漠化和沙化状况公报》，截至 2014 年底，261.16 万平方公里即 27.20% 的国土面积遭到荒漠化，172.12 万平方公里即 17.93% 的国土面积遭到沙化。与 2009 年相比，荒漠化面积减少了 12120 平方公里，年均减少 2424 平方公里；沙化面积减少 9902 平方公里，年均减少 1980.4 平方公里。虽然公报中没有明确草地退化的面积，不过荒漠化和沙化面积中的很大部分为草地退化所致。

第三节 什么导致了草地退化？

草地退化是什么导致的呢？是天灾（即气候变化所致）还是人祸（即过牧等人为因素所致），或者兼而有之？哪类因素占主导？目前这一问题仍存在争议。支持"天灾"者（董光荣等，1990；杜际增等，

2015）认为，气候变化是草原退化的主要原因；认为是"人祸"者（朱震达，1998）则相信过牧等人为因素是草原退化的主要原因；而多数学者（恩和，2003，2009；王金枝等，2020）认为草地退化既是"天灾"也是"人祸"，两者相互叠加、互相影响。学界（Yang et al.，2016）普遍认为，气候变化等自然因素是草地退化的主导力量，而人类活动则是草地退化的罪魁祸首。此外，一些制度和政策，如草地使用权的私有化以及游牧民的定居化等也加剧了草地退化（李文军、张倩，2009；李周，2017）。下面简要综述自然因素、人口因素、人为因素及制度因素等对草地退化的影响。

3.1　自然因素

现有研究（Haberl，1997；Field，2001；Wang et al.，2017）普遍认为自然因素如干旱、风沙和地下水位变化等及人为活动是草地退化的主要原因。在自然因素中，气候变化对草地的影响最为广泛。我国的主要草原牧区多位于半干旱、干旱区，降水的年际和年内变化均很明显，草地生产力年际变化大。20 世纪 50 年代，内蒙古和新疆之外的草原牧区降水量都有所减少；20 世纪 60 年代，西藏以外的草原牧区降水量减少；20 世纪 70 年代全国各大牧区降水量都有所减少；20 世纪 80 年代，全国主要牧区降水量均呈增加趋势。相应地，20 世纪 50 年代至 70 年代，我国北方各大牧区草地大面积退化。20 世纪 50 年代至 80 年代，北方年均气温呈波动增高趋势。20 世纪 80 年代以来，增温趋势明显导致区域干旱化进而加速草地退化（王庆锁等，2004）。以内蒙古草原为例，区内年降水量的变异率近 40 年内达 46% ～95%，年际降水量的差别最高达 2.6 ～3.5 倍。1990 ～1995 年，内蒙古出现的短暂湿润期使区内西部大面积退化的草地得以恢复；而 1995 ～2000 年的干旱又加剧了草地的退化。闫俊杰等（2018）对伊犁河谷 2001 ～2015 年草地退化的研究发现，降水量持续减少，气温降低，水热条件向冷干方向演变等自然条件的变化在一定程度上加剧了伊犁河谷草地的退化。杜际增等（2015）的研究也揭示，气温升高引起的区域暖干化是 1969 年以来长江黄河源区高寒草地生态系统退化的主要原因。不过，穆少杰等（2017）认为，气候因素在丰水年和枯水年分别对草地起恢复和退化作用，并非长时间尺度下草地退化的主要诱因。

3.2　人口因素

除"天灾"之外，一些不合理的社会经济因素成为草地退化的推手，其中牧区人口增加是重要原因之一。人口增加意味着食物需求增加，在粮食自给政策之下，草地向耕地转化成为必然。以内蒙古呼伦贝尔牧区为例，耕地面积从 1949 年的 433.1 万公顷增长到 1999 年的 752.4 万公顷（张连义等，2006）。人口的增长加上畜产品价格的上升使牲畜的数量大为增加，而每头牲畜占有的草地面积则大幅度缩减。过去的半个世纪里，甘肃、内蒙古、新疆和青海四省区的牲畜饲养量翻了近 10 倍，而每头牲畜占有的草地面积却下降了 6～9 倍（谭淑豪等，2008）。这在很大程度上导致了草地退化。杜际增等（2015）认为，人口数量变化与长江黄河源区高寒草地退化的直接关联不大，但人口增长一方面带动牲畜数量增加，另一方面加剧对资源的开发利用、增加环境压力，从而给高寒草地退化带来不可低估的间接影响。

3.3　人为因素

在牧区紧张的人地压力之下，其他导致草地退化的主要人为因素如下。

3.3.1　草地农化

草地农化主要指草地被开垦为农业用途，用来种植小麦、玉米和土豆等粮食作物，或用来种植油菜等经济作物，或种植饲料。新中国成立后，为解决剧增人口的粮食问题，国家号召"以粮为纲"、"牧民不吃亏心粮"，天然草地经历了几次大的开垦。根据《全国已垦草原退耕还草工程规划（2001～2010 年）》，全国约 1930 万公顷草地被开垦，占草地总面积的近 5%，即全国现有耕地的 18.2% 源于草原开垦。如新疆在新中国成立后先后开垦草地 333 万多公顷，但目前实际耕种的仅 180 万公顷，近一半因退化（次生盐渍化）而遭到弃耕。在青海省开垦的 38 万公顷草地面积中，60% 集中在环青海湖地区，目前可利用的耕地不足开垦面积的 50%，其他遭到严重退化而不能耕种。20 世纪 80 年代以来，甘南藏族自治州减少的 208 万公顷天然草地中，约 1/5 被农化，即开垦成了农田饲料地。

根据海山（2007）的研究，20世纪50年代至80年代，内蒙古有2.07万平方公里优质草原变为耕地，导致1.34万平方公里草原遭到荒漠化。1994年底，锡林郭勒盟委行署在北京人民大会堂召开向全国招商开垦乌拉盖草原的新闻发布会。两年内引进27个省区市的商人，开垦草原700平方公里。至2000年，原本水丰草美的乌拉盖草原只用了几年时间就变成了一个新沙原地。而1986~1996年，内蒙古牧区中东部11个旗市将2.05万平方公里优质草原开垦成了耕地（海山，2007）。开垦草原，挤压放牧空间而导致的过度放牧使得阴山北麓农牧交错带草场严重超载，草地生态环境因此被破坏。

被开垦的草地多位于自然条件比较恶劣的半干旱地区。尽管草地被开垦之前土壤与植被条件优越，而一旦开垦，基本上采取粗放耕作方式，耕种几年之后，土壤结构被破坏，有机质强烈分解，含量降低。在无覆盖条件下，冬、春风蚀加剧，被开垦的草地很快就遭到退化。此外，农田用水量大，截流灌溉导致河流断流，致使河畔草地退化（穆少杰等，2017）。

3.3.2 超载、过牧

传统的畜牧业单纯地把牲畜量的增加作为发展的表现，牧民们视牲畜数量为贫富的象征，盲目发展牲畜头数。据甘南藏族自治州20世纪80年代初草地普查测算，全州天然草地理论载畜量为619万个羊单位，而在此情况下，实际放牧牲畜为910万个羊单位，超载率高达47.01%。牲畜数量的急增加速了草地退化，而为了维持生计，草地退化又进一步刺激了超载过牧（王录仓，2004）。根据其木格等（2011）对内蒙古察哈尔右翼后旗大九号村人地关系的调查，该村有草场面积2.80平方公里，牲畜858头（只），每头（只）牲畜所占草地面积约为5亩，超出自治区规定的40亩/羊单位的草场标准载畜7倍多。从2000年开始，该村牲畜数量急剧增加，导致草场严重超载，过度放牧替代以往的过度开垦成为破坏环境的主导因素（其木格等，2011）。

根据中国草原监理报告，在2011年生态补奖政策实施以前，我国六大牧区的超载率在30%以上，其中西藏、四川和甘肃更是接近40%（见图2.1）。2017年全国主要牧区的草地超载率为11%。实地调研的数据显示，局部地区的超载率超过 50% 。而超载、过牧则是由紧张的人地关系（北方干旱草原区人口密度达到 11.2 人/公里², 为国际公认的干旱草原区 5 人/公里² 的生态容量的 2.24 倍）、农地开垦对放牧空间的压缩、外来非牧人口对草地的掠夺性利用以及过度追求市场利益多方面原因所致。不过，达林太、郑易生（2012）认为存在"过牧的统计幻觉"，即过牧造成的草地退化可能被高估了。

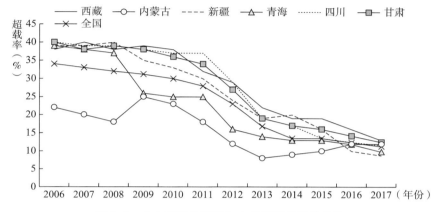

图 2.1 六大草原牧区近年来超载率的变化趋势

资料来源：农业部 2017 年草原监理报告。

超载、过牧一方面意味着对草地的高强度利用，使草地生态系统内的矿物质和营养元素通过畜产品的向外销售流失到系统外，造成土壤耗竭。据报道，内蒙古典型草原生态系统年均氮和磷流失量为 1.18 公斤/公顷和 0.22 公斤/公顷（徐凤君，2002）。另一方面，天然草地生态系统却未能得到外界物质的充分补给，投入不足也是草地退化的原因之一。从 20 世纪 50 年代到 90 年代，草地上的投资平均每年低于 0.15 元/公顷（额尔敦扎布，2002）。直到 90 年代初期，典型草地上每年的投资也只有 0.75 元/公顷，产出是 28.5 元/公顷，投入产出比高达 1∶38。由于产出远高于投入，许多地区出现生态亏损。如内蒙古生态亏损高出新增 GDP 的 7~8 倍。目前，政府发起了各种项目补贴牧户采用不同技术投资草地，如人工种草、灌溉和施肥等（杨理、侯向阳，2005），根据我们 2006 年和 2007 年在环青海湖地区的调查，仅化肥和能源（如油和电等）的投入达每公顷 30 元以上。这些管理方式有助于牧区减轻退化，使草地生产力得到提高（谭淑豪等，2008）。但多数地区的草场投入不足仍是一个严重问题。随着草畜产品产量的不断上升和向外销售，草原生态系统成为只有产出、没有输入或高产出、低输入的耗散系统。失衡的物质流动使系统的稳定性、生产力有所下降，引发草地退化（穆少杰等，2017）。

3.3.3　滥采、滥伐

滥采包括采掘中草药和采集经济植物。草地上物种丰富，不仅作为天然的中草药园汇集着许多名贵中草药，而且生长着许多其他有特殊价值的经济植物。如以根入药的黄芪、甘草、麻黄、柴胡、防风和知母等，采集这些中药需要挖根，而挖根就势必破坏草地。采集后留下的深坑与松土给风蚀提供了沙源。据报道，在内蒙古鄂尔多斯的荒漠草原上，挖1 公斤甘草破坏的草地为 0.53 ~ 0.67 公顷，该地区每年因采掘药材而遭到破坏的草地面积达 2.67 万公顷（李博，1997）。调查表明，新疆巴楚县 1996 年甘草面积达 4 万公顷，现一半以上已被挖掘一空，导致了严重的草地退化。许多经济植物生长于自然条件十分恶劣的荒漠草原地区，大量频繁采集这些经济植物不仅会破坏资源本身，也会破坏土壤结构和整个生态系统，从而给其生存的草地带来不利影响。从 20 世纪 90 年代初开始，许多人进入内蒙古搂发菜，致使约 20% 的草原遭受严重破坏。而在鄂尔多斯高原毛乌素沙地，由于滥伐柳湾林，柳湾林面积锐减。20世纪 50 年代，柳湾林面积接近 70 万公顷，到 80 年代只剩 5.2 万公顷（王建文，2006）。新疆原有的柽柳灌丛也因滥伐等原因消失了大半。

3.3.4　开矿、道路交通和旅游等

我国草原区蕴藏着大量的地下矿产资源（如煤、石油、矿石等）（陈佐忠，2003）。在这些地下资源开采过程中，频繁往来的车辆、人群以及堆弃于草原上的废矿和废物等对草地造成破坏。此外，草地承包到户后，牧户家分到的草场通常面积不大，且基本上都围上了网围栏，这使得骑马放牧变得十分困难。目前，牧民基本上靠摩托车放牧。加上近年来草原旅游业兴起，自驾游在草原地区越来越多见。而在辽阔草原上硬化的路面很少，在草原上行驶的汽车、摩托车无固定道路，对局部地区的草地造成严重破坏。

3.4　制度、政策、市场和文化等因素

引发以上草地退化人为因素的深层原因可追究到制度和政策层面。尽管有研究（Liu et al.，2019）证明 20 世纪 80 ~ 90 年代我国主要草原牧区实施的草地使用权承包到户没有造成草地退化，但不少研究依然认为这一制度极大地加剧了牧区的草地退化，诸多证据——无论是实地调研时牧民自己的感知（Tan and Tan，2017），还是研究人员通过定点试验，比较单家独户使用草地和合作使用草地（Cao et al.，2018），抑或通过自然实验（Li et al.，2018），均发现自这一制度实施以来草地生态条件急剧恶化，这说明草地制度变迁加剧了草地退化。

Sneath（1998）采用卫星图片比较了同期（以控制气候变化的影响）中国和蒙古国边境的草地，发现草地退化在依然保持草地社区共用的蒙古国不如草地使用权私有化的中国方面严重。Guelke（2003）对南非的研究也显示，草地私有化是草地退化的主因。在干旱半干旱地区，排他性土地产权制度安排（即草地使用权的私有化）不适合草地资源的属性（Turner，1999；Galvin，2008），因为草地生态系统是非均衡系统，需要牲畜有足够的移动性才能维持生态系统的平衡。草地使用权私有化极大地降低了牲畜的移动性，引发"围栏陷阱"（Guelke，2003；Li and Huntsinger，2011），最终导致草地退化（Vetter，2005；Fernandez-Gimenez and Le Febre，2006；Cao et al.，2018；Li et al.，2018）。相反，传统的草地社区共用因具有更灵活的边界和更大的移动性，而更符合生态系统可持续管理的要求（Ostrom，1990；李文军、张倩，2009；Ostrom，2009，2010）。如前文草地退化现状所述，20 世纪 90 年代草地使用权承包到户全面实施以来，各地草地生态环境的急剧下降在国际国内学术界曾经引发了一场关于草地使用权私有化是否应该在中国继续下去的政策争论（Fernandez-Gimenez et al.，2012）。

除草地产权制度变迁外，市场体制的不完善、草地城镇化、牧民定居化以及一些文化因素也在一定程度上导致了局部的草地退化（贡布泽仁、李文军，2016；Tu et al.，2011）。陈秋红（2013）以内蒙古呼伦贝尔市为例，分析了自 20 世纪 50 年代以来草地退化的间接驱动因素。除人口因素（数量快速增长、民族结构变化、文化程度偏低）之外，经

济、科技和文化因素也影响草地退化。在经济因素中，市场体制的不完善被列为主要因素，这包括市场传导机制不完善造成的牧民对牲畜市场行情把握不准从而不能很好地协调人－草－畜的平衡，以及工农产品价格的"剪刀差"迫使牧民提高放牧强度来维持生计水平等。这些市场因素在较大程度上引发了草地退化。Liu 等（2019）认为，内蒙古牧区1985～2008 年的草地退化并非草地制度变迁所致，而是由市场需求带动的牛羊肉价格升高引起。

近年来，随着城镇化的快速发展，牧区大量天然草地被转用为城镇用地。以甘南藏族自治州为例，该州 1980 年以来减少的 208 万公顷天然草场中，1/4 即 52 万公顷用作了居民点、公路、矿区及城镇建设用地。伴随草地城镇化的是对水资源的超采滥用，这加剧了草地资源的退化。另外，牧民定居化也导致了定居点周围草地的严重退化。如大多数牧户受制于资金限制，只好用草皮垒墙盖房、修畜棚。据统计，仅此两项每户就至少需要 1500 平方米草皮，致使定居点形成一个个"黑土滩"，成为破坏草原生态平衡、引起沙化的主要原因（王录仓，2004）。此外，定居点附近由于牛羊反复践踏和频繁采食，其草地退化也较远离定居点的草场严重。还有一些文化因素，如人们生态意识不足等也可引起草地退化。

第四节　牧民对于草地退化的认知

该部分将基于现有关于草地退化的研究以及作者自己组织的实地调研，了解我国主要牧区的牧民对于草地退化的认识，即作为草地的主要利用者，他们是如何看待草地退化的。

据王向涛等（2019）对当地牧户进行的半结构式访谈，在所选的藏北地区那曲市附近的 3 个代表性乡（镇）的 120 户牧户中，70% 的牧户认为草地质量变差了，20% 的牧户认为草地质量没有变化，还有 10% 的牧户不清楚草地质量的变化情况（王向涛等，2019）。牧户对草地退化的认知是基于"草"的退化和"土地"的退化而做出判断的。具体而言，35.0% 的牧户认为草层低矮化了，9.2% 的牧户认为毒草、杂草比例较之前所占的比例更高，62.5% 的牧户则发现鼠洞更多了，而 65% 的牧户认为沙化或裸露面积较之前增多了。在问及是何种原因导致了草地退化时，39.2%的牧户认为是气候变化导致的，15.0%的牧户认为是牛、羊较多所致，65%的牧户认为是鼠、虫害等引发的，而19.2%的牧户认为是乱采滥挖等导致了草地退化。

尹燕亭等（2019）于2013年7月下旬至8月上旬采用分层随机抽样方法，对所选择的内蒙古东部地区的60户50岁及以上的牧户进行调研，了解他们对该地区过去30年草地状况变化的感知。结果显示，总体而言，有83%的牧户认为草原已经发生退化，其中认为严重退化的牧户达53%（尹燕亭等，2019）。同样，基于对"草"的表现，即植物种类、植被高度和群落盖度，分别有82%、85%和87%的牧户认为草地遭到退化；而基于"土地"的表现，即草地生产力、土壤湿度和土壤肥力，也有分别高达87%、80%和78%的牧户认为"土地"遭到退化了。据此，可大致判断牧户对草地退化的感知情况（见表2.1）。

表 2.1　牧户对草地退化的感知

单位：%

感知类型	植物种类	植被高度	群落盖度	草地生产力	土壤湿度	土壤肥力
增加	2	0	0	0	0	0
降低	82	85	87	87	80	78
不变	13	10	10	8	15	15
不确定	3	5	3	5	5	7

资料来源：尹燕亭等（2019）。

同样，谷宇辰、李文军（2013）在其对内蒙古呼伦贝尔牧民的调研中发现，牧民认为草场退化的原因依次为干旱加剧、牲畜移动性下降、牲畜数量增加、虫害频率上升、采矿和挖药材。认同这些原因的牧户分别占访谈牧户的92%、70.4%、14.8%、11.1%、7.4%和4.7%。牧民认为草地退化的表征指标为草的高度、盖度、优质牧草种类和草的颜色。

不同类型草地退化的表现不尽相同。有别于内蒙古东部的草甸草原，青藏高原高寒草地的退化虽然包括草的退化和土壤质量的退化，但由于后者无法通过直观认识来判定，牧民对草地退化的感知可具体表达为草地覆盖度下降、草地植株矮化、草地生物多样性下降、优良牧草群落结构演替、杂草毒草植物增多、鼠害猖獗、黑土滩/荒漠化以及牧草产量下降八个方面（李惠梅、张安录，2015）。根据他们2012年7月在黄河源区果洛州玛多县、玛沁县和甘德县，黄南州泽库县，长江源区玉树州玉树县，澜沧江源区玉树州囊谦县对随机抽样的344个牧民的调查，受访者中97%以上的牧民表示感知到近年草场有退化现象。如73%的牧民表示感知到草地覆盖度有一定程度的下降，65%的牧民感知到草地植物植株矮化，98%的牧民对鼠害猖獗、黑土滩现象有着清晰而深刻的感知，87%的牧民对草地群落演替感知明显（李惠梅、张安录，2015），但92%的牧民对草地生物多样性下降没有感知。

根据作者2014年7月在四川阿坝和青海果洛地区开展的牧户调研，认为自家草场出现不同程度退化的牧民高达78%，其中觉得他们的草场退化严重或非常严重的牧户达50%。而根据作者2011~2012年对呼伦贝尔市4个牧业旗和锡林郭勒盟9个牧业旗的422个牧户进行的实地调研，分别以"1=极严重退化，2=严重退化，3=中度退化，4=轻微退化，5=未退化"给草场生态评价赋值，牧户给出的平均分为2.92，即牧户全体认为他们承包并自用的牧场草地退化介于中度到重度之间，偏于中度退化；以"1<10厘米，2=10~20厘米，3=20~30厘米，4=30~40厘米，5≥40厘米"给放牧场牧草高度赋值，牧户的评价值为1.77，即草场上植物的高度一般低于20厘米，而之前这里是一片"风吹草低见牛羊"的景象，牧草高达50~60厘米；以"1<20%，2=20%~40%，3=40%~60%，4=60%~80%，5≥80%"给放牧场牧草盖度赋值，评价值为2.66，即牧户认为自家牧场的盖度不足40%，而之前一般有60%~70%；最后，以"1<5种，2=5~10种，3=10~15种，4=15~20种，5≥20种"给放牧场牧草的种类赋值，平均得分为2.16，也就是说，牧户总体评价他们草场上的植物种类不足15种。

第五节　小结

草地退化是人类面临的重要环境问题，中国的情况尤为严重。草地退化是一种十分复杂的自然社会现象，是在不合适的自然条件和不合理的人为活动之下（原因），草原生态系统中草的退化和/或土地的退化所引发的逆行演替（过程），导致整个生态环境被破坏（结果）。也就是说，草地退化可以是由自然因素，如干旱、土壤侵蚀和冻融等所致，也可以由人为活动如开垦、采矿或搂（发菜）挖（中药）等所致。此外，草地制度变迁，如从社区共有共用到使用权私有化，甚至经营权的流转等也会带来意想不到的草地退化。本章综述了草地退化的含义、草地退化的现状以及草地退化的原因，并根据文献和作者自己组织的实地调研，考察了牧户对于草地退化的感知和他们认为的草地退化情况。根据现有研究和实地访谈，由制度和政策引起的草地退化相较于自然因素和人为活动，面广量大，影响更为深远，需要特别关注。本书的后面章节将对此展开研究，探讨制度、政策以及市场如何影响草地管理，进而提出针对性政策建议，以恢复退化草地，使其能够得到可持续利用。

第3章 牧业制度变迁下牧户生计 和草原生态[*]

　　草地作为最重要的陆地生态系统之一，是人类的放牧畜牧业基地。我国天然草地面积居全球第二，占国土面积的41.7%，为最大的陆地生态系统和三大食物来源之一，是牧区经济发展的物质基础和国家的生态安全屏障。然而，我国的可利用天然草地退化严重，且边治理边扩张。虽然近十多年来国家不断加强对牧区的生态保护，从2003年到2010年，中央对草原牧区投资达135.7亿元；而2011年以来，中央财政更是每年安排134亿元资金用于在内蒙古、四川等八个主要草原省区实行草原"生态补奖"政策，然而，草原生态整体退化的趋势未能从根本上改变。而总面积为504万平方公里、占国土总面积52.5%、分布着50个少数民族和75%的少数民族人口的北方干旱半干旱区生态更为脆弱，全国每年新增荒漠化土地面积的90%以上发生在该区域内。2016年10月30日的新浪新闻介绍，据美国《纽约时报》网站10月24日报道，中国北方的沙漠在过去若干年以每年超过3367平方公里的速度拓展，致使40年间多出了一个"克罗地亚"这么大的沙漠面积。这严重地威胁着我国北方地区的生态安全。保护草原生态和提高牧民生计的目标任重而道远。近年来，随着绿色经济的概念在全球被频繁提及，牧业在绿色经济中的作用也引起了国际社会的广泛关注。在绿色经济里，物质财富的创造不以牺牲自然资本和社会公平为代价。联合国环境规划署所倡导的牧业在绿色经济中的作用之一就是维持高度可变的、脆弱干旱环境中的自然资本（McGahey et al. ，2014）。这与草原保护和牧户增收的目标相一致。本章的目的在于通过探讨我国草地产权制度的变迁及其对牧区生态、社会和经济的影响，探求如何使草原牧业不以减少草地自然资本和牺牲牧民的社会公

　　* 资料来源：Tan, S. H. and Tan, Z. C. , "Grassland tenure, livelihood assets and pastoralists' resilience: evidence and empirical analyses from western China," *Economic and Political Studies*, 2017, 5（4）：381 – 403。

平为代价发展生产，使其成为绿色经济的一部分。

　　本章内容安排如下。第一节回顾了自改革以来我国草地和牧业制度的变迁，并侧重介绍了"分畜到户"和"分草到户"的过程；第二节和第三节基于作者近十年对草原牧区的实地调研，探讨了承包到户的土地制度在牧区全面引入对牧户生计资本以及牧民恢复力的影响，据此说明草地产权制度变迁对牧区生态、社会和经济的影响；第四节是一个简短的总结。

第一节　改革以来的牧业制度变迁

　　历史上，草地是有权势的地主和寺院的财产（包玉山，2003；敖仁其，2001）。草原社区通过游牧、半游牧和休牧（或延迟放牧）的形式进行牧业生产。在这种管理制度之下，传统的牧业生产基于一年的生计，而非依据市场导向进行规划（Kemp et al.，2011）。在 20 世纪 50 年代解放初期，为了"扭转新中国成立前的不平等现象，让所有牧民都能拥有草场"，地主的草地被大量没收。但是在很多地区，大部分草地仍然被居住其上的牧民共同使用（Zhang，2006）。在之后实行的人民公社体制之下，草地变为国家（或集体）所有。传统的季节性游牧生产方式仍在继续。1978 年，中国农村地区开始了"去集体化"改革。1981 年，家庭联产承包责任制获得了官方认可（林毅夫、胡庄君，1988）。受这种产生于中国中部贫困农区新制度的影响，草原产权制度也转变为承包制。不同于承包制在农区的实行，即将土地划分为小块承包给农民种植，承包制在草原牧区分两个过程，即"分畜到户"和"分草到户"。这两个过程分别体现在制度变迁的三个阶段，即"牧业大包干"、"草畜双承包"和草原"双权一制"。本节先依据现有文献，大致介绍我国主要牧区草地和牧业制度变迁的三个阶段；之后基于作者近年来的实地调研，较为具体地描述"分畜到户"和"分草到户"的过程。

1.1　牧业制度变迁的三个阶段

　　第一阶段为"牧业大包干"生产责任制的实行。十一届三中全会以后，国家对牧区的畜牧业进行了大范围调整，推行"大包干"生产责任制（马兴文，2012），也就是将以"大集体、大锅饭"为特色的人民公社制度变为"分组作业、联产计酬"的责任制，并紧接着以"包产到户或组"的形式落实责任。如内蒙古自治区根据当时全国农村推行的"包干到户"的"大包干"责任制，结合草原牧区实际情况，实行"包本承包，少量提留，费用自理，收入归己"的"大包干"责任制（达林太、郑易生，2010）。具体体现在新"苏鲁克"（"苏鲁克"是蒙语中畜群的"群"字，用于指一种包放制度）责任制上，实行"三定一奖"制度（金焱，2007）。"定产"就是规定牲畜繁殖成活率、成畜和幼畜的保育率以及畜产品产值；"定工"就是规定放牧、接羔保育以及瘦弱畜的饲养等用工情况；而"定报酬"则是规定报酬数量。可见，"三定一奖"是一种超产奖励责任制，这种制度基本保留了过去人民公社实行的"队为基础"的所有制，只在个别地方实行了牲畜作价归户（金焱，2007）。这个时期虽然未能破除以"人民公社制"为代表的土地集体所有制，草原牧区的土地产权制度未发生质的改变，但为引进草原联产承包责任制提供了条件。

　　第二阶段为"草畜双承包"责任制的实施。1982年第五届全国人大第五次会议通过了新的《中华人民共和国宪法》，并首次提出农村集体经济组织实行以家庭承包经营为基础，统分相结合的双层经营体制（达林太、郑易生，2010）。这为牧区地方政府重新设计草原资源制度提供了政策环境。如内蒙古自治区自1984年开始实行"草畜双承包"制度，将草牧场的所有权划归为嘎查（村级单位）所有，并把之前的"公社－大队"体制转变为"苏木－嘎查"体制（赵澍，2015）。新的体制给草原牧区带来了巨大变化。以集体所有的牲畜全部作价归户并分散经营为特征，将"集体经营"为主转变成了"家庭经营"为基础的畜牧业经营形式。而草原使用权承包大体上经历了两个阶段：第一阶段将草牧场和牲畜一起承包到嘎查或联户；第二阶段在第一阶段承包的基础上再将这些生产资料进一步承包到户。大致做法是：承包前生产队先组织人力按牲畜种类等特征清点所有饲养的牲畜，并对清点好的牲畜进行登记；然后按照牧户家庭中具有村社成员权的人口数量，将牲畜全部承包给社员，并将大集体的所有棚圈、房屋随草地全部作价，由牧民承包。

　　第三阶段为草原"双权一制"的落实。"双权一制"指的是草牧场

的所有权、使用权和承包责任制。以内蒙古为例，自治区人民政府于
1996 年末发布了《关于进一步落实完善草原"双权一制"的规定》（金
焱，2007），并强调这是和"草畜双承包"责任制相配套的政策，是牧
区经济体制改革的延续和发展，也是一项重大改革。按照要求，全区在
落实和完善草原"双权一制"时，进行了八个方面的工作。①勘定旗县
市、苏木和嘎查界线，明确草牧场范围和面积，处理边界问题，核定各
类草地的载畜量。②以"草畜双承包"时的数量为基础，核定人口、户
数和牲畜头数。草地划分以人为主，人畜兼顾。③留出 7% 的草地作为
机动草地，由嘎查统一经营，以壮大集体经济。④草原集体所有单位及
草原使用单位，将所属草原分片包给基层生产组织或农牧民经营，原则
上承包到户。对承包到户的草地，由发包、承包双方签订承包合同，并
依法公证。⑤依据核定的草地载畜量，以草定畜，防止超载过牧。⑥草
原承包期一般为 30 年不变，也可承包 50 年。⑦规定合理的草地使用费。
草地使用费按承包草地产草量价值的 1% ~ 3% 收费。所收费用由苏木/
乡/镇管理，"取之于草，用之于草；取之于当地，用之于当地"。⑧草
原的集体所有权确定后，登记造册，由旗县级人民政府依法颁发《草原
所有证》（李新，2007）。至 2005 年，内蒙古牧区的"双权一制"基本落
实（达林太、郑易生，2010）。

1.2　牧业制度变迁的两过程

如前文所述，我国主要牧区草地和牧业制度变迁的三个阶段体现了
"分畜到户"和"分草到户"两个过程。第一个过程是将集体拥有和饲
养的牲畜分给单个牧户家庭，即"分畜到户"；这个过程完成十几年后，
国有（大部分草地属于这种情况）或者集体所有（只有内蒙古地区属于
这种情况）的草地被分到各家各户，这就是草地和牧业制度变迁的第二
个过程（Zhang，2006）——"分草到户"。

1.2.1　"分畜到户"

在大部分地区，牲畜在 20 世纪 80 年代初期被分到单个牧户头上。
例如，四川省若尔盖县的牲畜在 1982 年进行了分配。根据我们 2014 年
访问的一位当地元老（他在本嘎查担任了 30 多年的村主任和村支书）回
忆，过去牲畜的所有权属于集体，但由私人饲养。1985 年，牲畜被折算

成钱分配给各个牧民，由个人进行饲养。从此，牲畜所有权属于个人。在内蒙古地区，牲畜分配在 1983～1984 年进行。

牲畜的私有化带来了"公地悲剧"，正如哈丁（Hardin，1968）所描述，"公地悲剧"是这样形成的：在一片公共的草地上，每个牧民，作为理性的个体，将有强烈的动机去增加其饲养的牲畜数量。虽然他也会承受过度放牧带来的负面影响，但是他能够完全享受增加一头牲畜带来的正效用。因为"公地"由每位理性的牧民共同使用，并且牧民"陷入一种迫使他不断增加牲畜的机制"，在这种情况下，鉴于草地有限的承载能力，"公地"必然会走向毁灭。

这一阶段，牲畜被分配给各家各户，而草地仍然属于公有，每个分到牲畜的牧户家庭都会"毫不吝惜"地使用集体草地。因此，每个家庭都会积极地增加牲畜饲养的数量，造成牲畜总量急剧上升。内蒙古阿拉善盟的例子清楚地描述了这样的变化轨迹。在 1983～1984 年牲畜分配初期，当地一户拥有 9 个成员的家庭最初只分到 80 只羊，到 1986 年底，该家庭所拥有的羊数量超过了 200 只。随后，这户家庭中的一个儿子结婚分家，带走了 30 只羊。到 1995 年末，独立成家的儿子就已经拥有了 600 只羊。此后，两个女儿因为出嫁而迁出这户家庭，这时家庭财产的所有情况大致为：父母有 200 只羊；大哥和二哥分别有 300 只羊和 200 只羊。在这十年间，这个大家庭的牲畜数量从 80 只迅速增长到 1300 只（韩念勇，2011），增长了 15 倍。中观层面的统计数据也支持了这个结论。例如内蒙古呼伦贝尔市陈巴尔虎旗，在 1983～1984 年有 3 万～4 万只羊，但 2012 年牲畜规模增加到 808600 只，几乎是 30 年前的 30 倍。在牲畜急剧增长的年份里，草地严重退化。根据四川阿坝州的调查，在 1983～2010 年，草地生产力下降了 20%～50%，草地覆盖面积也下降了 30% 以上。这在某种程度上证实了哈丁的预言，假如让牧民自由地使用"公地"，最终会引起毁灭的悲剧（Hardin，1968）。

1.2.2　"分草到户"

总体来看，两轮草地承包的时间界线十分明晰。

第一轮草地承包始于 20 世纪 80 年代初。内蒙古地区是在 1982～1989 年实施的。草地被分给单个牧户、村民小组或者自然村（即"浩特"）。每个拥有合法成员权的牧户都被颁发了草地承包证，但是他们中的大多数人当时仍然在小组范围内共用草地。用来进行草地分配的地图非常粗放，比例尺为 1∶100000。实际上，大部分的分配工作都是通过地图而非实际测量来进行的。根据我们实地调研的了解，分草到户时，各家各户的草地界线是通过测量时的摩托车行驶轨迹来确定的。

　　第二轮草地承包始于 20 世纪 90 年代中期。例如，内蒙古地区的陈巴尔虎旗，是在 1996～1998 年实施的。在这一轮草地承包中，所有的草地必须分到各户头上，而不允许仅停留在"浩特"一级。尽管如此，在实际中我们仍然了解到，在锡林郭勒盟的一些地区，牧民仍然共用草地，共同放牧。表 3.1 列示了第一轮草地承包和第二轮草地承包的不同之处。

表 3.1　两轮草地承包制度的对比

项目	第一轮草地承包	第二轮草地承包
时间	1982～1989 年	1996～1998 年
承包形式	承包到户，承包到组或承包到村	承包到户
地图比例尺	1∶100000	1∶50000
公共草地保留比例	5%～30%	<5%
分配标准	—	60% 按家庭人口；40% 按牲畜数量（"人六畜四"）
决定因素	—	是否有水源，是否能利用公共设施

资料来源：根据作者 2014 年的田野调查资料整理。

　　在一些草地资源比较丰富的旗，比方说呼伦贝尔的陈巴尔虎旗（以下简称陈旗），草地分配以如下方式进行：先按照一定标准将草地分给各户，然后再根据特定的规则对剩下的草地进行分配。在陈旗，每户牧民首先分得 4000 亩基本草场，这个标准是根据饲养 200 只标准羊单位，每个标准羊单位需要 20 亩草地计算得来的。之后，剩下的草地根据家庭规模和饲养的牲畜规模进行分配，两种因素分别占 60% 和 40% 的比例。在分配草地的过程中，考虑到是否靠近水源，或者是否有牧道（供牲畜走的路）或者是否有舍棚等基础设施等，各家各户分到的草场形状十分不规则。比方说，有的人家分到的草地长 2000 米，但是宽只有 50 米。

　　在某些地区，即使在第二轮承包中已经将草地承包到户，他们仍将草地聚集起来，以一个村民小组为单位共同使用草地。图 3.1 展示了锡林郭勒盟一个典型村庄的草地使用模式。这个村有 15 万亩草地，供 6 个村民小组的 180 户牧民使用。这个村的草地被划分为 15 块分给 6 个村民小组：每个组有一块夏秋草场、一块冬春草场；并且每三个村民小组共用一块草地。除此之外，一块草地作为村里的机动地，可以公用也可以出租。然而，从 2011 年开始实行的草原生态补奖政策，迫使牧民从村民小组中"分离"出来，他们纷纷将自己承包的草地用围栏围起来。这导致了严重的草地细碎化。

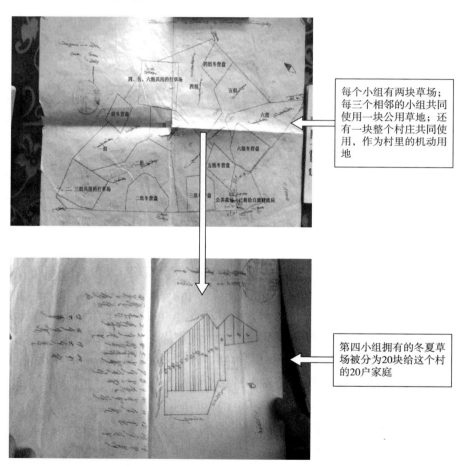

每个小组有两块草场；每三个相邻的小组共同使用一块公用草地；还有一块整个村庄共同使用，作为村里的机动用地

第四小组拥有的冬夏草场被分为20块给这个村的20户家庭

图 3.1　村民小组间的草地分配情况和第四小组组内草地的分配情况

资料来源：作者于 2013 年赴锡林郭勒盟调研所获资料。

第二节　制度变迁对牧户生计资本的影响

对于生活在干旱环境中的牧民，放牧是唯一可行的生计选择（Robin et al.，2008）。因此，与放牧有关的生计资产是牧民生存的必需品。本节将讨论现行草地产权制度对牧户自然资本和社会资本的影响。这些影响同时也体现出草地和牧业制度变迁在牧户微观层面上对牧业经济、牧区社会和草原生态的影响。本节所用的数据和信息多为作者近十年来对中国西部地区开展的田野调查。

2.1　对自然资本的影响

自然资本指牧民维持生计所需的自然资源，包括无形的公共品（如生物多样性）、直接用于畜牧生产的可分性资产（如草场）、获取资源的途径、资源的质量以及资源的变化（DFID，1999）。现行以细碎化为特征的草地产权制度在很大程度上减少了牧民可使用的自然资本。图 3.2 展示了草地产权制度改革对自然资本的影响的途径。

图 3.2 为内蒙古锡林郭勒盟一个村庄的草场在产权制度改革前后块数的变化。图 3.2 的图例列出了 DFID 所定义的九种可视为自然资本的土地类型，从上到下依次为高覆盖度草地、中覆盖度草地、低覆盖度草地、湖泊、居民点、沙地、盐碱地、沼泽、耕地。在草地产权制度改革（即分草到户）之前，这个村庄将草场划分为打草场、春草场、夏草场、秋草场和冬草场五块进行放牧。在这种划分方式下，不同季节使用不同的、相应草场，即夏季和秋季分别在夏草场、秋草场放牧，以此类推。打草场用于在冬季前收割干草。虽然这个村庄将草场划分为五块，但是每块草场间并没有固定的界线，也没有设置围栏。每块草场的面积划分取决于当年的气候、牧草的长势以及牧民的判断。因此，草场的划分是十分灵活的。

需要强调的是，草场的划分并不是随意的。它建立在牧民集体对于畜牧生产的一系列知识与经验的基础上，也可能依赖于牧民在如何有效饲养牲畜方面一些细致的比较和计算。整体上看，这个村庄对草场的划分是十分合理的，接近蒙古国的草场被用作打草场。这块草场虽然覆盖

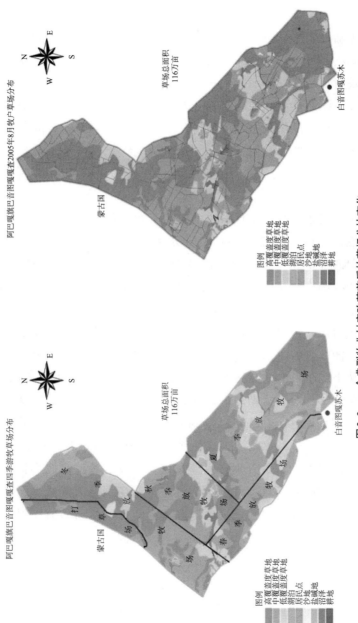

图3.2 一个典型牧业村庄改革前后的草场分块变化

资料来源：海山（2014）。

度很好，产草量大，但缺少饮水源，不方便直接放牧牲畜。紧挨着这片草场的，是这个村庄的冬草场。这块草场的牧草覆盖度也相对较好，草场内部分布着一定面积的低凹沙地，可以帮助牲畜抵挡冬季的寒风。这个村庄的草场中部被划分为秋草场，东南部为夏草场。很显然，秋草场和夏草场的构成更为多样化，不仅有高覆盖度、中覆盖度和低覆盖度的草地，还有湖泊和盐碱地。这主要是因为牲畜在秋季和夏季比较活跃，需要更多的空间进行移动和采食。在秋草场和夏草场的南边，是这个村庄的春草场。这种草场划分能够使牲畜有效利用各种类型的自然资本。

　　根据前文所提到的分配方式，即牧户的家庭人口因素占 60%，牲畜数量因素占 40%，草场被划分给了数以百计的牧户，如表 3.2 所示。显然，各牧民划分到的草场在质量、地势、与居民点的距离以及水源等方面有很大的区别。如图 3.2 右图所示，一些牧户分到的草场虽然牧草的覆盖度很高，但是没有水源和盐碱地；相反，一些牧户只分到水源和盐碱地，这两种资源对于牧民虽然是重要的自然资本，却并不能用来放牧。草地产权制度改革造成的草场严重细碎化使得原本配置得当的自然资本也被细碎化，进而导致其作为生存资本的作用减弱。表 3.2 展示了划分后草场的一些主要特征，它们可以用来代表草场的自然资本质量。

表 3.2　草场地块在家庭层面的主要特征

项目	来源	平均数	最大值	最小值	标准差
每个家庭划分到的草场面积（公顷）*	F1	144	607	4.0	115
	F2	48.3	333	1.33	43.8
每个家庭划分到的地块数量（块）	F1	2.2	8	0	1.3
	F2	2.2	7	0	0.7
每个地块的面积（公顷）	F1	77.1	607	0.2	81.3
	F2	33.6	333	0.13	34.6
地块与定居点的距离（公里）	F1	15.4	157	0	29.1
	F2	18.1	320	0	36.8
地块与最近的水源距离（公里）	F1	3.2	150	0	9.84

　　注：＊F2 中每个家庭划分到的草场面积并不包括夏/秋草场，这两种草场在调研地区属于公共资源。

　　资料来源：作者的田野调查。

　　表 3.2 中的资料来源于我们在 2005～2007 年开展的第一次和第二次调研（用 F1、F2 表示）。数据反映了图 3.2 右图所示的一些信息，如地块数、地块离定居点和离水源地的距离等。但是图中地块的形状在表 3.2 中没有反映。第一次调研（F1）为作者和中国社科院世界经济研究所以及中国农科院农业经济研究所于 2005 年 10 月至 2016 年 2 月共同在新疆、云南、甘肃、内蒙古、四川和宁夏这六个主要草原省区开展的调研。这个调研覆盖的面较广，能够用来代表中国草原地区的一般性情况。第二次调研（F2）为作者与中国社科院世界经济研究所于 2007 年 5 月在环青海湖的四个县即海晏、天峻、刚察和共和县开展的调研。其中，F1 涉及 231 个牧户，F2 涉及 217 个牧户。

　　表 3.2 显示，总体上每个牧户平均分到 144 公顷草场，从 4.0 公顷到 607 公顷不等。环青海湖地区，平均每个牧户分到 48.3 公顷草场，最多的分到 333 公顷草场，而最少的只分到 1.33 公顷草场。值得注意的是，牧户划分到的草场中并不包含夏草场和秋草场，这是因为这两种草场由村庄统一管理，尚未分配到各家各户。根据图 3.2 中的信息以及调研中的发现，夏草场和秋草场的面积一般都比春草场和冬草场大。考虑到这个因素，每个牧户大致分到 150 公顷草场。这些草场分散在 2.2 块以上（有的牧户的草场分散为 7～8 块）。

　　根据 F1 获取的数据，牧户划分到的草场与定居点的距离平均为 15.8 公里，分别从 0 公里（即定居点位于牧场上）到 157 公里不等。环青海湖地区的牧民分到的草场平均距定居点 18.1 公里，最远的可达 320 公里。过于细碎化的自然资本使得牧民不愿使用距离定居点较远的草场，而倾向于使用距离定居点较近的草场，由此造成这些草场的退化。水源也是自然资本的一个重要部分。F1 获取的资料显示，每个牧户分到的草场距离水源的平均距离为 3.2 公里，最远的可达 150 公里。

　　我们 2014 年 7 月在四川阿坝和青海果洛地区开展的调研（F4）在一定程度上证实了上述推断。数据显示，冬草场和春草场距离居民点较近，平均为 13.2 公里，而夏草场和秋草场距离居民点较远，平均为 35.2 公里（见表 3.3）。这使得牧民更多地使用距离居民点较近的草场，并由此导致这部分草场的退化程度要高于较远草场的退化程度。表 3.3 中没有牧户认为他们使用的夏/秋草场退化非常严重，却有 17% 的牧户认为他们家的冬/春草场发生了非常严重的退化。这主要是由过牧和牛羊反复践踏草场所致。

表 3.3　冬/春草场与夏/秋草场的对比

项目	草场类型	平均值	最大值	最小值	标准差
地块离家距离（公里）	冬/春草场	13.2	80	0	17.6
	夏/秋草场	35.2	100	0	22.7
草场退化指数*	冬/春草场	2.38	5	1	1.42
	夏/秋草场	2.14	4	1	1.29

注：*1 表示无退化，2~5 依次为轻微、中度、严重和极严重退化。
资料来源：作者于 2014 年 7 月在四川阿坝和青海果洛地区的牧户调研。

　　图 3.3 显示了牧民对于其草场退化程度的评价。从图中可以看到，只有 22% 的受访牧民认为他们的草场质量很好，有 78% 的受访牧民认为他们的草场出现了不同程度的退化。其中，44% 的人觉得他们的草场退化情况严重和非常严重。这一结果同中观和微观的信息一致。尽管在过去的几十年中国家对草原进行了大量的投资，但是草场退化的情况没有得到显著的改善。草场退化削弱了其作为自然资本的作用，增加了草原生态系统的脆弱性。

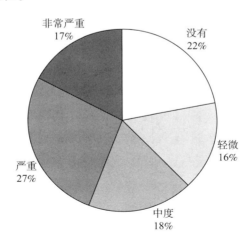

图 3.3　牧民对于草场退化程度的评价

资料来源：作者的田野调查（F4）。

2.2 对社会资本的影响

"社会资本"用来表述人们之间的协作以及风险分担情况（Pretty，2003；Galvin，2008）。在草场使用权共有时期，资源通常由集体成员共同管理。一个集体内部的成员协作进行畜牧业生产，并共同应对风险（邓维杰、韩伟，2010）。这种草场资源制度有效地降低了牧民的交易成本，并有利于他们应对自然与经济的风险和压力，因此成为最普遍也最适合的草场资源制度安排（Galvin，2008）。然而，现行的以草场细碎化和牲畜私有为特征的资源制度破坏了牧民间的合作，并弱化了牧民的社会资本。

图 3.4 在一定程度上说明了这一点。图中的信息来自作者于 2011 ~ 2014 年在内蒙古呼伦贝尔市和锡林郭勒盟进行的牧户调查（F3）。图 3.4 中显示的 1000 公顷草场在草地产权制度改革前由一个村集体共同管理。改革期间，为了体现公平性原则，这 1000 公顷草场被划分为 18 块分给了该集体的 18 个牧户。划分后，每块草场的形状细长、狭窄，有些地块长达几千米，而宽只有百米（长宽之比最大可达 40）。草场的这种形状十分不利于牲畜觅食以及牧群管理。

图 3.4　一个村庄的草场被划分给 18 个家庭

资料来源：作者的田野调查（F3）。

　　此外，草场的划分减少了村集体内部牧民的合作，进而对其社会资本产生不利影响。随着时间的推移，这种不利影响甚至将破坏牧民紧密的家庭内部联系。在草地产权制度改革将草场的使用权划分到户后，随着家庭内部成员年龄的增长，草场遭到进一步细分。图 3.5 显示了某两兄弟之间的草场细分情况。他们用各自的围栏将原本完整的一块草场分隔开来。这样的分隔同时也阻碍了兄弟间的合作，弱化了其社会联系。兄弟间尚且如此，没有血缘关系的牧民之间就更难谈到合作。然而，对于处在干旱半干旱地区的牧业生产，由于水源、草料以及盐碱地等主要畜牧资源在空间分布与时间分布上的变化性很大，合作往往成为有效获取这些资源的重要策略。

草场的细分不仅导致兄弟间草场的进一步细碎化，也导致了其关系的疏远

图 3.5　两兄弟间的草场划分

资料来源：海山（2014）。

　　现行的草地产权制度对牧民间的合作有显著的负面影响。根据 F3 和 F4 的调研，虽然合作的必要性日益增强，但牧民却越来越不愿进行合作。表 3.4 显示，在 2007 年环青海湖的调研中，只有 29.3% 的受访牧户表示参与了某种形式的合作，如劳动合作、草场共同使用、共用打草机等固定资产；根据在内蒙古调研的资料，2011～2012 年只有 19.7% 的受访牧户参与了合作；而根据 2014 年在四川阿坝和青海果洛地区的调研，只有 8.0% 的受访牧户表示和他人进行了合作，并且这些合作都是在亲属间展开的。虽然调研的地区不相同，但是以上数据仍能在一定程度上反映牧民间的疏远。2015 年 8 月，我们在内蒙古呼伦贝尔市和锡林郭勒

盟对 F3 调研的对象牧户进行了重访，结果发现牧民没有任何兴趣同其邻居进行合作。现行的草地产权制度导致的社会资本的减少可能会降低牧民应对压力和风险的能力。

表 3.4　土地占有对牧民间合作的影响

单位：户，%

项目	F2	F3	F4
受访家庭数量	242	411	75
参与合作的家庭数量	71	81	6
参与合作的家庭占比	29.3	19.7	8.0

资料来源：作者的田野调查（F2）。

第三节　制度变迁下草原生态与牧户的灾害恢复力

"恢复力"（resilience）起源于拉丁语中的"后坐力"（resilire），意思是"反弹和反冲"（Hoddinot，2014）。这个词从 20 世纪 70 年代开始被用于生态领域，用来表述一个系统在从当前状态转换成另一种状态前可以承受干扰的程度（Holling，1973）。这个词后来逐步发展为代表"一种对暂时性伤害事件（冲击）或长期性伤害倾向（压力）的回应能力"（IFPRI，2013），抑或表述为"确保伤害的压力和冲击不会产生长久发展性伤害结果的能力"。"恢复力"的概念"可在个体心理学和儿童行为等研究领域追溯根源，它指个体承受压力和从痛苦事件中恢复的能力"（Masten and Monn，2015）。恢复力能够反映不同类型的人类群体（如家庭、组织和社会）"在面临长期的压力、改变和不确定的情况下，通过改变群体结构和生存手段，承受冲击并从冲击中恢复的能力"（van der Vegt et al.，2015）。在社会层面上，恢复力由个体、群体、社区和环境的应对能力、适应能力和变革能力（Hosseini et al.，2016；Adger，2000）三个维度构成。

在干旱牧区，生态系统和牧民都十分脆弱。因此，增强其恢复力成为维持这些地区发展的主要任务（Walker et al.，2004；Dougill et al.，2010；Fraser et al.，2011）。牧户的恢复力指其面对各种冲击或压力时，在不会造成显著的福利损失或不会脱离福利改善的条件下，准备、应对和恢复的能力（Little and Mcpeak，2014）。它包括含牧民居住地在内的更广泛的环境空间、牧民的可用资源以及这些资源的运用方式、牧民获得的经济回报及其导致的其他结果（Hoddinot，2014）。

如前所述，牧民生存的牧区由于气候多变、资源不均衡，生态通常比较脆弱（Illius and O'Connor，1999；Ellis and Swift，1988；Westoby et al.，1989）。草地产权制度改革赋予了个体牧户草场使用权，准许牧民在牲畜和草场资源经营上进行自主决策。然而，这种做法却导致了生计资本的严重细碎化，使得牧户难以实行有效的生计策略。换言之，在当前的草地产权制度下，进行个体放牧经营的牧户在某种程度上面对着不均衡的生计资本，小而细碎化的草场限制了其移动牧群以更好地利用牧草和水源的能力。对于牧户来说，这一方面会导致更高的生产成本和更低的经济回报，另一方面会降低其面对冲击时的恢复能力。

一些二手资料也支持了上述观点。根据海山（2014）的研究，典型干旱牧区的内蒙古苏尼特右旗（以下简称"苏右旗"）年均降水量为177mm，一场旱灾导致了65%的牲畜死亡；而与其相邻，同为典型干旱牧区，年均降水量为130mm的蒙古国某游牧放牧地，相同的旱灾仅导致11%的牲畜死亡。表3.5列举的信息支持了上述观点，该表对内蒙古一个典型放牧区内牧民的恢复力，也就是牧民从三场自然灾害中恢复过来的难易程度进行了对比。灾害发生在三个时期内，不同时期的牧民有着不同的放牧制度。

从表3.5可以看出，随着时间的推移，生态环境条件逐步恶化。20世纪50年代，牧民采用合作游牧的方式管理草场，当时草场生态较好，草能达到50~60厘米高，到70年代时，放牧形式变为半游牧和村集体内的合作经营，生态条件一般，牧草高度为20~30厘米，而到21世纪初期，草地产权制度改革后的牧民采用个体经营，定居放牧，生态条件恶化，牧草高度降为10~20厘米。前两次灾难都是雪灾，并且从降雪量来看第二次更为严重，牧民在第二次雪灾中损失了更多牲畜，并且更难恢复过来。第三次灾难是旱灾，虽然无法与之前的两次灾难进行直接比较，但仍然显示出在改革后的放牧和草场管理模式下，牧民很难从灾难中恢复过来。这说明，在没有合作的情况下自然灾害可能变成牧民生计系统中的长期压力。

表 3.5　三场自然灾害中牧民恢复能力对比

项目	第一次灾害	第二次灾害	第三次灾害
灾害发生时间	1957. 11 ~ 1958. 3	1977. 10 ~ 1978. 3	1999 ~ 2001
类型	雪灾	雪灾	旱灾
程度（cm）	30 ~ 40	40 ~ 50	
牲畜损失（百万头）	0. 1	3. 2	4. 3
草地高度（cm）	50 ~ 60	20 ~ 30	10 ~ 20
生态条件	好	中等	差
基础设施条件	差	中等	好
放牧形式	游牧	半游牧	定居
经营体制	合作组织	牧民小组	个人
恢复难度	容易	中等	困难

资料来源：海山（2014）。

　　社会资本使得牧民可以参与集体行动与合作，从中受益，比如减少生产成本，提高经济回报。表 3.6 和表 3.7 中的实证分析结果进一步证实了这一点。表 3.6 反映了环青海湖的牧户生产情况。对个体与合作牧户牧业生产主要投资的平均值进行了比较，发现个体牧户除了鼠害控制花费较少外，在其他生产投资上都花费较多。我们在调查中发现，鼠害在青海湖区域十分严重。然而，个体牧户却并不愿意控制鼠害。个体牧户牧场规模小，虽然控制鼠害对于他们来说在经济上是可行的，但有效性却不尽如人意，因为如果其邻居不对鼠害进行控制，害鼠会从他们的草场上转移回来。而有合作的牧户通常采用集体行动来控制鼠害。总体而言，个体牧户比合作牧户在每公顷草场上的投资要高出 65%，其中围栏和建设舍棚是牧业投资的重点，一般来说，个体牧户比合作牧户在围栏和建设舍棚上花费更多，分别较合作户高出 57% 和 61%。在草场共用的情况下，这两项投资应该比我们调查到的小规模合作投资还要少。这些投资可以从某种程度上反映出牧区"农区化"所带来的一些制度成本。本来，草原牧业是低投入产业，主要以利用天然草原为主。而根据我们的实地调研，现行草地经营制度下的草原牧业已变成资本密集的投资活动，然而却并不是盈利的活动。

表 3.6　合作牧民和个体牧民生产投资的比较

单位：元/公顷，%

项目	个体 （1）	合作 （2）	差值 （1－2）	比例 （1－2）/2
购买干草	509	322	187	58
购买其他饲料	2048	380	1668	439
兽医兽药费	646	313	333	106
雇用劳动力	254	92	162	176
燃料费	252	182	70	38
鼠害控制	23	106	－83	－78
围栏	23130	14760	8370	57
建设舍棚	8386	5220	3166	61
合计	35248	21375	13873	65

资料来源：根据作者田野调查（F2）所获数据计算。

　　我们在内蒙古牧区的调研发现证实了这一点。表 3.7 显示，个体牧户总体上较合作牧户投入强度要高出 49%，而收入水平却低了 21%。表 3.6 和表 3.7 的结果表明，由于草地资源在空间和时间上的多变性，牧场的私有化无利可图。牧民通过合作，将牧场聚集到一起，在最外层边界处修建围栏，这样可以降低个体围栏的成本，分摊看管畜群的人力负担。这也与 Banks 等（2003）的发现相一致。有一点需要说明，一般来说，即使不考虑时间间隔和消费者价格指数（2011～2012 年对比 2007 年），在草地上 F3 比 F2 每公顷的投资也要低得多。这是因为，在内蒙古，围栏、舍棚和水井等基础设施的投资大多由政府各种形式的项目来提供，因此在围栏上个体牧户比合作牧户投资更低的情况也就不足为奇了。

表 3.7　合作牧户与个体牧户生产投资/牲畜收入的比较

项目	个体 （1）	合作 （2）	差值 （1－2）	比例 （1－2）/2（%）
生产总投资（元/亩）	900.0	603.0	297.0	49
流动资金投资（元/亩）	42.8	27.0	15.8	59
围栏（元/亩）	13.5	24.8	－11.3	－46
建设舍棚（元/亩）	49.5	20.3	29.2	144
饮水设施投资（元/亩）	20.3	15.8	4.5	28

项目	个体 (1)	合作 (2)	差值 (1-2)	比例 (1-2)/2 (%)
放牧设备投资（元/亩）	76.5	24.8	51.7	208
牲畜收入（元）	8473.0	10780.0	-2307.0	-21

资料来源：对作者田野调查（F3）所获数据的计算。

　　更低的成本和更高的收益能让牧民更好地从冲击或压力中重整旗鼓，因此，建设社会资本——例如通过建立合作组织——是一种有效的制度手段。我们 2014 年对四川阿坝的调研显示，合作组织不仅可以提高牧民的经济水平及生计水平，还可以降低市场风险和受到自然灾害打击的风险。例如，在 2013 年，合作牧户牦牛的平均价格为 3647 元/头，而个体牧户为 3121 元/头；在牛奶价格上也有类似的差异，合作牧户的牛奶价格为 8.0 元/公斤，而个体牧户为 7.2 元/公斤。2013 年，该地区暴发口蹄疫，被调查的 75 户牧民都遭受了损失，有的牧户损失了 90 多头牦牛，然而从平均水平来看，在此次灾害中，每户非合作牧户的牦牛损失超过 20 头，而每个合作牧户的损失大约为 10 头。这表明，合作经营可以帮助牧民降低风险。

第四节　结语

　　中国干旱半干旱草原牧区独特的生态特性，使得牧民"逐水草而居"的传统游牧方式成为一种与生存环境相适应的传统自主治理公共资源的利用制度。但在过去的三十多年里，农区以土地承包到户为特征的家庭联产承包制在牧区被广泛推行，牲畜和草场的分配到户使得原本资源社区共有共用的游牧文化转向了牲畜私有、草场共有私用的定居定牧制度。自主治理等制度的被打破，使传统轮牧时期的草场公共资源共享制度逐渐被产权清晰的资源共有私用制度所取代。这一制度变迁引起了牧户生计资本的减少和"失配"（即各种生计资本之间匹配不合理），加剧了草原生态环境恶化，从而严重威胁牧民生计的可持续性。因此，有必要重新审视草原牧区的制度安排。中国历史上以共享方式治理草地的经验，以及蒙古国以牧民小组的方式共用草场、瑞士阿尔卑斯高山牧场的社区自主治理等成功做法可为我们提供借鉴。对于草地，特别是在我国干旱半干旱区这种生产力低、异质性强、可分性差的天然草场，分到各家各户使用的制度安排难以实现这种资源的可持续利用，需要从比牧户及其草场更大的范围如社区层面和地理景观（landscape）层面来考虑草地资源的制度安排和治理，使草原牧业成为未来绿色经济的一部分。

第4章 制度变迁背景下牧户的
生计脆弱性[*]

"脆弱性"概念由 White（1974）及 Burton 等（1978）提出，之后延伸至多个学科。DFID（1999）在可持续生计框架中将脆弱性纳入生计问题研究，分析个体在面临外部冲击等事件时如何运用自身的生计资本来应对冲击。"恢复力"是与"脆弱性"相对应的概念（Smale，2008），指研究对象承受外部打击或干扰（例如环境变化、社会变革以及政治经济剧变）后从中恢复的能力（World Bank，2014）。特殊地区自然生态系统和社会系统的脆弱性或恢复力是可持续科学面临的核心问题之一（Kates et al.，2001；Eakin and Bojórquez-Tapia，2008）。草原牧区就是这样的特殊地区。

作为草原牧区主体的牧户主要依赖畜牧业获得收入。他们受自然条件和社会环境变化的影响极大（Sallu et al.，2009），因而成为脆弱群体（Mcgahey et al.，2014）。牧户的生计脆弱性，一方面来源于其赖以生存的自然资本（草地生态系统）具有脆弱性（Smit et al.，2001），另一方面受其所处社会环境变化（尤其是制度变化）的较大影响（王晓毅，2013）。就内蒙古牧区而言，自新中国成立以来，草地产权制度经历了从草场和牲畜公有共管到牲畜私有、草场承包的巨大变化（周立、董小瑜，2013）。自 20 世纪 90 年代进一步落实草地所有权、使用权和承包经营责任制（以下简称"双权一制"）以来，牧区的生产方式发生了巨大变化，传统的游牧方式基本上已被定居放牧所取代（Conte and Tilt，2014）。由草地经营制度变迁引起的放牧方式的改变使牧区的草地生态状况和牧户的生计策略选择发生了变化（Li and Huntsinger，2011）。

不同制度安排会给牧户生计带来什么影响，目前学界对此仍存有争议。Jode（2010）认为，游牧有利于牧户应对气候变化这一干旱半干旱

  * 资料来源：励汀郁、谭淑豪：《制度变迁背景下牧户的生计脆弱性——基于"脆弱性–恢复力"分析框架》，《中国农村观察》2018 年第 3 期。

牧区普遍存在的问题，牧户通过游牧逐渐适应了牧区的气候变化。若限制游牧，会导致草地退化及牧户生计资本搭配失衡（Conte and Tilt，2014）。但也有学者认为，游牧是一种落后的放牧方式，且游牧状态下牧区基础设施建设滞后，牧户难以抵御巨大的自然灾害（贾幼陵，2011a，2011b），其生计脆弱性因此增加。

目前，学者多将牧户的生计脆弱性归因于气候变化。例如，谭灵芝、王国友（2012）认为，干旱区牧户生计脆弱性的实质是气候变化对人们所拥有资源的影响，气候变暖对生态系统产生的压力严重影响了牧户生计的可持续性（陈伟娜等，2013）。在气候变化背景下，学者们通过构建生计脆弱性框架计算研究对象的生计脆弱性（社会脆弱性）指数（Shah et al.，2013；张钦，2016；谭淑豪等，2016）。也有学者通过案例分析气候变化压力下农牧民的脆弱性状况。例如，张倩（2011）以内蒙古地区某一嘎查为例，分析了牧户的社会脆弱性状况，发现案例地区牧户的社会脆弱性随暖干现象的增多而加剧；苏浩（2013）通过调查内蒙古草原牧民近年来的生计状况，认为气候变化对草原及牲畜都产生了负面影响，这些影响加剧了牧民的生计脆弱性。

对于与生计脆弱性密切相关的恢复力，相关研究起步不久，虽困难重重，但在国际学界方兴未艾，涉及的领域也较广泛。例如 Chazovachii 等（2013）和 Twine（2013）分别基于津巴布韦养蜂业状况和南非畜牧业发展状况，为这些地区的农业生产者提出了合适的生计恢复策略。国内目前鲜有学者对生计恢复力进行系统分析，而国内外综合分析生计脆弱性和生计恢复力的文献更少，仅 Sallu 等（2010）从这两个角度对博茨瓦纳农牧民 30 年来的生计问题进行了动态的案例研究，认为完善正式制度及非正式制度可以促进当地农牧民恢复生计。生计恢复力相关研究较少的原因可能是 "恢复力" 的概念最初是在生态学领域提出的（Holling，1973），最近才被推广应用到社会科学研究领域的微观决策者方面（Fan et al.，2014）。

脆弱性和恢复力是两个密切联系的概念，单独研究脆弱性或恢复力，难以全面揭示研究对象的生计状况（Smale，2008）。当前学界对内蒙古牧区牧民生计状况的研究多集中在脆弱性方面（张倩，2011；谭淑豪等，2016），且多将脆弱性归因于气候变化（谭灵芝、王国友，2012；陈伟娜等，2013），少有学者结合脆弱性和恢复力两个方面来分析牧户生计状况。在最近 30 多年间，内蒙古牧区草地经营制度发生了根本变化，而现有研究没有凸显出制度变迁对牧户生计变化的影响，也没能从恢复力角度考虑降低牧户生计脆弱性的方法，因而难以全面把握牧户生计状况的变化。鉴于此，本文基于 Fraser（2007）以及 Fraser 等（2011）提出的"脆弱性－恢复力"分析框架，将草地经营制度变迁作为研究牧户生计脆弱性的背景，运用内蒙古呼伦贝尔和锡林郭勒牧区 10 户典型牧户 30 多年来生计变化状况的半结构化访谈材料，分析内蒙古牧区最近 30 多年来牧户生计脆弱性的变化，探索现行草地经营制度下促进牧户生计实现可持续的策略。

第一节 "脆弱性－恢复力"分析框架

本部分先对内蒙古草原牧区 30 多年来草地经营制度变迁情况进行介绍，并据此建立本章研究的"脆弱性－恢复力"分析框架。

1.1 内蒙古牧区草地经营制度变迁

草地是重要的公共池塘资源。历史上，内蒙古牧区的草地多由社区共用共管（包玉山，2003），牧民基本上过着逐水草而居的游牧生活。草地通常被分为冬春、夏秋草场或冬、春、夏秋三季草场，按季节轮牧（马兴文，2012）。20 世纪 70 年代末到 80 年代初，随着农村土地制度改革的开展，家庭承包责任制在牧区开始推行。不同于该制度在农区的实行方式，即将土地划分为小块承包给农民经营，家庭承包责任制在牧区通过"分畜到户"和"分草到户"两个阶段实行。

在"分畜到户"阶段，牲畜被分配到各家各户，而草场仍然公有共用，因此牧户都"毫不吝惜"地使用集体草地，导致内蒙古牧区牲畜总量急剧上升。"分草到户"阶段又细分为两轮：第一轮始于 20 世纪 80 年代初，按照 1∶50000 的低精度比例尺地形图测绘，将草场分给单个牧户、牧户小组或自然村（即"浩特"）①（Tan and Tan，2017）；第二轮发生

---

① 笔者调查中了解到，研究区域牧户承包的草场界线是通过摩托车行驶轨迹来确定的。

在 20 世纪 90 年代中期，按照 1∶100000 的较高精度比例尺地形图测绘，将原本分到牧户小组或自然村的草场依据牧户的家庭人口数量、牲畜数量、距水源地的距离等，进一步分配到各家各户（Tan and Tan，2017）。这一分配方式以及牧户因子女成年而在家庭内部对所承包草场的进一步细分导致草场细碎化。根据 2011 ~ 2012 年在中国内蒙古、西藏、青海、新疆、四川和宁夏六大牧区的田野调查结果，平均每个牧户拥有 2.2 块草场，有些牧户拥有的草场块数多达 7 ~ 8 块；平均地块面积为 34 ~ 77 公顷不等，其中最小的仅有 0.13 公顷；地块与定居点的距离平均为 16 ~ 18 公里，距离最远的为 157 ~ 320 公里；与水源地的距离平均为 3.2 公里，距离最远的达 150 公里（Tan and Tan，2017）。

1.2　分析框架

在对欧洲、非洲和亚洲历史上出现过的饥荒案例进行整合分析后，Fraser（2007）认为，生计脆弱性研究需要考虑以下三个要素：第一，提供生计条件的农业生态系统，即研究对象所在农业生态系统的生产能力及灾后的恢复能力；第二，生计资本及生计策略，即研究对象是否有足够多的生计资本及策略来应对灾害；第三，制度的适应能力，即研究地区的制度安排是否有助于减轻灾害带来的影响。

基于这三个要素，Fraser（2007）提出了生计脆弱性变化的研究框架。该框架以研究对象所依赖的地区生态状况、研究对象的生计资本及生计策略、制度状况三大维度为着眼点，用以研究三大维度发生变化时研究对象的生计脆弱性变化情况。Fraser 等（2011）对该框架进行了进一步阐述，并引入了恢复力的概念，使得该框架可以体现生计脆弱性和恢复力的变化。Sallu 等（2010）用该框架研究了博茨瓦纳农村地区农民30 年间的生计状况，揭示了研究对象生计脆弱性和恢复力的动态变化过程。

结合内蒙古牧区的实际情况，草畜双承包制度在牧区的广泛推行使游牧方式逐步转变为分户承包下的定居定牧方式。这一制度变迁造成了牧户生计资本的减少和"失配"（即各种生计资本之间的匹配情况不合理）（Tan and Tan，2017）。草地生态状况以及牧户的生计资本和生计策略在制度变迁背景下都发生了巨大变化。本研究在 Fraser（2007）以及

Fraser 等（2011）提出的"脆弱性－恢复力"分析框架的基础上，以草地经营制度变迁为背景，探索草地生态系统状况以及牧户生计资本和生计策略的变化对牧户生计脆弱性与恢复力的影响，具体分析框架见图 4.1。

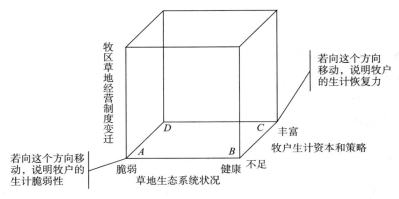

图 4.1 草地经营制度变迁下牧户的生计"脆弱性－恢复力"分析框架

注：根据 Fraser（2007）以及 Fraser 等（2011）的研究，对有关内容进行改进后得到。图中，A 表示草地生态系统脆弱、牧户生计资本不足和缺乏生计策略；相对应地，B 表示草地生态系统健康、牧户生计资本不足和缺乏生计策略；C 表示草地生态系统健康、牧户生计资本充足和生计策略丰富；D 表示草地生态系统脆弱、牧户生计资本充足和生计策略丰富。A 到 D、B 到 C、A 到 B、D 到 C 都有助于生计恢复，总体而言，由 A 到 C 最利于生计恢复。

第二节　牧区生态环境及牧户生计状况

本章研究所用案例资料来自笔者于 2014～2016 年在内蒙古呼伦贝尔及锡林郭勒牧区的实地调查。呼伦贝尔市和锡林郭勒盟约 46.9 万平方公里，其中 26.3 万平方公里为可耕种草地，涵盖草甸草原、典型草原、荒漠草原等草原类型，占内蒙古地区可利用草地面积的 38.8%，是中国两大典型的草原牧区。根据笔者的调查，截至 2012 年，呼伦贝尔和锡林郭勒牧区的集体草场已基本划分到户。除少数地广人稀地区（例如呼伦贝尔市新右旗和锡林郭勒盟东乌旗、苏尼特右旗）的户均承包草场面积为 7500 亩，多数旗（县）的牧户可分得的草场面积较为有限，户均仅 3480 亩。呼伦贝尔牧区畜均实际使用草场面积为 16.5 亩/标准羊，锡林郭勒牧区的这一指标为 22.5 亩/标准羊。两个牧区约有六成牧民认为自家草场存在一定程度的超载问题，但为了维持生计仍需放养大量牲畜。这两个牧区的"人－草－畜"矛盾突出，牧户生计的可持续能力面临威胁。作为内蒙古的典型草原牧区，呼伦贝尔和锡林郭勒牧区基本涵盖了各种草地类型，且完整经历了内蒙古牧区各个时期草地经营制度的变迁，具有很好的代表性。

2.1　案例资料收集方法

本章将基于案例详细刻画牧户在 30 多年间，尤其是自 1984 年内蒙古牧区开始实施草畜双承包及"双权一制"前后牧户的生计变化状况。由于研究时间跨度较长，这就要求被调查牧民的年龄至少在 40 岁以上[1]，并对 30 多年来尤其是"双权一制"实施前后牧区及牧户生活情况有着较多了解。为了更客观、全面地了解牧户的生计状况，调查以半结构化访谈形式展开。

案例资料收集分三个阶段进行：第一阶段通过调查确定了半结构化访谈提纲；第二、第三阶段收集了翔实的案例材料，为案例的整理和分析奠定了基础。

第一阶段，于 2014 年在内蒙古草原开展调查，对草地生态状况和牧户生计状况有了初步了解；并于 2015 年 6 月在呼伦贝尔市陈巴尔虎旗阿尔山嘎查驻村进行调查，对牧户生计状况有了进一步的认识。基于这一阶段的调查资料，结合 Sallu 等（2010）、谭淑豪等（2016）、张倩（2011）和王晓毅等（2016）等的研究，建立半结构化访谈提纲（见表 4.1）。

表 4.1　半结构化访谈提纲

维度	访谈提纲
草地生态系统状况	草场面积多大？是一整块的吗？刚分到的时候草场质量状况如何？ 草的长势如何？跟游牧时候比有什么变化？ 如何使用所承包的草场？还会游牧吗？草场被承包前怎么放牧？ 是以前共用草场好还是现在草场分到户好？

---

[1]　选取的两位 50 岁以下的访谈对象通过家中已过世长辈的口述对"双权一制"实施前后的牧区情况也有较多了解。

维度	访谈提纲
牧户生计资本状况和生计策略选择	年龄多大？文化程度如何？ 家里有多少人在放牧？分畜到户及分草到户之前呢？ 牲畜目前的存栏量是多少？牲畜数量与刚"分畜到户"时相比有什么变化？ 草畜公有共用时期各家各户有围栏、棚圈和机井等基础设施投入吗？ 牲畜每年平均能卖多少钱？每年的家庭主要支出有哪些？跟游牧时期相比，现在的生活条件好了吗？ 有没有租入或租出草场？觉得草地租赁市场对提高家庭生计水平有没有帮助？ 生产生活中需要向银行贷款吗？每年都有贷款吗？草畜公有共用时期需要贷款吗？ 有没有考虑跟邻居联合起来使用草场？联合之后如何管理草场和牲畜？

　　第二阶段，于 2015 年 8 月在呼伦贝尔市新巴尔虎右旗（下文简称"新右旗"）和陈巴尔虎旗根据研究需要选取了 5 位牧民，按照上述提纲进行半结构化访谈。这 5 位访谈对象的年龄均在 40 岁以上，且都是嘎查公认放牧经验丰富的牧民。对每位访谈对象的访谈时间都是 2 ~ 3 小时，牧民基本上用蒙语回答，当地向导进行翻译，笔者与向导就调查问题和牧民的回答内容进行了反复沟通，以确保双方正确理解对方的表达。

　　第三阶段，于 2016 年 6 月在锡林郭勒盟下辖的 4 个旗（县）中的 5 个嘎查开展访谈，访谈方式与第二阶段相同。

　　在访谈时，调查人员初步记录了访谈内容，之后根据录音进行了完善。每位访谈对象的案例材料为 3000 ~ 5000 字。根据研究需要，剔除材料中与草地经营制度变迁不太相关的内容并进行精简，保留 1500 字左右。

2.2　案例资料整理及数据编码

2.2.1　访谈对象的基本状况

　　从访谈对象的基本情况（见表 4.2）看，访谈对象的平均年龄为 58.1 岁，包括单家独户放牧的牧民、合作放牧（指将几家的草场合在一起经营）的牧民和老牧民（指原本从事放牧工作，由于年龄太大或迫于生计，将草场留给子女或租给其他牧民，自己不再从事放牧工作的牧民，但其生计来源还是牧业，他们对牧区依然十分了解）。

表 4.2 访谈对象基本信息

访谈对象	性别	年龄（岁）	文化程度	样本嘎查	身份	草场经营面积（亩）	草场块数（块）	年均牲畜存栏量①	家庭年均净收入（元）②
A	女	60	小学	呼伦贝尔市新右旗 a 嘎查	老牧民	7000	1	198	7000
B	男	60	初中	呼伦贝尔市新右旗 b 嘎查	单家独户放牧的牧民	12000	3	250	12000
C	男	56	大专	呼伦贝尔市陈巴尔虎旗 c 嘎查	单家独户放牧的牧民	7000	2	180	10000
D	男	46	小学	呼伦贝尔市陈巴尔虎旗 d 嘎查	单家独户放牧的牧民	8000	3	210	8000
E	男	40	小学	呼伦贝尔市新右旗 e 嘎查	合作放牧的牧民	9215	1	200	20000
F	女	76	文盲	锡林郭勒盟正镶白旗 f 嘎查	老牧民	1200	1	80	5000
G	男	74	小学	锡林郭勒盟西苏旗 g 嘎查	单家独户放牧的牧民	4000	1	150	9000
H	女	57	高中	锡林郭勒盟正镶白旗 h 嘎查	合作放牧的牧民	1300	2	120	10000
I	男	52	初中	锡林郭勒盟镶黄旗 i 嘎查	单家独户放牧的牧民	2000	2	130	-6000
J	女	60	初中	锡林郭勒盟西乌旗 j 嘎查	老牧民	5000	3	200	8500

注：①年均牲畜存栏量用标准羊单位表示，1 只羊 ＝ 1 标准羊单位，1 头牛 ＝ 5 标准羊单位，1 匹马 ＝ 6 标准羊单位，1 头骆驼 ＝ 7 标准羊单位。②家庭年净收入为调查年份家庭净收入。家庭年净收入 ＝ 年牧业收入 ＋ 其他收入 － 买草买料 － 看病 － 上学 － 其他支出。

2.2.2　案例资料编码过程及编码内容

借鉴扎根理论中质性数据的编码规则（Locke，2001），结合研究的需要，本章研究中的案例编码经过了以下三个步骤。

步骤一：创建一级编码。为更好地了解访谈对象在草地经营制度变迁前后的生计状况，需从原始访谈材料中筛选出生计状况相关内容。分析相关材料并进行筛选，得到97个分析单元（原始语句）。由于分析单元数量庞杂且在内容上存在一定程度的交叉，将其整合后形成了26个一级编码。从原始访谈材料中直接选取出来的分析单元，是牧民对草地生态及自身生计状况的最直接描述。

步骤二：整合一级编码，将其汇总到某个大类别中，形成二级编码。在这一步骤中，笔者试图将不同的一级编码进行分类，将描述内容相近的一级编码整合形成二级编码。例如，一级编码中的"草种类减少""草的盖度、密度下降"等可以整合为"草地资源退化"。

步骤三：二级编码形成后，需要将在实践中观察到的现象进行一定凝练和提升，即将二级编码归纳到框架中，形成三级编码。例如，二级编码中"草地资源退化""水资源分配不均"可以凝练为"自然资源减少及不同资源间搭配失衡"。在形成三级编码结果中，对案例资料进行重新审查，发现案例材料中所有的分析单元均可以归入现有的三级编码结果中，没有新的编码范畴和关系出现，即该三级编码结果在理论上是饱和的。

在进行归类时，由于生计问题涉及的范畴较为宽泛，本研究采用的是多重归类法，即将某些可能具有多重属性的分析单元归入不同的一级编码。在编码时，采取比较常用的3人编码方案，即邀请1位研究草原问题的农业经济管理专业的教授、1位社会学专业的副教授和1位农业经济管理专业的博士生作为编码员，对整理好的分析单元进行独立编码。如果有两个及以上编码人员认为某分析单元含义不清，且3个编码者对此不能达成一致意见，则删除这一分析单元。经过编码，97个分析单元中有7个分析单元因含义不清而被删除，最后保留了90个分析单元进入正式编码域1（见表4.3）。

表 4.3 案例资料的三级编码结果

内容	一级编码（分析单元（原始语句）举例）	二级编码	三级编码
草种类减少	分草场后，草种类大幅减少，游牧时整个草原上有三四十种不同类型的草，现在最多就有三四种①（A）	草地资源退化	自然资源减少及不同资源间搭配失衡
草的盖度、密度下降	20世纪五六十年代时，"风吹草地见牛羊"，现在哪有比牛羊高的草（C）		
取水距离远	游牧的时候基本是在水源地旁边放牧，牛羊可以在附近饮水，临时帐篷都搭建在水源地旁边，现在要专门去几十公里外的地方取水（D）	水资源分配不均	
不同地块取水状况差异大	有些人草场分得好，就地打井，取水也挺方便，花了几万元打了几次井，都打不上水，这地下水也少，没辙，只能买个水罐车每天去拉水（G）		
户均草场面积小	分草场时，60%的草场是按照家庭人口数量分配的，剩下的40%按照所拥有牲畜数量分配。我家一共分到4000亩草场，比以前大伙一起用的时候肯定是少了（G）	草地细碎化严重	草地承载力和恢复力不足
草场形状狭长	我家草场只有1200亩，而且是长条状的，四周都是围栏，牛羊可以活动的范围很小（F）		
草场块数多	我家一共就5000亩草场，却分成了3块，中间还隔了一段马路（J）		
草地能养活的牲畜数量下降	大伙儿一起放牧那时候，要是找到水草好的地儿，几亩地就够一只羊吃的。现在不行了，我看50亩一只羊都够呛（J）	草地质量下降	
草地自然恢复周期变长	牛羊把草跟得厉害，草根都踩坏了，天又旱得很，草长不高（D）		
围栏投入增加	分到草场后，一开始钱不够，没有拉围栏，但隔壁家的牛羊一直跑来我家草场吃草，没办法，通过贷款花了3万元简单拉了围栏（C）	基础设施投入增加	物质资本增加
棚圈投入增加	在2012年雪灾之后，自家掏钱盖了棚圈等基础设施，现在抵抗自然灾害的能力比以前强了（H）		
机井投入增加	有两口井，一口是机井，打井的时候花了6000元（A）		
牲畜数量增加	以前都只有十几头牛羊，现在上百了（A）	生产资料增多	
农机设备增加	家里打草机、搂草机都有，每年都去打草场上打草（B）		

续表

内容	一级编码 分析单元（原始语句）举例	二级编码	三级编码
银行贷款难度大	每年都要从银行贷款10万元，还希望能够多贷。听说有大户可以多贷，我们小老百姓哪里贷得到（D）	可信任信贷政策少	金融资本不足
民间贷款普遍	去年牲畜价格不行，想再养一年再卖出去，银行贷款不够，就借了20万元的高利贷。今年不知道怎么办（I）		
买卖草压力大	这两年羊价却涨，草料价格却涨了，我家打草的草场不够，没钱也要想办法买草料（I）	畜牧业亏损	
负债重	游牧虽然艰苦，但还是比现在要强不少，至少可以安心过日子，牛羊饿死更亏（A）；现在基本上家家户户都有负债（A）	收入减少	
放牧方式粗放	没有以前那样游牧、轮牧了，这么小一块草场，你让我怎么游牧（G）	无规划放牧	
过度使用公共草场	自家放牧场面积不大，只能放一个月。整个春秋季节就一直在公共草场上放牧（F）		
牲畜数量过多	我们家有两个老人，劳动力不够，就靠这些牛羊过，草再少牛羊也少不了，总得让人养活（D）	过度放牧	短浅的生计策略
不按规定放牧	听说政府是有规定80亩②养一只羊，但也没人真的管。我们这都是按自家需要放牧，像我家就20亩左右放一只羊，牛羊少了没这收入（H）		
租入草场	自家草场不够，从邻居那里租了1000亩，正好可以用来轮牧，这样对草场也好点，以后也能长久放牧（C）	参与草地租赁市场	替代性生计策略
补齐游牧环节	自家草场分两块，夏秋季用2500亩、冬季用3500亩，春季用租的草场（C）		
亲友合作放牧	我们三兄弟一起放牧，草场合在一起用，可以实现小范围游牧，放牧效率还是比单干高一点（E）	合作放牧	
邻里合作放牧	我跟隔壁的几个牧户关系不错，有时候打草机、搂草机借着用一下，出点油费，大家也都不介意（H）		

注：①根据笔者的实地调查与受访牧户的解释，可以理解为草地上现在供羊食用的草种类大大减少，基本就只剩几种可供牲畜食用的草种。该调查对象的语气比较急切，对草原生态状况较为不满。

②内蒙古牧区不同嘎查的载畜量标准规定不同，政府主要依据草地的长势来规定当地载畜量标准。

括号中的字母代码为访谈对象编号（见表4.2），表示资料来源对访谈对象某一编号的访谈。

第三节　制度变迁对牧户生计脆弱性的影响路径

牧区草地经营制度的变迁一方面对草地生态产生了巨大影响，使草地由"公地悲剧"走向"围栏陷阱"（杨理，2010），另一方面也使牧户的生计资本和生计策略发生了变化（Li and Huntsinger，2011）。本部分将结合表 4.3 的编码结果对草地经营制度变迁下影响牧户生计脆弱性的因素进行分析，并归纳出制度变迁对牧户生计脆弱性的影响路径。

3.1　草地生态系统变化对牧户生计脆弱性的影响

20 世纪 80 年代以来，内蒙古牧区经历了从草畜公有共用到分户承包的过程，传统的游牧方式逐渐消失，草场被分到各家各户，块数增多，细碎化出现并渐趋严重。牧户在自家所承包的草场上建围栏，并进行定居放牧。在定居放牧方式下，草的盖度、密度下降，水、草等自然资源搭配失衡，牧户生计脆弱性增加。

3.1.1　自然资源减少及不同资源间搭配失衡

在草畜公有共用阶段，牧户主要采用游牧方式，通过不同季节的移动来寻找水草丰茂的草场放牧，并让其余草场休养生息，同一块草场在一年中只在一到两个季节被集中使用，其余季节都处于自然生长状态。随着草场被分配到户，同一块草场被过度利用，牧草基本高不过脚踝，有些嘎查草场上的草甚至只剩下草根了。现在的草场能养活的牲畜数量有限，且可持续利用能力低。对牧民 A 和 G 的访谈反映了草场被分配到户前后的质量差异——

（集体放牧时期）大伙儿都在一块放牧，每家每户的收入都是差不多的。那时候的草场质量很好，草基本上都有半人高，小孩子在草场上玩一般都见不到人，那时候游牧生活虽然艰苦，但还是比现在要强上不少。

（资料来源：对 A 的访谈）

你问我现在的草长势怎么样，自己看看就明白了，我家外头那地，草都能看到草根了，一年不如一年，下一代还能不能在这块草场放牧还不一定。

（资料来源：对 G 的访谈）

同时，在游牧方式下，牲畜在不同草场之间的季节性移动成为草种在不同地块间流动的媒介，牲畜的粪便等排泄物也正好成了草的养料，因而草的种类多样，不同草种可以给牛羊等牲畜不同的养分。随着牲畜只在定居点周围草场活动，草的种类因此减少，营养搭配不均的牲畜上膘情况不如从前，牲畜出售价格降低，牧户的牧业收入也随之下降。牧民 F 和 C 的描述证实了这一情况——

以前草长得好的时候，有十几种不同种类的草，牛羊的长势也比现在好多了。现在的草场上基本上只有三四种草，在冬季还要通过购买饲料来对牛羊进行舍饲，牛羊的长膘情况也不如以前了。牛羊也跟人一样，需要营养搭配，现在牛羊吃的草种类太少，长不好。（资料来源：对 F 的访谈）

你别看就这一块大草原，这其实跟森林一样，草也分好多种。大伙儿一块放牧的时候，有好多种草牛羊都爱吃，吃了也容易上膘，许多种草现在都见不到。（资料来源：对 C 的访谈）

20 世纪 80 年代起，嘎查所有的牲畜按照人口数被分配给各家牧户，牧户开始建立定居点。在分配牲畜和建立牧户定居点的基础上，各嘎查将集体所有的草场按照牲畜数量、家庭人口数量以及距离水源地远近等原则分配到户，这使得牧区稀缺的水资源分配不均，距离水源地近的牧户取水便利，而距离水源地较远的牧户却连地下水都难以取到。这样粗放的草场分配方式对牧民的生计造成了损害。牧民 E、G 和 C 的描述体现了这一点——

那时候草和牛羊都是集体的，几个人负责拉水，大伙儿可以一块儿用，基本上不用担心用水的问题。不同季节走场，牧户和牛羊也都是在水源地旁边暂居。（资料来源：对 E 的访谈）

你也看到我这个地方了，在沙窝窝里，你们开车从路边过来都走了两个多小时，这周围全是沙窝窝，哪里打得上水。前几年打了口井，去年就打不上水了。今年花了几万元打了一个更深的井，现在勉强能打上水。当初分草场的时候，就说分给我这块，去申请了好几次要换草场，根本没人理。（资料来源：对 G 的访谈）

　　我每周都要到 30 公里外的地方去取水，我自己专门花几万块钱买了一个二手的水罐车，基本上一周拉一次就能满足需求了。因为离水源地比较远，所以打井出水也不方便。前几年打了好几次井，但出水量都不大，稍微早一点基本上就没水了。还是自己辛苦点，每周去取一次水。（资料来源：对 C 的访谈）

　　草畜分到户之后，草的种类减少、草盖度（高度）降低以及水资源分配不均使草地生态状况大不如前，水 – 草 – 畜之间的平衡逐渐被打破。牧户面临着水草资源不足以支撑牲畜数量高速增长的困境，其生计脆弱性加剧。

3.1.2　草地承载力和恢复力不足

　　笔者在几个调查区域发现，内蒙古牧区牧户所承包的草场基本上都围绕各自的定居点呈条状分布（见图 4.2）。草场划分到户后，为防止其他牧户的牲畜跑到自家草场，牧户自觉用围栏将自家草场围起来，牛羊等牲畜只能在长条状的限定草场范围内活动。牧民 I 的描述反映了这一状况——

　　当初分草场的时候就规定了每户分多大面积，形状怎么分没商量，图个简单就在地图上按条划分了出来。我家的草场一共有 2000 亩，宽度也就只有五六百米。（资料来源：对 I 的访谈）

　　在分草到户的基础上，有些牧户还面临着儿子分家的情况，父辈需将草场再次分配给子辈，草场因此更加细碎化（访谈对象的草场块数平均为 1.9 块）。例如，牧民 A 这样描述——

　　前几年大儿子成家了，分走了 2000 亩草场和 100 只羊、10 头牛，也都用围栏围起来了。今年二儿子也要结婚了，结婚了也总得

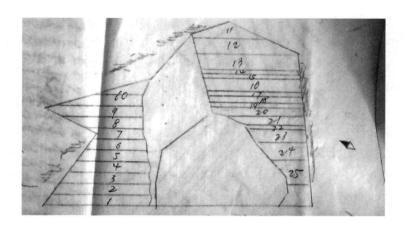

图 4.2　某牧户小组分给牧户的呈条状分布草场

注：图片为锡林郭勒盟正镶白旗某嘎查第二牧户小组 20 世纪 90 年代将小组内牧户共用的草场分给组内 25 个牧户的草场划分图。

资料来源：课题组的实地调查。

给分点草场，这草场是越分越少。还有一个小儿子在旗里念书，要是以后也回牧区来，草场还得再分。（资料来源：对 A 的访谈）

在游牧时期，牲畜的移动范围大、移动时间跨度长，草场的自然恢复速度能跟上其被破坏的速度，草场生态保持得较好。随着草场地块的细碎化，围栏隔断了不同草场和牲畜之间的联系，草的种类、盖度和高度都在减少，养活一只羊所需的草场面积也在不断增加。牛羊等牲畜长期在一块或几块草场上活动，"蹄灾"等问题也因此开始出现，被反复践踏的草地在短期内难以恢复。牧民 B 和 C 都表达了草地破坏严重、恢复力差等问题——

大伙儿一起放牧那会儿，要是找到水草好的地儿，几亩地就够一只羊吃的，现在不行了，我看 50 亩养一只羊都够呛。（资料来源：对 B 的访谈）

你看现在这个草和天气，除非几年不放羊，草才能活起来。比不了以前了，这草长不高了。（资料来源：对 C 的访谈）

草地细碎化严重、质量下降使草地的承载力和恢复力降低，在缺乏特别保护措施的情况下，草地的自然恢复能力已不足以支撑牲畜数量的高速增长。对收入主要来源于畜牧业的牧户而言，建立在生态脆弱草地上的生计无疑是脆弱的。

3.2 生计资本和生计策略选择对牧户生计脆弱性的影响

草场分配到户后，传统的游牧或轮牧方式被定居放牧取代，牧户将自家草场用围栏围起来，进行棚圈、机井等基础设施的建设，相关的物质资本投入增加。围栏使牧户明确了自家草场的边界，边界的清晰化使草场的产权更加明确，草地租赁市场开始在牧区出现并逐渐活跃。对于可利用草场不足的牧户而言，通过草场流转来平衡各类生计资本是其维持生计的主要途径之一。随着牧区草地经营制度改革的深化，牧户自发成立的基层合作组织开始出现并逐渐发展，为牧户共同利用草场和机械等资源提供了条件。不断丰富的生计策略给了牧户更多选择来提高自身生计恢复力。

3.2.1 生计资本变化

定居放牧方式下，牧户会在自家草场上建立定居点，在定居点周围搭建棚圈、建设机井等基础设施来维持生计。物质资本投入的增加增强了牧户抵御雪灾等自然灾害的能力。牧民 H 和 D 都表示了牧业基础设施的完善给自身生计带来的改善——

> 20 世纪 80 年代的时候有过大雪灾，由于基础设施条件差，死了很多牛羊。2012 年也发生过大雪灾，自家死了 100 只羊。在 2012 年雪灾之后，自家掏钱盖了棚圈等基础设施，现在抵抗自然灾害的能力要比以前强多了。（资料来源：对 H 的访谈）
>
> 20 世纪 50 年代整个嘎查大约有 5000 只羊、800 头牛，冬天经常有白毛风，棚圈都是简易搭起来的，牛羊因此损失很大；现在冬天的气温还是和以前差不多，但雪灾的影响不大，现在棚圈等基础设施条件比以前好了，冬天牛羊（因为雪灾等灾害）的损失少很多。（资料来源：对 D 的访谈）

草畜分到户后，牧户牲畜数量不断增加，而草场面积无法扩大，草畜不平衡问题日益突出。为维持生计，牧户必须保持高水平的牲畜存栏量，买草买料成为牧户应对草-畜矛盾的主要手段。在受访牧户中，买草买料状况基本上在每家每户都存在，购买草料成为牧户牧业生产中的主要支出项目。牧民 H、F 和 I 这么描述——

> 草场大家都不够用，买草买料很常见，每年都要花 5 万元左右买草料。（资料来源：对 H 的访谈）
>
> 我们这里买的基本上都是 15 公斤一捆的草，去年买的时候是 16 元/捆，买了 3000 捆，饲料买了 7500 公斤，2.4 元/公斤，今年还得买，不买不行，听说今年的草料价格更贵。（资料来源：对 F 的访谈）
>
> 天气越来越旱，草场质量一年不如一年，每年卖牲畜的钱基本上都只能用来买草料，去年甚至是亏本的，卖牲畜的钱全用来买草都不够，还要贷款。（资料来源：对 I 的访谈）

当草场供给的草料不足且牧户的牧业收入不足以支付购买草料的费用时，借贷成为牧户应对生计困难的重要手段。然而，银行贷款额度对普通牧户而言远远不够，在被迫无奈的情况下，民间高利贷也成为牧户的应急手段。在这一方面，牧民这样反映——

> 我是通过五户联保向农行贷款的，每年都能贷 10 万元，月利息是 0.8 分，一年一次性还利息，要想多贷也没处贷。（资料来源：对 H 的访谈）
>
> 就银行那 5 万元贷款额度哪里够用啊，我一个孩子今年刚上大学，费用高。我也想向银行多贷，但听说只贷给那些草场多、牛羊多的大户。（资料来源：对 F 的访谈）
>
> 我现在不在自家放牧了，做羊倌，给别人放羊，没办法，去年借了 15 万元的高利贷，月利息 3 分。去年我没钱还利息，就把自家的草场连带牛羊全部租出去了，好歹把利息还上了，今年还不知道怎么办。（资料来源：对 D 的访谈）

棚圈、机井等物质资本投入的增加，增强了牧户抵御自然灾害的能力，有助于牧户在遭受自然灾害时的生计恢复。然而，面对购买草料支出高、银行贷款额度不足等问题时，牧户缺乏良好的适应策略，金融资本不足使牧户生计面临着更大的脆弱性。

3.2.2　生计策略改变

"双权一制"实施后，定居放牧代替了传统的移动放牧，牧户只能在自家所承包或租入的草场上放牧。而部分牧户对如何利用自家承包草场缺乏合理规划，没能充分考虑草场的承载能力，在草场上大量放养牲畜，例如受访牧民 D 和 I。长期来看，这并不利于其实现生计可持续。

> 我们家 4 口人，就指着这几百头牛羊活，你让我少养点牛羊，活都活不下去。现在为了活下去，哪家不过牧？人都活不下去，哪里还管草活不活得了。（资料来源：对 D 的访谈）

> 政府是有规定让 50 亩养一只羊，真是 50 亩养一只，我这点草能养多少只？你自己算算，饭都吃不饱。基本都是 10 亩、几亩养一只。（资料来源：对 I 的访谈）

有些眼光长远的牧户，遵循牧区的游牧传统，将自家的草场分块使用，例如牧户 J。具体的使用方式如下。

> 我家的草场一共分成 3 块，包括 1~4 月放牧的春营地，5~7 月放牧的夏秋营地，11 月至次年 1 月放牧的冬营地。自家草场的 3 块营地不同季节轮着放牧。其余时间就把牲畜关在圈子里喂饲料。草场有时间休养，可以多用几年。（资料来源：对 J 的访谈）

草场数量不够的牧户，也尽量通过租入草场等方式来弥补自家草场的不足，例如牧户 C——

> 自己草场分两块，夏秋季用 2500 亩，冬季用 3500 亩，春季用租的草场；夏天、秋天和冬天前两个月在租来的放牧草场放牧，其余在自家放牧草场。（资料来源：对 C 的访谈）

　　　　租了草场以后，目前草场是够用了，但还是希望可以再多租点
草场，比起买草买料还是租草场更能解决自家草场不足的问题。（资
料来源：对 C 的访谈）

　　还有的牧户通过亲友或邻里间的合作，尝试以共用草场、共同放牧
和共用机械等方式来弥补自家生计资本的不足，例如牧户 E 和 H——

　　　　我跟我两个哥哥一块放牧。我们分家之后，就分了牛羊，草场
没有分开，3 家人合在一起放羊，每家的牛羊做上标记。这样草场
大一点，放牧的空间也大。（资料来源：对 E 的访谈）
　　　　隔壁两户邻居跟我的草场正好挨着，我们都觉得草场不够用，
就把草场合在一起用了。合在一起后，又划分了冬春草场和夏秋草
场，草场的利用效率高了，能养的牲畜就多了。而且拆掉了围栏，
每年还能省几千元围栏的维修费，我觉得挺好的。（资料来源：对 H
的访谈）

　　不同的生计策略使牧户形成了不同的生计状况。在草地经营制度变
迁背景下，采取消极、短浅生计策略的牧户，其生计可持续能力受到草
地经营制度变迁的明显影响，他们已难以可持续利用草场，在遇到突发
状况时，也难以做出及时反应，其生计脆弱性加剧。相反，利用草地经
营制度变迁带来的正面效益、积极适应现行草地经营制度的牧户，生计
恢复力强，生计也能得到更可靠的保障。
　　综合上述分析，草地经营制度变迁对牧户生计脆弱性的影响可归纳
为两条路径（见图 4.3）。第一，制度变迁下草地生态状况变化。一是分
畜到户和分草到户后出现自然资源减少和不同资源间搭配失衡，二是出
现草场承载力、恢复力下降等草地生态状况恶化问题，这加剧了牧户的
生计脆弱性。第二，制度变迁下牧户的生计资本及生计策略变化。在牧
户生计资本方面，定居放牧后物质资本的增加促进了牧户生计的恢复，
然而金融资本的不足仍是导致牧户生计脆弱的主要因素。在生计策略的
选择上，部分牧户通过参与草地租赁市场、参与互惠合作组织等优化了
资源配置，促进了生计恢复；部分牧户在承包草场后，通过无规划放牧、

过度放牧等手段增加眼前收益，从长远来看不利于生计的恢复。在现行的草地经营制度下，通过推进草场流转、建立互惠合作组织等优化资源配置将是促进牧民生计恢复的可行途径。

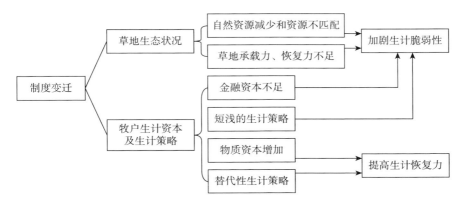

图 4.3　牧区草地经营制度变迁对牧户生计脆弱性的影响路径

第四节　结语

不同于以往学者从气候变化和市场波动等角度考虑干旱半干旱地区农牧民生计问题，本文基于"脆弱性－恢复力"分析框架，通过半结构化访谈，在内蒙古牧区经营制度变迁的背景下，从牧区草地生态状况和牧民生计资本及策略两大维度分析了内蒙古牧区 10 户牧户 30 多年来的生计变化状况，采用三级编码方式对案例资料进行了编码整理，从两条路径分析了现行草地经营制度下影响牧户生计脆弱性的因素以及促进其生计恢复的策略。

脆弱性和恢复力不是简单的一体两面关系，而是呈双螺旋结构，两者既有可能负相关，也有可能正相关，即脆弱性降低时恢复力也降低。仅考虑研究对象的脆弱性或恢复力，难以真正促进研究对象实现生计可持续；只有同时降低脆弱性和加强恢复力，才能确保研究对象实现生计可持续的促进措施科学有效。在牧区现行的草地经营制度下，牧户可以通过推进草场流转、建立互惠合作组织等来提高对现行草地经营制度的适应能力，减少暴露度（气候变化的影响）、敏感性（对自然资源的高度依赖）等因素对自身适应能力的影响，以降低生计脆弱性，使生计由脆弱转向恢复。此外，加大对基础设施等物质资本的投入是提高生计恢复力的有效措施。

尽管本章所分析的制度变迁对牧户生计脆弱性的影响难以完全扣除气候变化和市场波动等因素的作用，但是从制度变迁角度研究牧户生计脆弱性可望为探讨"三牧"问题的学者提供一定借鉴。此外，限于案例材料及文章篇幅，本章未能直接用经验研究验证推进草场流转、建立互惠合作组织等对降低牧户生计脆弱性的具体作用。将现有草地经营制度下牧户的不同经营模式对其生计状况的影响纳入"脆弱性－恢复力"分析框架，将是今后值得尝试的工作。

第二篇　正式制度、非正式制度
与牧户草地管理

有别于农户的"小而有效"（small but efficient），在现行"双权一制"之下，牧户是"小而无效"（small but inefficient）的。而非正式制度通过维系社区内牧户的关系等，在某种程度上弥补了正式制度的不足，有助于改进牧户草地管理行为，提高技术效率，从而促进草地资源的可持续管理。

第 5 章 牧户对草地的利用和管理[*]

草地被称为世界性的公共资源，不仅因为它是主要的食物来源，更因为它提供了强大的生态和环境服务功能。草地是中国最大的陆地生态系统和三大食物来源之一。[①] 然而，目前可利用草地的严重退化不仅影响了当地牧民的生产和生活，也引起了其他地区环境质量的下降，从而成为农业生产、农村环境、牧民收入以及整个社会经济发展的一个重要制约因素。在第 2 章探讨的诸多引起草地退化的因素里，制度是其中之一，草地退化与草地管理制度有关。有效的管理制度能够平衡产权主体之间的既得利益和应负责任。因此，在中央集权制不能有效管理自然资源的情况下，许多政府采用了分权的形式，将对自然资源的管理权下放给地方政府和使用者（Meinzen-Dick et al.，2005）。西部草地管理制度也经历了一个从传统到现代、从中央集权到分权管理的转变（陈洁、方炎，2003）。然而，这种转变连同许多其他因素没有带来制度变迁所预期的良好效果，反而于分权过于彻底，直接到牧户层面，从而在某种程度上出现主要牧区草地资源的退化。

以往对于草地退化的关注多侧重于技术研究和推广。然而，正如哈丁所指出的，遏制草地等公共资源的退化不是一个仅仅依靠技术手段，即仅通过在自然科学领域里做出某种技术性改进而不求助于草地利用者和管理者的价值观或道德观方面的半点改变就能够解决的问题（Hardin，1968）。这解释了在过去几十年里，政府花费了巨大的人力和财力用于草地治理技术的研究、开发和推广，但草地资源的最直接利用者和管理者——牧户却并没有很好地将这些技术用于草地管理（Ho，2000），以致草地仍以每年 200 万公顷的速度退化的原因。

---

[*] 谭淑豪、王济民、涂勤等：《公共资源可持续利用的微观影响因素分析》，《自然资源学报》2008 年第 2 期。

[①] 我国 40% 以上的牛羊肉和 80% 以上的羊毛来自草原地区，羊绒产量占世界的 60% 以上，出口量占国际贸易量的 80% 左右（侯向阳，2005）。

　　本研究试图通过实证研究探讨在现行草地产权制度安排下是什么因素导致了牧户超载？牧户为什么不能有效地采用现有技术来管理草地？政策和外部干预应如何帮助牧户找到合适的途径来减轻不合理草地利用带来的不良影响？回答这些问题，有助于草地资源的可持续管理和牧业的可持续发展。

第一节   牧户草地管理行为的理论分析

1.1   分析框架

　　在自然条件给定和现行草地产权制度下，草地退化在很大程度上取决于牧户所处的政策和市场环境。制度、政策和市场等驱动因素对牧户行为以及草地退化的影响见图5.1。本部分主要讲述在现有的草地产权制度下，牧户在制度、政策和家庭资源禀赋的约束下所做的作物生产决策（如种草还是种粮食或经济作物）、放牧行为、设施建设（如建围栏和舍棚）和动物生产决策（如决定畜群大小、牛羊比例以及是否采取禁牧等）对草地利用效果的影响。

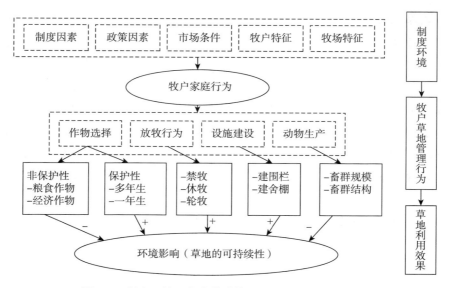

图 5.1   制度环境、牧户草地管理行为和草地利用效果

1.2　数据收集

本章所用的数据来自青海、甘肃、云南、四川、内蒙古和新疆 6 个省区。这些都是典型的牧区，其天然草地面积占全国总草地面积的 58.09%，生产的肉产品占全国的 18.2%，奶占 32.6%，绵羊毛占 57.3%，山羊毛占 36.6%，羊绒占全国的 54.3%（中华人民共和国国家统计局，2005）。这些地区不仅是我国重要的食物生产基地，也是重要的生态屏障。

从 6 省区调查了 17 个县，每县随机选 10～20 个牧户，共得到了 231 个有效观察值。然后对所选的牧户调查 2005 年家庭特征和草场利用状况。此外，从草原监理部门得到每块草地是否超载的信息。

1.3　模型估计

根据上文讨论的分析框架，我们用农户家庭模型来分析影响牧户草地管理行为的因素及其可能产生的环境后果。农户理论表明家庭在所面临的制度环境约束下，利用其有限的资源在不同的活动之间做出选择，以追求最大的长期目标。根据基本的农户家庭模型（Sadouolet and Janvry，1995），我们选择了 9 个自变量，包括 3 个制度和政策变量（民族、政府资助的围栏和舍棚）、1 个市场因素变量（牛羊的价格）以及 5 个牧户家庭特征变量（教育程度、家庭规模、牧户参与非农就业情况、牧户的富裕程度以及草场面积），5 个因变量，包括 3 个保护性措施（保护性作物生产、设施建设和保护性放牧措施）、1 个非保护性措施（非保护性作物生产）以及 1 个环境指标（超载），以分析研究区所选牧户的草地管理行为对草地可持续利用的影响。通过测试和比较不同的模型估计形式后，以下模型作为最终估计形式，即

$$MR_i = \alpha_0 + \alpha_1 \times Dzang + \alpha_2 \times Fsize + \alpha_3 \times Edu + \alpha_4 \times Doff + \alpha_5 \times lnarea +$$
$$\alpha_6 \times Wealth + \alpha_7 \times Dfence + \alpha_8 \times Dshed + \mu_i, i = 1,2,3 \qquad (1) \sim (3)$$

式中，MR_i 分别表示保护性作物生产虚拟变量（Dcons），禁牧、休牧和轮牧虚拟变量（Dforb）以及非保护性作物生产虚拟变量（Dnonc）。Dcons 包括多年生和一年生牧草的种植；Dforb 包括禁牧、休牧和轮牧活

动；Dnonc 包括粮食作物和经济作物的生产，在牧区，这通常被认为是环境不友好的生产方式。Dzang 代表牧户是否来自藏族，Fsize 代表家庭规模，Edu 代表牧户家庭中受教育程度最高者的教育，Doff 为一虚拟变量，代表牧户家庭是否有人参与非农就业，lnarea 是牧户家庭经营的草场面积的对数形式。因所调查的牧户草场面积大小相差很大，变量呈非正态分布，因而取自然对数的形式（同理，牧户家庭饲养的牲畜数量也取自然对数）。Wealth 代表了家庭的富裕程度。Dfence 和 Dshed 分别表示牧户是否建有围栏和舍棚。方程（1）~（3）用来分析牧户作物选择和放牧活动的决定因素，方程（4）表示在资源禀赋以及制度和市场约束下牧户决定饲养牲畜的数量。

$$lnsheep = \beta_0 + \beta_1 \times Dzang + \beta_2 \times Fsize + \beta_3 \times Edu + \beta_4 \times Doff + \beta_5 \times lnarea +$$
$$\beta_6 \times Wealth + \beta_7 \times Dfence + \beta_8 \times Dshed + \beta_9 \times Price + \mu_2 \quad (4)$$

式中，lnsheep 为标准羊数目的自然对数。Price 为羊的市场价格。这个价格通过将牦牛和其他牲畜折算成标准羊单位计算得到。以上指标反映了在现行草地产权制度下牧户管理草场的有关决策。方程（5）反映了这些决策所导致的草地利用的环境效果，即对草场质量的影响。

$$Dover = \gamma_0 + \gamma_1 \times lnsheep + \gamma_2 \times Dfence + \gamma_3 \times Dshed +$$
$$\gamma_4 \times Dcons + \gamma_5 \times Dnonc + \gamma_6 \times Dforb + \mu_3 \quad (5)$$

式中，Dover 为超载虚拟变量，用来表示环境退化。如前所述，在过去的几十年里，超载是牧区草场退化的主要原因之一。其他条件不变的情况下，超载越厉害，草地退化就越严重。

第二节　影响牧户草场管理的因素

表 5.1 为模型中各变量的描述性统计。样本中平均有 40% 的牧户有超载现象。平均有 32% 的牧户采用了保护性耕作措施，即种植了多年生或一年生牧草，而不是只使用天然牧草。但同时也有 40% 的牧户种植了粮食作物或经济作物。在考察期间，分别有 63% 和 53% 的牧户家庭已经建起了围栏和舍棚，26% 的牧户倾向于采用环境友好型放牧方式，即禁牧、休牧和轮牧。但不清楚这些牧户是自愿采用这些方式还是在政府的

干预下实行的。所有变量都有着合理的平均值，且方差足够大。采用计量分析技巧估计方程（1）~（5），所有估计都通过了相关的检验，结果见表 5.2。

表 5.1 所用变量的描述性统计

变量	单位	观察值	平均值	标准误	最小值	最大值
超载虚拟变量（Dover）		179	0.40	0.49	0	1
标准羊数目的自然对数（lnsheep）		231	5.37	1.55	0	8.90
保护性作物生产虚拟变量（Dcons）		229	0.32	0.47	0	1
非保护性作物生产虚拟变量（Dnonc）		230	0.40	0.49	0	1
围栏虚拟变量（Dfence）		230	0.63	0.48	0	1
舍棚虚拟变量（Dshed）		230	0.53	0.50	0	1
禁牧、休牧和轮牧虚拟变量（Dforb）		229	0.26	0.44	0	1
藏族虚拟变量（Dzang）		229	0.56	0.50	0	1
受教育程度（Edu）	年	229	8.06	4.20	0	17
家庭规模（Fsize）	人	229	6.07	1.65	3	11
家庭的富裕程度（Wealth）	元	229	384	352	40	2700
参与非农就业虚拟变量（Doff）		229	0.12	0.31	0	1
草地面积的自然对数（lnarea）	公顷	229	1.99	-0.79	0.70	2.77
羊的市场价格（Price）	元	116	256	60	125	360

资料来源：根据调查数据计算得到。

表 5.2 草场管理和退化的影响因素

项目	模型（1）保护性措施（Dcons）	模型（2）禁牧、休牧和轮牧（Dforb）	模型（3）非保护性措施（Dnonc）	模型（4）羊数目（lnsheep）	模型（5）超载（Dover）
常数	0.667 (0.81)	-3.576 *** (-3.05)	1.869 ** (1.95)	0.448 (0.63)	-1.656 *** (-2.80)
藏族虚拟变量（Dzang）	0.106 (0.43)	-0.675 ** (-2.28)	0.024 (0.09)	0.286 (1.23)	
受教育程度（Edu）	0.069 *** (2.49)	-0.068 *** (-2.34)	0.113 *** (3.65)	0.025 (1.26)	
家庭规模（Fsize）	0.017 (0.28)	-0.003 (-0.04)	0.056 (0.93)	0.070 (1.60)	

续表

项目	模型（1） 保护性 措施 （Dcons）	模型（2） 禁牧、 休牧和轮牧 （Dforb）	模型（3） 非保护 性措施 （Dnonc）	模型（4） 羊数目 （lnsheep）	模型（5） 超载 （Dover）
参与非农就业虚拟变量（Doff）	− 0.346 （− 1.06）	− 0.276 （− 0.65）	− 0.015 （− 0.04）	− 0.552 ** （− 2.07）	
家庭的富裕程度（Wealth）	0.001 * （1.64）	− 0.0004 （− 1.25）	− 0.001 *** （− 2.77）	0.0002 （0.89）	
草地面积的自然对数（lnarea）	− 0.314 *** （− 2.98）	0.444 *** （2.94）	− 0.391 *** （− 3.14）	0.507 *** （6.09）	
羊的市场价格（Price）				0.005 *** （3.67）	
标准羊数目的自然对数（lnsheep）					0.394 *** （4.07）
围栏虚拟变量（Dfence）	0.158 （0.77）	1.101 *** （4.41）	− 0.533 *** （− 2.57）	− 0.081 （− 0.45）	− 0.571 ** （− 2.32）
舍棚虚拟变量（Dshed）	0.297 （1.27）	− 0.113 （− 0.44）	0.438 * （1.80）	− 0.430 ** （− 2.31）	− 0.677 *** （− 3.03）
保护性作物生产虚拟变量（Dcons）					0.158 （0.64）
非保护性作物生产虚拟变量（Dnonc）					0.134 （0.47）
禁牧、休牧和轮牧虚拟变量（Dforb）					− 0.577 ** （− 2.34）
Rho	− 0.101 （− 0.75）				
对数似然值	− 237		− 113		− 103
Prob > chi² /Pseudo/Adjusted R²	0.00		0.26	0.47	0.15
观察值	229		229	116	179

注：Dcons 和 Dforb 用 bivariate probit 模型同时估计；Dnonc 和 Dover 用 probit 模型估计，lnsheep 用最小二乘法估计。括号中为 t 值，* 表示在 10% 水平下显著，** 表示在 5% 水平下显著，*** 表示在 1% 水平下显著。

2.1　保护性和非保护性措施

方程（1）~（4）显示了牧户采用保护性和非保护性草地管理方式的影响因素。其他条件固定不变时，藏族虚拟变量对禁牧、休牧和轮牧有

负影响，即与其他民族的牧户相比，藏族牧民更少地采用这种草地管理
方式。教育程度对这些方式的采用有混合的结果。一方面，教育程度高
的家庭更可能种植生态林和人工牧草；另一方面，这些家庭却更不愿意
进行禁牧、休牧和轮牧。并且，在其他情况不变时，教育程度高的牧户
更可能种植对环境不大友好的粮食和经济作物。从表面上来看这似乎让
人难以理解，然而事实上这是非常合理的。在约束条件相同的情况下，
教育程度高的牧户有更多的知识去追求利润的最大化。在现行的草地产
权制度下，草地资源在某种程度上带有公共资源的性质。保护性措施是
一种提高草地生产力的劳动集约型和投入集约型技术，需要更多的知识
来经营。受教育程度更高的牧户有更多的知识，因此更可能采取这种保
护性且利润更高的措施。同理，这可以解释为什么受教育程度更高的牧
户更少地采用禁牧等措施，但更多地种植粮食和经济作物等。因为这两
种方式都可以在短期给牧户带来更大的利润，但在长远的情况下可能导
致社会福利的损失。但是教育没有直接对超载造成影响，它对环境保护
的效果是通过这些保护和非保护性活动反映出来的。

　　其他变量不变时，家庭规模只对牲畜放养量有微弱的正影响。这表
明，大家庭倾向于多养一些羊，一方面是要维持和小家庭同样的生活水
平，另一方面大家庭可能有更多的劳动力去放牧。相反，非农就业的参
与减少了羊的数目，这是因为养羊是研究区牧民唯一或主要的收入来源，
如果家庭有其他的收入来源，他们就可能较小地依赖放牧这种辛苦的工
作来维持生计。环青海湖地区的实地调查也证实了这一结果。富裕程度
对保护性措施的采用有微弱的正影响，对非保护性措施的采用有很强的
负影响。这出乎我们的意料。与天然草场相比，人工草地需要更多的物
质投入，因此富裕的家庭更有可能投资于这种活动。2007 年 5 月环青海
湖地区的实地调查结果显示，种植 3.33 公顷燕麦和 0.2 公顷青稞，仅化
肥投入就达 2800 元。此外，还有能量（柴油等）的投入没有计入。

　　粮食和经济作物的生产是研究区牧户的收入来源之一。通常牧民能
够意识到种植此种作物可在短期内带来一些经济收入，但从长远的角度
来看，可能要以草场退化为代价。富裕的家庭没有表现出是依靠此种收
入来致富的。富裕程度对禁牧和养羊数目没有显著影响，然而对超载的
影响却非常明显。富裕的家庭更可能超载。可能的原因前文已有部分解

释，不过仍不清楚的是，富裕的家庭并没有多养羊。这可能是因为富裕家庭并没有如实地报告他们家的养羊数目。这种现象在一般的调查中据说是非常普遍，数据误差有时可达1倍以上。据作者2018年7月至2019年5月在青海省祁连县的多次实地调研，牧户报告的自家牲畜数量与实际数量的误差的确会高达100%，作者从知情的当地技术人员那里得到过证实。

草地面积如期望的一样对所有的因变量均显著。它降低了保护性措施采用的可能性，因为其他条件不变时，较大的草地面积允许牲畜有更多的草料，而不需要靠人工种草来补充。同理，较大的草场使牧民更可能进行禁牧和轮牧，放养更多的牲畜，产生更多的收入，而不太需要靠种植粮食和经济作物作为收入来源的补充。因此，草地面积最终使超载的可能性降低。可见，降低牧业人口、增大牧户拥有的草地面积是减轻草地退化的有效方法。

围栏增大了禁牧的可能性。这是因为，禁牧只有通过将草场用围栏围起来才可能实现。它降低了非保护性生产活动的可能性，这可能是因为，围栏可在一定程度上提高草地的生产率以使牧户可以较少地依赖作物生产作为收入来源。围栏对超载也有显著的限制作用，这表明在牧区，围栏对于自家的草场而言是一项环境友好型技术。不过，在本研究中，我们没有考察围栏之外的草场因此受到什么影响，比如，是否由于某些草场围上围栏得到禁牧，从而加剧了非禁牧（围栏之外）草场的放牧压力，从而将放牧压力转移到其他草场。这包括牧户从他人那里租赁而来的草场。根据Li等（2018）采用自然实验方法，对内蒙古锡林郭勒盟东乌珠穆沁旗自家经营的草场和租赁草场的利用状况的比较研究，租赁地块上草原植物的地表生物量较自家地块的要减少80%，地下（0~30cm）生物量损失60%，而植物种类减少37%。这表明，从草地退化的这些指标来看，租赁确实导致了较为严重的草地退化，证实自家草场被保护而将放牧压力转移到未被保护的草场上确有其事。根据作者2018年7月和11月两次到青海省祁连县进行的实地调研，将放牧压力转移到禁牧或租赁草场上的做法在牧户中较为普遍。

舍棚没有显著影响保护性作物生产措施以及禁牧和轮牧等的采用。而对非保护性作物生产技术的采用有微弱的正影响。这主要是因为，在中国西部，有舍棚的家庭通常都分布在海拔较低的地区，在那些地区种植粮食和经济作物是有可能的。舍棚对养羊数目的影响结果非常有趣。出乎我们的意料，舍棚减少了养羊的数目。这可能是因为，像世界上许多以牧业为主的其他国家或地区一样，牧户通常靠维持一群特定数目的羊群来规避雪灾、旱灾以及疾病等自然风险。舍棚能为牲畜抵挡严寒和大风，允许牧户储存草料，使草料免受日晒雨淋从而流失养分。舍棚为畜群提供了更好的条件，允许牧民以追求利润最大化为主而非安全第一（Tan et al.，2018），特别是在自然条件非常恶劣的藏族聚居区。因此，如期望的一样，舍棚对减轻超载有明显的作用。

2.2　草地超载

方程（5）的结果显示了牧户的草地管理方式对草地资源利用效果的影响。羊的数目、围栏和舍棚的建设以及禁牧等的采用对超载有显著影响。其他条件不变时，羊的数目越多，草地就越易超载。而围栏和舍棚的建设降低了超载的可能性，可能是因为草场界限的清晰以及风险的降低减轻了牧民超载的倾向。禁牧明显减轻了草地的超载。不过，保护和非保护性作物生产对草地退化却没有明显的影响。原因可能是用于作物生产的面积实在太小（平均分别为 0.96 公顷和 0.57 公顷），只占家庭总草地面积 132 公顷的 0.7% 和 0.4%。条件较好的青海湖地区海北州的实地调查显示，牧民一般用总草地面积的 3% 左右（如 100 公顷中的 3 公顷）种植牧草。

保护和非保护性作物生产对环境有混合影响。种人工牧草允许牧户养更多的羊，这可提高草地的生产力从而加大载畜量。这种措施（特别是在天然草场上补播草种）可以达到既维持或提高牧民的收入，同时又不加剧草场退化的政策效果。同理，粮食（如青稞）和经济作物（如油菜）的种植可提高牧民的收入，但没和预期的一样带来环境的退化。可能是作物的种植提供了一些饲料，从而减轻了天然草场的压力。环青海湖地区的调查数据支持了这一假设，牧户种植了占总草场面积约 0.3% 的青稞作为粮食和饲料（秸秆）来源。

如考虑牧户和牧场特征对草地利用效果的直接影响，以上各变量的显著性及其方向没有发生明显变化。藏族虚拟变量、教育程度、家庭规模和牧户参与非农就业的状况对草地的超载没有显著的影响。家庭的富裕程度和草地面积的大小对草地的超载有显著影响。其他条件不变时，富裕的家庭更倾向于超载。换句话说，在现有草地产权制度下，超载可能会带来更高的收入。超载这一指标是根据牧户家庭拥有的草地面积、产草量和所放养的牲畜数量计算得来的。一般富裕的家庭放养的牲畜数量较多，他们除使用自家的草场之外，还会租赁一部分草场或利用共有的草场。这就是为什么理性的牧户通常倾向于超载，因为在现有的制度约束之下，这样做可以获得更高的利润。但是，看来使用超载这一指标不能很好地反映是否牧户的草地就会退化。根据实地调查和牧户访谈，通常超载的牧户更多地租赁别人的草地，将自己的草场使用得很小心而将租来的草场用得较随意。作者 2006 年 11 月在环青海湖地区的调查证实了这一点。前文所述的 Li 等（2018）在内蒙古锡林郭勒盟的研究和作者 2018 年 7 月至 2019 年 5 月在青海省祁连县的实地调研也有同样的发现。拥有较大草地面积的家庭超载的可能性较小，这是因为，较大的草场允许放牧更多的牲畜，而牲畜的数量同时还受到家庭其他资源条件如劳动力和资本等的约束。奇怪的是，羊的价格对超载没有显著影响。①作者 2018～2019 年在青海省祁连县的调研大体上证实了这一点。在随机访谈的 100 多户牧户中，67.1% 的牧户表示他们家决定饲养的牛羊数目取决于草场上牧草的长势，天气条件好、牧草生长旺盛，就会多养一些牲畜，反之就多卖掉一些、少饲养一些；34.2% 的牧户表示家庭饲养的牲畜数量是由消费需求决定的，饲养的牲畜数量要能满足家庭的基本生活需要。只有 28.8% 的牧户表示他们家决定饲养的牲畜数量会受到牲畜销售价格的影响，行情好的话会考虑多养，反之就少养一些。

第三节　结语

　　草地是牧区畜牧业生产的基础。不仅如此，草地还由于其重要的生态环境和地理景观等多种功能而被称为"世界性资源"。然而，草地资源正面临不同程度的退化，特别是在半干旱和高寒地区，导致了生产和

---

① 羊的价格对方程的估计结果几乎没有产生任何影响，因此草地超载方程中去除了这一变量。

生态功能的下降。草地退化可归结为气候变化等自然原因，但草地的产权制度改革以及一些其他制度安排等社会经济因素加剧了草地退化。以往对于草地退化的关注多侧重于技术研究和推广，然而正如哈丁所指出的，遏制草地等公共资源的退化不是一个仅仅依靠技术手段，即仅通过在自然科学领域里做出某种技术性改进而不求助于草地利用者和管理者的价值观或道德观方面的改变就能够解决的问题。不同于以往的研究，这篇文章从微观层面探讨了在现行的草地产权制度安排下，影响草场管理的因素及其所带来的环境后果。我们用了来自中国西部 6 个省区 17 个县 231 个牧户的数据和计量经济手段来分析。

主要结果显示，在现行草地产权制度下，牧户管理草场的决策对草地的退化有直接和间接的影响，具体如下。

受过较多教育的牧户更多地追求利润最大化，他们倾向于少禁牧、休牧和轮牧，而多种植一些人工牧草和粮食经济作物。可能是这些牧户掌握了更多的种植技术，因此并没有造成更多的草地退化。

富裕程度较高的牧户通常更多地关注草地，他们较普通牧户种草的可能性稍大，而种粮食和经济作物的可能性小。说明富裕牧户的收入可能不是主要来自对草地的利用。

参与非农就业的牧户养羊数目更少，有利于草场退化的恢复。

拥有较大草场面积的牧户更多地依赖天然草场，少种作物，多禁牧和多养羊，但其草场退化更少。

家庭规模较大的牧户与人口少的牧户在草地管理和所产生的环境后果上没有明显差异。

民族文化对草场管理有影响。与其他民族的牧户相比，藏族牧户更不愿意采取禁牧、休牧和轮牧的方式。

围栏和舍棚建设能够促进草场的保护，得到政府项目资助的牧户倾向于多禁牧、休牧和轮牧，少种非保护性作物，少养羊。这对于生态脆弱的西部和藏族地区的环境建设很有利。

羊的价格鼓励羊的饲养。

保护性和非保护性作物的生产活动对草地退化都没有表现出显著的影响，因此减少非保护性作物生产或增加保护性作物生产目前看来对环境没有明显影响。草地被禁牧的牧户可以适当考虑进行一些作物生产，如补播天然牧场、种植人工牧草和少量的粮食作物，以弥补禁牧所带来的收入损失。禁牧连同围栏和舍棚建设对可持续草场管理是有效的措施，因此政府应在这个方面加大力度。保护和非保护性作物生产可提高土地的生产率，产出更多的牧草，增加收入。因此，作物种植可提高牧民收入，但不导致草场退化。不过，需要有相应的知识和技术作为保障，否则容易引起草地退化。因此，对牧草和粮食作物种植的提倡必须非常谨慎，且须经过严格论证，确保地区适宜，技术过关。

一些研究者（Banks et al.，2003；Quaas et al.，2007）认为围栏在许多地区是导致草场退化的主要原因之一。而若不设围栏的话，又会因为产权边界不清而使草地遭受"公地悲剧"。因此，学术界对于围栏与草场退化的关系仍存有争议。我们的结果证实在中国西部牧区，围栏是一项环境友好型措施，在其他条件不变时，围栏可减少放牧量，从而减轻草地退化。舍棚能帮助牧民降低灾害带来的风险（特别是西北高寒地区经常会遇到雪灾），从而使牧民的生产决策从"安全第一"原则转为"利润第一"原则。不过，本文的研究无法考察围栏之外的草场，如牧户租赁而来的草场是如何被利用的，是否因为保护自家围栏内的草场而将放牧压力转移到租赁草场，从而加剧租赁草场的退化，这有待深入探讨。

根据以上研究，我们提出以下政策建议：若以减轻退化作为草场管理目标，那么政府还是有必要在围栏和舍棚建设方面对牧户进行投资；而为了弥补禁牧等造成的收入损失，使环境友好型技术能够被采纳，牧民可在短期内和在条件适宜的地方种植一些牧草和粮食或经济作物，并可对天然牧场进行补播。这一研究建议目前在该地区仍然适用，在作者2018年7月以来参与的农业农村部 – 世界银行《气候智慧型草地生态系统管理项目》中，在牧户的冬窝子里种植牧草、对冬春草场实施春季休牧、在退化较为严重的天然草场上进行补播和建设舍棚作为针对项目户开展的主要活动，用来支持基于实证的生态补奖政策的研究。

在以上措施实施的同时，应制定提高牧民教育水平和使牧民能够更可能参与非农就业机会的政策。此外，降低牧区人口的数量，减轻人口压力，无疑是减轻草地退化的有效措施。不过，需要指出的是，调查取样地区跨度较大，类型多样，限于总样本量的偏少，本文未能区别不同地区类型进行分析，因此以上建议仍需进一步研究证实。

第6章 现行草地产权制度下牧户
的牧业生产效率[*]

畜牧业是我国草原牧区牧户的主要生产方式和经济来源。据课题组2005～2018 年对青海和内蒙古等地的实地调研，纯牧户和牧业兼业户作为牧区人口的主要构成部分，其 70% 以上的收入依赖于畜牧业生产。换言之，对于具有少数民族聚居区和贫困人口分布区双重特性的中国草原牧区，高效的畜牧业生产将直接影响牧户收入水平和牧区经济发展。提高牧户的生产效率已从单纯的技术问题转变为解决"三牧"问题的关键。受农区的影响，在过去的 30 年间中国牧区的相关政策制定和草地资源利用发生了巨大的变化，传统的游牧方式消失殆尽，取而代之的是以"双权一制"为基础的"草畜双承包"方式，究其根本，是为提高牧户的牧业生产效率，改善牧户生计水平，并防止"公地悲剧"的发生。然而，与农区固定地块上的精耕细作不同，牧区的生产经营方式更易受外界因素的影响，自然资源的强异质性、草原荒漠化、气候的多变性、灾害的频繁性以及牧户的脆弱性等都使得牧区照搬农区的土地产权制度在合理性与适用性方面存在较大争议。其中，打破草地生态系统整体性带来的草地资源细碎化被视为制约牧区经济发展的主要瓶颈，而旨在克服传统意义上"公地悲剧"的努力也在一定程度上导致了"围栏陷阱"。

随着"双权一制"的实施以及牧户家庭的逐步细分，牧户可经营的草场规模越来越小，地块细碎化程度越来越高。牧户陷入了"过度放牧－草地退化－贫困－过度放牧"的恶性循环，提高牧业生产的技术效率则有望打破该恶性循环。那么，现行草地产权制度下牧户的牧业生产是否有效率？尽管舒尔茨发现的印度小农生产"小而有效"的观点得到了来自中国农区的证实，但是该观点在牧区的合理性与适用性仍有待进

---

[*] 资料来源：刘博、励汀郁、谭淑豪等：《现行草地产权制度下牧户的技术效率分析》，《干旱区资源与环境》2018 年第 9 期。

一步论证。现有文献中，从微观层面探讨现有经营方式下牧业生产技术效率问题的研究不多，已掌握的文献中有房风文和孔祥智（2011）对呼和浩特市奶农的技术效率研究，及孙致陆和肖海峰（2013）对内蒙古和新疆等地的农牧户羊毛生产技术效率的分析。两个研究都采用了随机前沿函数法测算效率值，结果显示农牧户在牛奶和羊毛生产中存在较大的效率损失，其技术效率的平均值分别只有 0.62 和 0.76。这与生产者理论产出前沿相比，仍然存在较大差距。

梳理相关文献发现，有关牧区的研究多以质性研究和案例分析为主，运用大样本一手数据和计量方法分析牧民在草原承包经营制度下经济绩效的研究较少。随着人口基数的增加和自然环境的恶化，牧区"人地矛盾"日趋凸显，牧户陷入了"过牧－草场退化－贫困－过牧"的恶性循环。分析现行草地经营制度下牧户的技术效率及其影响因素，有助于针对性地寻求打破以上恶性循环的对策。本章采用内蒙古草原牧区 422 个牧户的微观数据，运用随机前沿模型，对依赖草原畜牧业为生的纯牧户的技术效率进行了分析。研究结果有望提高牧业生产的技术效率，从而缓解牧户面临的这种恶性循环。

第一节　资料来源和研究方法

1.1　资料来源

本章的数据主要来源于 2011 年与 2012 年课题组对呼伦贝尔市和锡林郭勒盟 13 个牧业旗的实地调研。呼伦贝尔草原和锡林郭勒草原为我国的两大天然草场，同时也是内蒙古的主要牧业生产基地。样本区草地类型较为齐全，涵盖了森林草原、草甸草原、典型草原和荒漠草原等，具有典型北方草原特征。根据随机抽样原理，在满足随机性与代表性的前提下，调研挑选了两个盟市主要牧业旗的牧业镇或苏木和嘎查随机抽选的牧户进行采访，共访谈了 445 个牧户。对数据缺失严重的问卷进行剔除后，本章最终保留了有效问卷 422 份。

在随机抽样过程中，为保证样本满足经济学代表性，本章选取年初牲畜存栏量来反映牧户的经济学特征，原因在于牲畜存栏量不仅是牧业生产的主要投入要素，同时也是牧户最主要的金融资本。基于预调研的结果，课题组在正式调研中依据牲畜存栏量将牧户分为三组，有效样本基本符合等比例分布。样本分布的经济学代表性见表 6.1。

表 6.1　样本的分布

分组标准（标准羊单位*）	牧户个数	占比（%）	牲畜存栏量均值（标准羊单位）
<200	144	34	109
200～500	148	35	325
>500	130	31	955

注：* 标准羊单位的换算公式为：1 只山羊 = 0.9 只标准羊，1 只绵羊 = 1 只标准羊，1 头牛 = 5 只标准羊，1 匹马 = 6 只标准羊，1 峰骆驼 = 7 只标准羊。

资料来源：课题组调研所得。

1.2　研究方法

从理论上来讲，任何牧户的实际产出都不可能超过理论产出，牧业实际产出与理论产出的差距便是无效率的部分。假设牧户在理想状况下的产出水平为 Y^*，此时的产出水平没有任何效率损失，那么我们称之为理论产出。实践中，某些会有效率损失因素的存在，导致实际产出 Y 低于理论产出 Y^*。此时，牧户的技术效率可以定义为

$$0 \leqslant TE = Y/Y^* \leqslant 1 \tag{1}$$

$$Y = Y^* \times TE \tag{2}$$

如果 $TE = 1$，则表示在给定的投入要素和生产技术下，该牧户达到最优产出；而 $TE < 1$ 则表示该牧户在牧业生产中存在效率损失。需要注意的是，由于未考虑随机因素的影响，Y^* 并非随机前沿。在式（2）的基础上，引入一个随机干扰项 v，以便将牧户自身无法控制的随机因素包括在内，诸如气候和市场变化等，则

$$Y = Y^* \times TE \times \exp(v) \tag{3}$$

式中，v 表示常规意义上的随机干扰项，用以捕捉衡量偏误和统计偏差，并假设其服从正态分布。$Y^* \times \exp(v)$ 为随机边界。从式（3）中可以看出，影响牧户产出的因素分为两部分，一部分是由生产效率决定的，而另一部分是由牧户无法控制的随机因素导致的。对式（3）两边同时

取对数，即

$$\ln(Y) = \ln(Y^*) + v - u \tag{4}$$

$$u = -\ln(TE) \geqslant 0 \tag{5}$$

（4）、（5）式中，由于 u 的存在，牧户的实际产出始终难以达到理论产出水平，u 通常被称作"技术无效率项"。假定 u 服从截断型正态分布。[①]

1.3 变量选取

在式（4）中引入了牧户的收入前沿 Y^* 和实际收入 Y。为避免由于解释变量较多而可能产生的多重共线性问题，本章选择 C－D 生产函数来测算牧业收入前沿，具体表达为

$$\ln(Y) = \alpha_0 + \sum \beta \cdot \ln(x) + v - u \tag{6}$$

式中，x 表示可能影响牧业收入的因素，包括劳动力、土地和资本投入。其中，劳动力是指家庭从事牧业生产的劳动力人数；土地是指牧户实际经营的草场面积，即牧户承包的草场面积加上租入面积，减去租出的面积；资本投入主要包括草料投入和兽医兽药投入，这两项投入是牧业生产当年最主要的投入要素，其中草料投入主要包括饲草、饲料粮投入以及折算到当年的草地租金；基础母畜是进行牧业生产的主要投入要素，因此本章选择年初牲畜存栏量作为资本投入之一。

无效率项的影响因素主要包括牧户家庭人口学特征、金融特征、物质资本和自然资本四类潜在因素。人口学特征主要包括户主的年龄和受教育年限，用来反映牧户的生产经验和风险容忍度；金融特征指牧户的贷款额度；物质资本主要指棚圈和水井等长期折旧生产性资产投资；自然资本主要指牧户承包的打草场和放牧场加上租入并扣除租出的部分。此外，加入"禁牧、休牧与否"政策变量，因禁牧和休牧都会导致牧户实际可用草场面积的下降，因而可能影响实际产出；考虑到不同调研区域所处气候条件等的差异性，还引入了地区虚拟变量。变量的选取与说明见表6.2。

---

① 在具体的回归中，令 u 服从不同的分布形式对结果的影响并不会产生较大差异。

表 6.2　变量的选取与说明

变量	单位	解释说明	均值	方差
牧业收入	千元	出售牲畜、皮毛和奶制品的牧业收入以及租出草场的租金	81.00	98.50
家庭劳动力	人	家庭中从事牧业生产的劳动力人数	1.97	1.03
兽医兽药	千元	给牲畜治病和防疫所花费用	0.27	0.47
草料投入	千元	购买草料和饲料的支出以及租赁草场的租金	20.52	46.79
经营草场面积	公顷	牧户实际经营的草场面积，为承包草场加上租入草场减去租出草场	393.40	430.50
牲畜存栏量	标准羊单位	牧户年初实际拥有的标准羊单位	312.00	332.20
年龄	岁	户主的年龄	44.80	11.30
受教育年限	年	户主的受教育年限	7.90	3.30
水井投入	千元	牧户修建和维护水井所投入的资金	7.80	18.20
棚圈投入	千元	牧户修建和维护棚圈所投入的资金	18.50	31.40
承包打草场	公顷	牧户承包的打草场面积	103.00	147.70
承包放牧场	公顷	牧户承包的放牧场面积	210.70	294.00
是否租入	虚拟变量	1 = 是，0 = 否	0.31	0.46
是否租出	虚拟变量	1 = 是，0 = 否	0.17	0.37
贷款额度	千元	牧户通过银行、个人或其他途径所借资金	23.90	33.50
禁牧、休牧	虚拟变量	1 = 是，0 = 否	0.17	0.37
地区变量	虚拟变量	1 = 锡林郭勒盟，0 = 呼伦贝尔市	0.52	0.50

1.4　数据的描述性统计分析

变量的描述性统计结果见表6.2。在422个样本中，户均牧业收入为8.1万元，但牧户之间收入差距较大。与此同时，牧户兽医兽药投入和草料投入的均值达2.1万元，包括水井投入和棚圈投入在内的主要生产性资产投资达2.6万元，而牧户的贷款额度平均达2.4万元，这说明牧户的牧业收入在偿还贷款后，剩余资金多用于下一轮牧业生产投资，难以有充足的可用资金来改善生活水平或应对疾病等突发状况。

牧户的平均牲畜存栏量为312只标准羊，按照调研区25亩放养一只羊的"草畜平衡"规定，牧户至少需要520公顷的草场才能够在不"过牧"的前提下维持基本的生计水平，然而牧户平均承包的打草场与放牧场面积之和仅为 314 公顷，难以同时兼顾政策规定与生计水平，因此牧区的"过牧"现象普遍存在。此外，样本中有 31% 的牧户租入草地，另有 17% 的牧户租出草场，这一定程度上说明了草地流转在牧户生计中的重要性。

第二节   牧户的效率及其影响因素

2.1   随机前沿的回归结果

采用 stata12.0 软件对随机边界模型进行回归。为保证数据结构的稳定性，在具体的回归中，对牧业收入、主要的资本投入、实际经营草场面积、年龄、承包草场面积以及贷款额度进行了对数化处理。模型诊断显示无效率项与随机干扰项均在 1% 的水平上显著，在方差分解中，由于技术效率损失所占比重达 72%，说明在投入要素既定的前提下，牧户技术效率的提高对于牧业产出的增加具有重要的作用。具体的回归结果见表 6.3。

表 6.3   模型回归结果

变量	系数	t 值
随机前沿		
家庭劳动力人数	− 0.02	(− 0.41)
兽医兽药投入	− 0.001	(− 0.08)
草料投入	0.02 *	(1.91)
实际经营草场面积	0.26 ***	(8.70)
年初牲畜存栏量	0.15 ***	(6.53)
常数项	9.36 ***	(49.86)
无效率项影响分析		
年龄	0.83	(1.43)
受教育年限	− 0.03	(− 0.66)
水井投入	− 0.02	(− 0.55)
棚圈投入	− 0.06 *	(− 1.73)
承包打草场面积	− 0.19	(− 1.51)

变量	系数	t 值
承包放牧场面积	− 0.30 *	(− 1.91)
是否租入	− 0.92 *	(− 1.88)
是否租出	− 3.21	(− 0.39)
贷款额度	0.01	(0.20)
禁牧休牧与否	0.33	(1.03)
地区虚拟变量	1.002 *	(1.72)
常数项	− 1.30	(− 0.56)
模型诊断		
σ_u	0.99 ***	(3.76)
σ_v	0.61 ***	(14.97)
$\lambda = \sigma_u / \sigma_v$	1.64 ***	(6.02)
$\tau = \sigma_u^2 / (\sigma_u^2 + \sigma_v^2)$	0.72	
$Wald\ chi^2$ (5)	189	
$Prob > chi^2$	0.00	
log $likelihood$	− 495	
N	422	

注：* 表示在 10% 水平下显著，*** 表示在 1% 水平下显著。

牧业产出的影响因素中，草料投入和牧户实际经营草场面积的增加能够促进牧业收入的提高，随着人口的增加，牧区"人地矛盾"凸显，草地成为相对短缺的资源，草料或草场面积的增加，能够使草地与其他家庭资本更好地匹配，从而提高牧业产出；牲畜存栏量是牧业生产的主要生产要素之一，同时也是牧户金融资本的体现，牧户通过市场可以实现牲畜存栏量与牧业收入的直接转化，因此牲畜存栏量的提高能够提高牧业收入。但家庭牧业劳动人数和兽医兽药投入不显著，这说明从牧劳动力和兽医兽药可能存在过量投入的现象。

2.2　技术无效率的影响因素

回归结果显示，棚圈投资能够显著降低技术无效，从而提高牧户的技术效率。如前文所述，棚圈可为牲畜提供抵抗寒冷、沙暴等恶劣自然条件的庇护场所，从而减轻对牲畜的不利影响；牧户承包的放牧场面积和租入草场面积能降低技术无效，这是因为放牧场和租赁草场面积的增加能够为牲畜提供更多的草料，也因为草场面积的增加能够增加牲畜的活动空间，降低疫情发生的概率，从而提高牧户的技术效率。户主年龄、受教育年限和贷款对牧户的技术效率都没有显著影响。现实中，多数牧户具有贷款需求，但通过正规渠道获得贷款的难度较大且额度较低，多数牧户只能通过利率较高的私人渠道获得贷款，偿还贷款以及支付高昂的利息无形中增加了牧户的生活负担，从而降低了牧业生产的技术效率；政府实施的"禁牧、休牧"政策旨在保障草地资源的可持续利用，但是并没有提高牧户的技术效率。

2.3　技术效率值的分布

样本牧户的技术效率均值为 0.53，这说明，从总体上来讲，牧户实际的牧业产出相较理论产出仍然存在较大的提升空间。对效率值分组发现，近 45% 的牧户技术效率值不足 0.5，其中有 15.6% 的牧户技术效率值低于 0.3（见表 6.4）。牧户的技术效率值整体呈现向左拖尾的分布特征。

表 6.4　牧户的技术效率分布

项目	技术效率值	分组标准	样本个数	占比（%）
均值	0.53	<0.3	66	15.6
标准误	0.22	0.3～0.5	120	28.5
最大值	0.98	0.5～0.7	139	32.9
最小值	0.10	>0.7	97	23.0
合计	—	—	422	100.0

第三节　结语

本章探讨了在现行草地经营制度下牧户的牧业生产表现，即在给定的技术状态下牧户的产出情况，并分析引起牧户效率损失的市场（草地租赁）和政策（禁牧、休牧）因素。研究可望在不增加资源投入的情况下提高产出，从而寻求打破"过牧－草场退化－贫困－过牧"恶性循环的缺口，以促进草地资源的可持续管理。

研究发现，在现行草地产权制度下，牧业生产技术效率值总体来说较为低下，均值仅为 0.53，存在较大的效率损失。这说明以小牧户为主体的经营是技术无效率的。不同于以经营耕地为主的农业的"小而有效"（small but efficient），以经营草地为主的牧业却是"小而无效"（small but inefficient）的。主要原因在于作为牧业基础的草地和作为农业基础的耕地有着不同的资源属性，即相较耕地而言，草地的生产力低、可分性弱，而时间和空间的异质性却很强，这就使得牧业要求更大的面积，以使牲畜有足够的空间保持移动，在不同的时间和空间觅食多种牧草，并获取饮水和矿物质等牧业生产所必需的资源。

现行草地经营制度下的草原牧业效率低下，这在一定程度上加剧了上文提到的恶性循环。因此，提高牧业生产的技术效率成为解决"三牧问题"的关键。研究显示，发展要素市场，如牧户参与草地租赁，可以减少技术效率的损失。此外，修缮棚圈有助于帮助牧户抵御自然风险，从而提高牧业生产的技术效率。这说明，在一些项目（如退牧还草）中，有必要设立一些棚圈修缮措施，而不是如实地调研时基层技术人员和牧户所反映的，项目多规定牧户建立围栏，致使有些牧户的草场已经拉了几道围栏，而需要的棚圈却得不到支持进行建设。不过，政策因素对效率损失没有显著影响，这可能跟这些政策在调研地区的实施未必严格到位有关。

第7章 文化对牧户生计和牧区 生态的影响[*]

  文化对于经济增长有着重要作用，但这方面的研究长期遭到了忽视。主要原因是文化本身具有广泛和复杂的特征，这使得研究很难测度文化对于经济绩效的影响（Greif，2005）。文化是指能够在一个国家、社会群体或民族内部代代相传的历史、地理、风土人情、传统习俗、生活方式、文学艺术、行为规范、思维方式以及价值观念等。换句话说，文化是有关信念、价值观、行为以及手工制品等的一套共享系统，社会成员借此来应对世界和与彼此打交道，这一共享的文化系统能够通过学习得以代代相传。近年来，更好的方法和更多的数据使得人们能够甄别民族偏好和信仰方面的系统差别，并试图将它们与文化因素相联系。许多跨国的经验研究揭示，文化是经济增长的重要决定因素。例如，基于一些前殖民国数据，格瑞尔（Grier，1997）发现新教教义与经济增长和收入显著相关。基于世界价值观调查（World Values Survey）的数据，圭索等（Guiso et al.，2003）发现了宗教文化和经济之间的正相关关系。诺兰（Noland，2005）运用国家或地区宗教作为解释变量，证实了宗教文化和经济产出之间的正相关效果。

  近年来关于文化和经济的更多研究关注文化的不同方面对经济效果产生影响，且影响机制表现为两种标准的潜在途径——信仰和价值观（即偏好）（Bornhorst et al.，2004）。文化和经济之间具有双向的因果联系，也就是说，文化会影响经济的运行，而经济状况的好坏对文化也会产生一定的影响。另外，由个人从先辈那里继承而来的文化不是自愿积累的，比如宗教和种族背景，对于个人的生活而言可被视为外生变量。对于现有文献来说，本章的主要贡献在于，之前的有关研究多用国家或

  * 资料来源：Tu Qin，Tan Shuhao，Nico Heerink and Qu Futian，"Effects of culture on grassland degradation，" *China Perspective*，2008，2：39 – 47。

地区层面的加总数据，而本研究采用来自同一牧区，即中国西北环青海湖地区的两个不同民族牧户层面的数据来探讨文化对经济和生态的影响。这两组牧民有着相似的宗教信仰，都信奉佛教；生计方式也相似，都以放牧牦牛和绵羊为主要生计手段。

　　本章的主要目的在于分析不同民族的文化差异如何影响其融入市场、畜牧业生产方式及其由此引起的草地退化程度。为此，本章第一部分介绍所调查地区的情况，并对两组牧户的文化差异进行比较和分析；第二部分和第三部分分别探讨文化差异对社会经济和草地退化的影响；第四部分给出结论性观点。

第一节　藏族和蒙古族的文化差异

　　本部分将讨论同时居住于环青海湖地区的两个民族，即藏族和蒙古族之间的文化差异。首先介绍数据的收集方法，其次对两个民族的文化差异进行描述性统计分析。

　　2007 年 5 月，我们对环青海湖地区的海晏、刚察、天峻和共和四个县的 242 个牧户进行了深入的实地调研。调研区覆盖了近 6 万平方公里的面积。这些牧户是随机选取的，调研人员两人一组，其中一位是青海民族大学的藏族研究生，负责翻译沟通，翻译人员在调研开始之前由作者和合作者进行了正式培训。调研通过一对一的方式开展。在对所调查的数据进行输入和清查之后，发现有 12 个牧户的回答不够完善，这样，直接进入分析的样本为 230 户，其中海晏 43 户、刚察 70 户、天峻 33 户、共和 84 户。根据青海省的统计年鉴，这四个县 80% 以上的农业收入来自畜牧业。2006 年四县的人均净收入分别为 2565 ~ 3227 元，如表 7.1 所示。四个县的这一收入水平较全省平均水平（2358 元/年）分别高出 8.8% ~ 36.9% 。

　　调查问卷包括详细的牧户特征，如人口状况、资产状况（土地、牲畜和房屋等）、教育、收入和消费、信任以及宗教习俗等，此外还包括临近牧场和社区的收入、消费和产权状况。

表 7.1　青海省及四县人均净收入

单位：元

年份	海晏	刚察	天峻	共和	青海省
2002	1749	2382	2315	2164	1711
2004	1937	2587	2653	2498	2005
2005	2162	2827	2870	2693	2165
2006	2565	3033	3227	2901	2358

资料来源：青海统计局：《青海统计年鉴》（2003～2007），中国统计出版社。

居住在调查地区的两个主要民族——藏族和蒙古族使用的语言不同，但生计方式和宗教信仰都相似，信奉藏传佛教。该地的畜群主要由牦牛和藏绵羊组成。如今，牧户在海拔相对较低以及与公路相对较近的地方建起了住房。离家较近的草场主要用作冬季和春季放牧，称为冬春牧场。高海拔地区的草场只在夏季和秋季时使用，称为夏秋牧场。在多数地区，夏秋牧场仍保留集体使用。

表 7.2 描述了样本牧户的一些基本特征。在环青海湖地区，藏族为最主要的民族，藏族人占有的草场面积明显大于蒙古族人的草场面积，平均而言，藏族人户均草场规模为 971 亩，而蒙古族人户均草场规模只有 664 亩。藏族人的家庭规模和消费水平也略微高出蒙古族人，但这些差距从统计意义上来说并不显著。藏族人户均饲养的牦牛数量比蒙古族人的高出 33.3%，但两者畜群总量的差异并不明显，蒙古族牧户饲养的绵羊相对较多。

表 7.2　样本特征

项目	藏族	蒙古族	样本总体
牧户数（户）	185	45	230
人口数（人）	911	206	1117
家庭规模（人）	4.92	4.58	4.86
户均草场规模[1]（亩）***	971	664	911
家庭人均消费（元）	3543	2884	3417
户均牦牛数[2]（头）**	34.8	26.1	33.1
户均绵羊数（只）	203.1	221.7	206.8
户均畜群规模（标准羊单位）（只）	342.3	326.1	339.2

注：①不包括夏秋草场的面积；②按照 1 头牦牛 = 4 头绵羊折算。

*表示在 10% 水平上显著；** 表示在 5% 水平上显著；*** 表示在 1% 水平上显著。

有关家庭在宗教活动方面的努力和投入包括三个方面:一是家庭头一年用于本地寺院的支出(元);二是每日用于祈祷的时间(分钟);三是家庭每年朝拜寺院的次数。此外,问卷又用了三个不同的问题来测度宗教信仰:你相信"三宝"(佛宝、法宝、僧宝)吗?你认为宗教信仰在解决现实中的问题时有用吗?为了使来世更好,你愿意放弃现在的一些消费吗?对这些问题的回答都采用 5 级打分制,以此来衡量牧户的信仰强度,1 表示根本不相信,5 表示完全相信。

表 7.3 显示了藏族人和蒙古族人在宗教活动投入和宗教信仰方面的差异。在每日祈祷上,藏族人所花的时间要显著高出蒙古族人所花的时间(5% 水平上显著),而藏族人每年朝拜寺院的次数更是要显著多于蒙古族人(1% 水平上显著),但两个民族的牧户用于寺院的支出没有显著的差异。平均而言,藏族人每日用于祈祷的时间双倍于蒙古族人,每年朝拜寺院的次数也是蒙古族人的 2 倍多。此外,根据对三个问题的回答,藏族人对宗教的信仰程度要显著高于蒙古族人(都在1% 水平上显著)。

表 7.3　藏族人和蒙古族人的宗教态度

项目	变量	藏族人	蒙古族人
宗教投入	用于寺庙的支出(元)	494.0	585.0
	每日祈祷的时间(分钟)**	43.5	20.1
	每年朝拜寺院的次数 ***	5.1	2.0
宗教信仰	你相信"三宝"(佛宝、法宝、僧宝)吗? ***	4.9	4.2
	你认为宗教信仰在解决现实中的问题时有用吗? ***	4.4	3.4
	为了使来世更好,你愿意放弃现在的一些消费吗? ***	3.5	2.7

注:* 表示在 10% 水平上显著;** 表示在 5% 水平上显著;*** 表示在 1% 水平上显著。
资料来源:作者的调查。

文化因素可能会影响经济绩效和资源退化的另一个方面表现在藏族人和蒙古族人对不同人群的信任程度。为了比较两者在信任方面的差异,本章采用了来自"综合社会调查"中的问题:"一般来说,你会认为大多数人都是值得信任的吗,这样在跟人打交道时你就用不着过分小心?"社会学家广泛使用这个问题来测度和比较不同国家和不同时期的人的信任水平。回答"多数人是值得信任的"的被调查者人数占比被用来作为

信任水平的估计值。对本章研究所使用的样本而言，藏族人和蒙古族人
的信任水平大致相同，分别为 65.9% 和 69.8%，如表 7.4 所示，即两个
民族中都有大约 2/3 的回答者认为"大多数人是值得信任的"。

表 7.4　藏族人和蒙古族人对不同人群的信任水平

单位：%

项目	藏族人	蒙古族人
综合社会调查的信任水平	65.9	69.8
对不同人群的信任水平		
父母	98.5	97.0
兄弟姐妹	91.3	87.4
孩子	89.6	86.8
亲戚 ***	84.8	76.9
邻居	83.1	81.2
同村牧民 ***	77.0	67.3
陌生人	32.0	28.1
宗教人士 ***	84.0	73.6

注：* 表示在 10% 水平上显著；** 表示在 5% 水平上显著；*** 表示在 1% 水平上显著。
资料来源：作者的调查。

　　本章也进一步探讨了两个民族对不同人群的信任程度，即父母、兄
弟姐妹、孩子、亲戚、邻居、同村人、陌生人和宗教人士等。为此，我
们设计了以下问题："一般来说，你信任以下人群吗（用 0~100 分来衡
量信任的水平，100 分表示完全信任，0 则表示根本不信）？"结果如表
7.4 所示，藏族人对亲戚、同村牧民和宗教人士的信任程度较蒙古族人
要高（1% 水平上显著），而两者对其他人群的信任程度没有显著差异。
藏族人对宗教人士较蒙古族人更为信任这一结果与上文中两者对于宗教
态度的差异是一致的。
　　本章的研究结果显示，居住在同一地区的藏族人和蒙古族人有着显
著的文化差异。藏族人比蒙古族人有着更强的宗教信仰，也将其生命中
更大的部分献身于宗教。他们也比蒙古族人更信任其村民、亲戚和宗教
人士，尽管两者在对其他人群的信任程度方面没有表现出显著差异。藏
族人和蒙古族人在宗教态度和信任方面的显著差异很可能会影响其社会

和经济方面，比如，送孩子入学、采用畜牧业生产新技术等。

第二节　文化对社会经济的影响

2000 年进行的第五次全国人口普查显示，藏族人主要居住在西藏、青海、四川、甘肃和云南，而蒙古族人则主要居住于内蒙古、青海、辽宁、吉林、河北、黑龙江和新疆。中国的藏族和蒙古族人口大致相当，分别为 479 万和 532 万。但两个民族受教育水平却大相径庭。若比较内蒙古自治区和西藏自治区，会发现蒙古族人的受教育程度要显著高于藏族人的受教育程度，这一结果被第五次全国人口普查的数据所证实。表7.5 比较了 6 岁及以上的藏族人、蒙古族人与占中国绝大多数的汉族人受教育的情况。结果显示，蒙古族人受教育情况与汉族人可比性较强，而藏族人的受教育水平却要低得多。特别是从未上过学的藏族人占比高达 45.49%，而从未上过学的蒙古族人和汉族人分别只占其总人口的7.23% 和 7.26%。手头可获得的有关文盲率的数据也显示出类似的结果。根据 2005 年全国 1% 的人口抽样结果，藏族人和蒙古族人 15 岁以上人口的文盲率分别为 44.6% 和 8.7%。

表 7.5　藏族人、蒙古族人和汉族人的受教育水平（6 岁及以上人口）

单位：%

民族	从未上学	小学	初中	高中	大学及以上
藏族人	45.49	41.25	7.72	4.19	1.35
蒙古族人	7.23	37.98	34.72	14.84	5.23
汉族人	7.26	39.29	37.31	12.23	3.91

资料来源：由第五次人口普查数据计算，http://www.stats.gov.cn/tjsj/renkoupucha/2000 pu-cha/html/t0202.htm。

藏族人受教育水平的差异可能部分归因于许多藏族人居住于山区的事实，那里的孩子们需要跋涉很远的距离去上学。但在本章的调查样本中，藏族人和蒙古族人居住于同一山区。这为我们测试藏族人和蒙古族人受教育水平的差异是否为其文化差异所导致提供了很好的条件，使研究能够控制居住地差异所带来的影响。表 7.6 显示了本研究调查样本中两个民族不同年龄人群的受教育水平，即户主、25 岁以上人口、16~25

岁人口、注册在校（7～15岁）人口的受教育水平，以及总体人群的普通话水平。结果表明，两个民族户主和25岁以上人口两组人群的受教育水平没有显著差异，而且受教育水平都相当低。然而，两个民族16～25岁人口的受教育水平比较高，并且，蒙古族人的受教育水平要显著高于藏族人的受教育水平。蒙古族人7～15岁注册在校学生的受教育水平也显著高于藏族人。这一结果显示，蒙古族人较藏族人对后代的教育更为关注。此外，本章的调查结果进一步显示，蒙古族人的普通话要显著好于藏族人的普通话。普遍不大会用普通话可能是藏族人将牲畜产品和其他产品融入市场的一个主要限制因素。

表7.6　藏族人和蒙古族人的受教育水平与普通话水平

项目	藏族人	蒙古族人
户主的受教育年限（年）	2.0	1.3
25岁以上人口的受教育年限（年）	1.5	1.2
16～25岁人口的受教育年限（年）***	3.9	6.6
7～15岁儿童入学率（%）***	74	97
普通话水平①***	0.9	1.9

注：① 0 = 不会；1 = 会一点；2 = 会说；3 = 会写汉字。＊表示在10%水平上显著；＊＊表示在5%水平上显著；＊＊＊表示在1%水平上显著。

资料来源：作者的调查。

　　宗教态度和受教育水平的差异都可能影响牧民参与经济活动和采用放牧技术。表7.7显示了与此相关的牧户对市场的介入情况，这是在调查中通过以下问题体现出来的："你能在任何想卖出产品的时候就卖出吗？"和"你会卖出羊羔吗？"73%的蒙古族牧民回答他们可以在任何想卖的时候就卖出产品，而藏族牧民就只有38%能够这样做。因为很多蒙古族牧民能够说流利的普通话，他们就可以直接和省城西宁（离调查地点约300公里）的屠宰户联系，就价格进行商量。当认为价格合适时，牧民们就会安排运输工具，几家联合起来将牲畜直接卖给屠宰户。相反，大部分藏族牧户一般在家中等待小贩上门来收购牦牛和绵羊。这通常是在秋季。如果错过了售卖时机，牧民就需要将他们的牲畜饲养过冬季和春季，在环青海湖地区，这段时期又长又冷，差不多要持续8个月，气温通常为 - 30℃，甚至更低。牦牛和绵羊放养在冬春牧场上，啃食干草熬过这一时期，这通常会使它们的体重降低 1/3 甚至 1/2。这一时期家畜的死亡率也通常远高于其他季节。因此，从生产效率的角度来说，最好的策略就是在秋季结束之前将不能繁殖的羔羊卖掉。但强烈的宗教信仰使大多数藏族牧民（62%）不愿意卖出羔羊，与之相反的是，研究区不愿意卖出羔羊的蒙古族牧户只有 31%。

表 7.7　藏族人和蒙古族人对市场的参与和新技术的采用情况

单位：%

项目	藏族人	蒙古族人
你会随时售出你的产品吗？（1 = 会；0 = 不会）***	38	73
你对于卖羊羔能够接受吗？（1 = 能；0 = 不能）***	38	69
用舍棚的牧户比例 ***	41	64
补播草种的牧户比例 **	42	60
用舍棚或补播草种的牧户比例 ***	61	89

注：* 表示在 10% 水平上显著；** 表示在 5% 水平上显著；*** 表示在 1% 水平上显著。
资料来源：作者的调查。

环青海湖地区传统的生产生活方式是游牧。牲畜在户外过夜，即使是在寒冷的冬季也是如此。因此，牧民只是对牧草地加以简单利用，不需要对其进行任何改良。为了提高草地生产力和牧业生产效率，近年来牧区逐步引入了两种新技术。为了降低"掉膘"（体重减轻）和死亡率，牲畜在冬春季节被转移到简易舍棚或温室饲养。为了提高草被覆盖度和牧草生产率，退化的草场用本地草种补播，而人工草地上则种上燕麦或青稞。在藏族和蒙古族牧民中，这两种技术的采用情况如表 7.7 所示。可见，蒙古族牧民较藏族牧民显著可能采用这两种新技术，大约 89% 的蒙古族牧民采用了至少一种技术，而藏族牧民只有 61% 至少采用了一种。

从这一部分的数据中可以得出如下结论。与藏族牧民相比，蒙古族牧民更多地以市场为导向，也能够更好地利用技术来饲养牲畜。

第三节　文化对草地退化的影响

表 7.8 显示了青海全省的草地退化情况，以及与之相比的中国西部其他省份草地退化的情况。青海省一半以上（56%）的天然草场遭到退

化，略微低于新疆和内蒙古的天然草场退化率，而高于甘肃的天然草场
退化率。但青海草地退化的严重性要大大高于新疆和内蒙古，就重度退
化的草场面积所占比重而言，青海为 22.0%，而新疆和内蒙古分别占
13.5% 和 11.0%。这一数据略微低于甘肃，甘肃严重退化的草场面积占
全部退化面积的 23.7%。

表 7.8　中国西部四省的草地退化情况

省份	天然草场面积（百万公顷）	退化面积（百万公顷）	草地退化占比（%）	退化结构（%）		
				轻微退化	中度退化	严重退化
青海	36.37	20.37	56	42.0	36.0	22.0
新疆	57.26	34.67	61	48.0	38.5	13.5
内蒙古	78.80	46.73	59	52.0	37.0	11.0
甘肃	17.90	8.56	48	36.5	39.8	23.7
总计	190.33	110.33	58	47.9	37.4	14.7

资料来源：侯向阳主编《中国草地生态环境建设战略研究》，2006。

　　草场退化的因素有很多。就中国西部而言，人口增长、牲畜价格上
涨以及草地制度变化等是牲畜数量快速上升而每标准羊单位所占草场面
积急速下降的重要原因。在过去半个多世纪里，平均而言，牲畜的数量
增加了 10 倍，而每标准羊单位所占草场面积下降了 6 倍多。

　　文化对于草地退化起着混合的效果。一方面，强烈的宗教信仰使藏
族牧民不能有效地利用其草地资源。他们不愿意售卖羔羊，甚至当冬季
来临时，不太愿意采用舍棚或暖棚这一技术，也不愿意种草（见上文的
讨论）。其结果是，藏族文化很可能导致草场退化。另一方面，强烈的宗
教信仰使藏族牧民较蒙古族牧民更少地融入市场，如上文所见。结果，
藏族牧民可能比蒙古族牧民饲养更少牲畜，从而使草场退化程度要轻。
如第一部分所讨论的，藏族牧民户均拥有草场面积 971 亩，而蒙古族牧
民户均拥有的草场面积只有 664 亩，但他们所饲养的标准羊单位数量基
本相同，分别为 342.3 只和 326.1 只。这意味着，对于藏族牧民来说，
每百亩草场饲养 35.3 只标准羊单位，而对蒙古族牧民来说，每百亩草场
要饲养 49.1 只标准羊单位。因此，蒙古族牧民对草场造成的压力要比藏
族牧民造成的草场压力大。藏族牧民比蒙古族牧民经历的草场退化要轻

的另一个原因是，他们之间信任程度的不同。在第一部分，我们发现藏族牧民比蒙古族牧民对同村人的信任程度要高，信任是村民贡献公共物品（比方说灭鼠）意愿的一个前提条件。在调研地区，鼠害是草场退化的主要原因，老鼠很容易从一户牧民的草场移到另一户牧民的草场。因此，同村牧民之间的合作灭鼠对于减轻或消灭鼠害至关重要，而在这样的合作中，相互信任起着非常重要的作用。

　　这两股相反的力量（即草地利用效率相对于市场融入和信任）所起的最终作用取决于各自作用的相对大小。因此，需要经验证据来决定两种相反的作用力到底哪个更强大。本研究利用调查中牧民自己报告的草场退化数据来比较藏族牧民和蒙古族牧民家草场退化的情况。如表 7.9 所示，蒙古族牧民遭受的草场退化要显著严重于藏族牧民家的草场退化。藏族牧民家没有遭受退化或遭受轻微退化的草场面积较蒙古族牧民家的要高，而遭受中度退化特别是遭受严重退化的草场比重较蒙古族牧民家的要低得多。两者平均退化程度差异从统计意义上来说呈 1% 水平显著。表 7.9 进一步显示，藏族牧民参与灭鼠的比例显著低于蒙古族牧民，尽管藏族牧民和其村民之间的信任程度要比蒙古族牧民的高。强烈的宗教信仰使藏族牧民反对灭杀老鼠，因此藏族牧民的草场遭受鼠害的比例要显著高于蒙古族牧民（5% 水平上显著）。由此，我们得出结论，藏族牧民草场退化不如蒙古族牧民的草场，原因并不是藏族牧民参与灭鼠更积极，而可能是比蒙古族牧民更低的市场参与度。

表 7.9　藏族牧民和蒙古族牧民家的草地退化和灭鼠情况

项目	藏族牧户	蒙古族牧户
草地总块数（块）	279	103
受影响的地块占比（%）		
0 = 没有退化	10.4	2.9
1 = 轻微退化	33.7	26.2
2 = 中度退化	21.9	22.3
3 = 严重退化	34.0	48.6
草地的平均退化程度[①]***	1.8	2.2
遭受鼠害的牧户家庭比（%）**	95	86

项目	藏族牧户	蒙古族牧户
参与灭鼠的牧户家庭占比（%）***	41	77

注：①只包括冬春草场。* 表示在 10% 水平上显著；** 表示在 5% 水平上显著；*** 表示在 1% 水平上显著。①退化程度：0 = 没有退化，1 = 轻微退化，2 = 中等退化，3 = 严重退化。

资料来源：作者的调查。

第四节   结语

本研究运用居住于同一地区（青海省环青海湖地区）、有着相同宗教（藏传佛教）和生计（牲畜饲养）的两个民族（藏族和蒙古族）牧户的数据，首先探讨了文化对于牧户经济决策行为的影响。将有关文化和经济的现有研究从跨国和跨地区的宏观层面拓展到牧户微观层面。两个民族牧户之间存在显著的文化差异，藏族牧民比蒙古族牧民有着更为强烈的宗教信仰，将生活中的更大部分奉献给了宗教。他们对同村牧民、亲戚和宗教人士也更加信任，尽管总体的信任水平在两组牧民中没有表现显著差异。这些宗教态度和信任方面的差异影响着他们生活中社会和经济的方方面面。本研究显示，蒙古族牧民 16～25 岁和 7～15 岁学龄儿童的受教育水平显著高于藏族牧民，而两个民族 25 岁以上人口受教育水平差距不明显。这一发现表明，蒙古族牧民比藏族牧民对于孩子的教育更为重视。我们也发现，蒙古族牧民更加以市场为导向，且更倾向于利用养畜和种草新技术，而这些行为将直接或间接地影响草地利用状况。

另外也探讨了宗教态度和信任水平的差异对于草地退化的影响。运用调查中牧民自己报告的有关草地退化的数据，研究发现蒙古族牧民的草场比藏族牧民的草场遭到更多、更严重的退化。研究还发现，调查区鼠害横行是造成草地退化的主要原因。尽管藏族牧民对同村人的信任程度更高，更有利于在灭鼠行动中开展合作，但藏族牧民较蒙古族牧民更少参与灭鼠行动。基于以上发现，我们得出结论，宗教态度对牧民融入市场的影响是解释蒙古族牧民草地退化比藏族牧民草地退化更严重的主要因素。

本研究对于相关政策的制定有着深刻的含义。促进环青海湖地区经济的可持续发展政策应该针对两个主要的民族加以区分。发展儿童教育的政策措施应侧重于藏族家庭，以减轻宗教态度使藏族家庭不大愿意为下一代进行投资的影响。旨在提高牧民融入市场化的政策措施可能会加剧现有草场的压力，这在近年来对蒙古族牧户的研究中已有出现。旨在减轻草场退化的有效政策可能需要包括公共灭鼠（由于藏族牧民不愿意参与），以及促进能够有效提高牲畜饲养效率的新技术的采用。

　　根据作者 2018 年 7 月至 2019 年 5 月对青海省海北藏族自治州祁连县（位于青海湖北面）的几次实地调研，无论哪个民族，其儿童的义务教育已全面开展。鼠害依旧严重，但灭鼠变成了政府部门提供的一项公共服务，即由政府招标，由中标的公司对申请获得批准的地区进行统一灭鼠。但是牧户反映这项公共服务的供给仍不能满足眼下的需求。除部分牧户会在自家的冬窝子里面种植少量（一般为 1 ~ 3 亩）的燕麦作为饲草料，其他能够有效促进牧业生产效率的技术运用不多。近几年来，青海大学的科研团队在调研点进行过黑土滩治理，即在退化严重的草地上补播草种，并开展春季休牧等活动，使牧草能够在生长的关键时点如春季发芽期和秋季牧草结籽期进行短暂禁牧，以使牧草能够休养生息。这些政策对调研地的各民族牧户同等对待，减轻了不同文化对牧业生产行为和草地利用结果的影响。

第8章　宗教对牧户生计和牧区
生态的影响*

宗教信仰与社会资本、文化和非正式制度密切相关。本章的主要目标是分析宗教信仰和宗教投入与牧户生计水平之间的联系，以便更好地理解社会资本以及文化在草地管理和经济发展中所起的作用。

现有研究表明宗教投入不利于经济产出（即把宗教投入作为消费项），而本章的研究则显示通过寺庙活动传递出的有关个人信仰（身份、声誉）信息的传播有利于提高牧户的生计水平。因此，宗教信仰可以被当作一项关于建立关系网、进行市场交易和信息交换的短期投资。通过证实较早的跨国研究，本章也发现宗教信仰与生计水平（用消费支出作为收入代理变量）呈现正向相关。总的来说，这个结果佐证了宗教信仰作为社会资本和文化的一部分所起到的作用。

本章的主要内容包括：第一部分简要介绍了藏族聚居区和佛教在藏民生活中的重要性，并分析了藏传佛教是如何影响牧民对其可利用资源的分配；第二部分为资料来源和研究方法；第三部分分析宗教对牧户生计水平的影响讨论；第四部分是总结。

第一节　藏族聚居区的佛教传统

McCleary 和 Barron（2006）认为，佛教有较高的救赎价值。宗教信仰关于"有没有来世"的问题以及"当前行为如何影响其在这个来世中的愿景"会对此时此地的行为产生有力的影响。另外，人们对生产和储蓄的激励效果会被源自佛教的强大共享精神减弱。因此，宗教信仰对收入影响的净效应从前提上来讲是不明确的。这里的宗教信仰源自宗教生

---

* 资料来源：Tu Qin, Erwin Bulte and Tan Shuhao, "Religiosity and economic performance: Micro-econometric evidence from Tibetan area," *China Economic Review*, 2011, 22 (1): 55-63。

产过程。同样，宗教投入对收入的影响也是如此。花费在诵经以及朝拜上的时间应该抵减产出，其他影响可为其做出补偿。高层次的投入可能伴随着对信息更高级的利用（帕特南的结合型社会资本的一方面）或提升社会地位（亚当·斯密所谓的"声誉信号"）。探索这些冲突机制的净效益是本章的一个直接目的。

　　本章的研究区域为位于青藏高原的藏族地区。青藏高原是世界第一高原，以"世界屋脊"而闻名于世，平均海拔在 4000 米以上（Yang and Du，2004）。历史上，青藏高原居住着本土藏族及其他种族居民，是以牧场为主的干旱地区。传统的生活方式除了一些在较低纬度地区的种植业以外，主要以游牧生活为主（Ekvall，1968；Miller，1999）。藏语区由三个主要的方言区构成——卫藏、安多以及康藏，这些地区大多数居民为藏族人。卫藏作为藏族文化的核心，包括现今西藏自治区的大部分。安多位于青藏高原的东北部，在阿尼玛卿山到青海湖一带，包括青海北部、甘肃南部以及四川省东北部。康藏位于青藏高原的东南部，包括四川西北部、云南北部和青海南部以及西藏自治区东部。2013 年藏族人大约有 640 万，占中国总人口的 0.47%（《中国人口年鉴 2014》）。

　　佛教在公元 7 世纪传入西藏，并于 11 世纪在藏族聚居区立足。藏传佛教融合了坦特罗佛教与苯教中的精华部分——西藏当地的宗教由精神信仰以及自然中带来善与恶的鬼神组成。这些也构成了藏民族的特性且强烈地影响着藏民生活的方方面面。宗教通过艺术、文学、娱乐以及教育和医疗影响着文化遗产。要通览藏族的历史或文化特性，可参考 Goldstein（1989）以及 Goldstein（1998）的研究。

　　佛教对经济生活的影响主要源自三个方面：①对财富和劳动的态度；②对生活中幸福的评判原则；③对后世幸福感的评判原则。Datajeevo（2009）概括了这些学说，以下的论述均源自这些学说。我们认为这些学说与本研究是相关的，因为这些学说遵循互惠的规范和诚实守信的行为准则。在本研究的情境中，用以下原则指导生活的人被认为是比较可靠的，可作为首选的合作伙伴。

1.1　佛教对财富和劳动的态度

　　佛教从不禁止财富，其倡导满足感和控制欲望，但不是贫穷。然而，财富应当被用于支持有益的目标而并非用于毫无意义的浪费。资源应当适当地加以利用，要对"需要"和"欲望"进行区分，"需要"通常被定义为衣物、食物、住所以及医疗。这种节制有利于经济发展和精神健康。与现代经济学内容相一致的是，佛教认为人力是财富的最基本来源。然而，佛教也将劳动视为利用和增长才能的机会，能使人通过与他人共同执行一项任务克服以自我为中心的观点（Schumacher，1973）。因此，劳动与闲暇被认为是生活中不可分割的互补的组成部分。

1.2　对生活中幸福的评判原则

佛教提出了四个找寻生活中幸福的原则：①勤奋获取（工作努力和遵守道德）；②守护（逃离和避免冲突的能力）；③存在忠诚的伙伴（真心交友、有自我原则、有自我牺牲精神和才智）；④有意义的生活。佛教倡导人应将收入的一部分用于直接需求，一部分用于商业投资，剩下部分用于储蓄以备紧急状况下使用。

1.3　对后世幸福感的评判原则

佛教认为后世的四个幸福准则为：①忠诚（坚信佛教的理智并将其转化为一种实际生活中的行动）；②自我约束（包括自我提升的需要以及要花在寺庙的一定时间）；③自我牺牲（乐于给予）；④明智（包括对生活中不断变化的生长、延续和衰败的认识）。就经济上的目标而言，忠诚主要源自相信善行能带来回报（相反恶行会招致报复），同时在奉行信仰时，时间、金钱和个人努力会被投入此种精神活动之中，这包括要聆听佛教法义以加强对佛教"三宝"即佛、法和僧的认知。

第二节　资料来源和研究方法

本研究的目的是验证宗教是否会影响在藏族聚居区饲养牦牛和羊的牧户做出分配他们可利用资源（包括时间和资本等）的决策，以及这种决策是否会影响他们的经济绩效。为此，我们于2007年5月在环青海湖地区对牧户进行了调查。青海湖位于青藏高原北部，平均海拔在3200米以上，是中国最大的咸水湖，面积超过了4500平方公里。调查选取了环青海湖四个情况相似可以进行比较研究的县，对牧户进行了随机调查。经过数据清理，取得有效样本 242 户，其中海晏县 53 户、刚察县 71 户、天峻县 33 户、共和县 85 户。

问卷包括一些有关公共事务的问题，如集体草场的使用情况，但大部分还是有关牧户特征的细节性问题，包括人口统计特征、财产所有权（土地、牲畜和房屋等）、受教育程度、收支情况、信任程度以及宗教信仰情况。根据本研究的目的，借鉴 Barro 和 McCleary（2003）的研究，对宗教的投入和产出进行了区分。用三个变量测度了牧户的宗教投入：用于（当地）寺庙等宗教活动的支出、平均每天花在诵经上的时间以及平均一年去寺庙的次数。我们对这三个变量取对数，然后用因子分析构建一个宗教投入的综合指标，该主成分解释了变量 49% 的信息量，且通过了 Shapiro-Wilk 检验，表明基于原始投入变量的综合指标是显著的，可以用它作为一个关键的解释变量。

用两个不同问题构建关于宗教产出（信仰的强烈程度）的代理变量：①你相信佛教"三宝"（佛、法、僧）吗？②你相信在现实生活中碰到的困难能通过佛教（寺庙）得到解决吗？被访者被要求对他们的信仰强度在一个五级量表上进行打分，根据打分的结果构建一个虚拟变量。若这两个问题的回答都是肯定的，表明被访者有较强的宗教信仰（得分为 4 或 5），那么就将牧户宗教产出的虚拟变量赋值为 1，否则为 0。

研究中，因变量是牧户消费支出的自然对数（也就是除了房屋维修费、医疗支出和宗教活动支出的总开支），具体包括饮食花费、衣服鞋帽花费、燃料费、水电费、教育支出费和交通费等。通常情况下，支出比收入更好测量，因为收入的来源很多，而支出一般是稳定的（实际收入总是波动的但是牧户会平滑消费）。举例来说，在调研样本中，只有 77.7% 的牧户报告了他们的收入数据，但是所有牧户都能给出他们的消费数据。平均而言，所调查的牧户收入有 83.8% 来自牲畜，这与当地统计年鉴上的数据是一致的。而总支出中不包括房屋维修和医疗支出主要是因为它们不是常规开支，具有不规则的性质（但是将它们加进去也不会改变我们的分析结果）。另外，牧户宗教活动中的支出也不加入总支出。这是因为，如上所述，我们已经将这部分支出作为宗教"投入变量"。表 8.1 展示了所有变量的描述性统计分析。

表 8.1　变量的描述性统计

变量	平均值	标准差	最小值	最大值
log（家庭支出）	9.42	0.784	5.39	11.35
宗教投入（指数）	0.0	0.309	-0.257	2.14
log（1+宗教投入）	3.57	1.78	0.0	7.71
log［1+投入1：用于寺院的开销（元）］	4.18	2.82	0.0	9.21
log［1+投入2：每日祈祷时间（分钟）］	2.61	1.65	0.0	5.48
log（1+投入3：每年去寺院的次数）	1.28	0.871	0.0	5.71
宗教产出（虚拟变量）	0.707	0.456	0	1
户主年龄（岁）	42.2	13.2	14	77
受教育程度（年）	1.93	3.02	0	13
藏族（虚拟变量）	0.760	0.428	0	1
家庭人口规模（人）	4.80	1.40	1	11
家庭劳动力人数（人）	2.94	1.28	0	7
log（1+牲畜规模）	5.25	1.42	0	7.31
log（1+冬春草场面积）	6.15	1.17	0	8.85
log（1+夏秋草场面积）	3.00	3.07	0	8.29
是否有公共草场（虚拟变量）	0.743	0.438	0	1
是否有电视机（虚拟变量）	0.566	0.497	0	1
是否有电话/手机（虚拟变量）	0.620	0.486	0	1
是否自家有夏秋草场（虚拟变量）	0.496	0.501	0	1
GSS 信任值	0.662	0.474	0	1
是否售卖或屠宰小羊羔（虚拟变量）	0.384	0.487	0	1

　　表 8.1 显示，在研究地区，牧户都很贫穷而且笃信佛教。牧户平均年消费支出 12300 元。牧户的家庭组成平均是 5 口人，这反映出在我们样本所在的少数民族自治地区，独生子女政策并没有得到实施，一般家庭有两个孩子。2006 年，平均每家牧户在宗教活动上要花费 495 元，这占到他们年总支出的 3% 以上；平均每个户主每天会花费 34 分钟在诵经上，平均一年去寺庙 5.5 次。这三个变量共同构成了宗教投入的总指标。而另外，也就是宗教产出，大约有 70% 的被访者都是虔诚的信徒。

　　控制变量的基本情况是：户主的平均年龄约为 42 岁，受教育程度都非常低（平均上学年数少于 2 年）。样本中大约 76% 的牧户是藏族的，剩下的为蒙古族等。尽管这一地区的藏族和蒙古族都信仰佛教，但他们在习惯上还是有所不同，因此生成了一个民族虚拟变量。样本中所有被访者都是牧民，他们所拥有的牲畜规模基于每户饲养的牛和羊的总头数——1 头牛等于 4 只羊——这个公式反映了不同牲畜之间的相对价值，这也是基于不同牲畜对饲草料需求量的不同而得出的，即与 1 只羊相比，饲养 1 头牛要消耗 4 倍的草料。传统上，牧民家庭会将他们的房屋建在比较接近公路的低海拔地区。这些村庄附近的草场一般用于牲畜在冬春季节的放牧，因此这些草场被称为冬春草场；而位于高海拔地区的草地只有在夏秋季节才可利用，因此那些草场被称为夏秋草场。我们利用牧民对这两类草场的产权，以及任何可以利用的公共草场（案例中有 70%）的产权，作为解释牧户收入的生产性资产。重要的是，由于 20 世纪 80 年代的草场资源分配主要由村领导召开村民委员会决定，这种分配主要基于感知到的需求（特别是牧户的家庭规模），另外在我们研究地区的草地租赁市场在此期间也几乎没有形成，所以我们将土地变量作为外生解释变量。

为了分析宗教和经济绩效之间的关系，我们估计了以下回归方程，即

$$E_{ik} = constant + X_{ik}\alpha + \beta_1 R_{1ik} + \beta_2 R_{2ik} + C_k \gamma + \varepsilon_{ik}$$

式中，E_{ik} 表示村庄 k 的牧户 i 的经济绩效（支出、收入代理变量），$constant$ 为常数项，X_{ik} 是牧户 i 的特征向量，包括生产性资产的产权和人力资本，R_{1ik} 和 R_{2ik} 分别表示宗教活动过程的投入和产出，C_k 是村庄层面的一系列变量的向量集合，ε_{ik} 是方程的残差项。在控制了各类资本资产之后，我们试图检验宗教是否为经济绩效增长的一个驱动因素。为了检验结果的稳健性，我们用不同的 OLS 估计方法以及两阶段最小二乘模型来控制畜群规模以及宗教变量可能存在的内生性。

第三节　宗教对牧户经济绩效的影响

如表 8.2 所示，模型 1 展示了包括宗教投入和产出的线性回归结果。两者进入模型后在 1% 的显著性水平上都是正向显著的，也就表明不管是

表 8.2 牧户收入差异的影响因素

变量	OLS 模型				2SLS 模型		
	1	2	3	4	2nd stage	1st stage 宗教投入	1st stage 性畜规模
宗教投入	0.566*** (4.02)	1.033*** (4.31)					
宗教投入²		-0.442** (2.39)					
log（宗教投入）			0.164*** (6.64)	0.144*** (5.86)	0.138* (1.74)		
宗教产出	0.319*** (3.01)	0.268** (2.50)	0.283** (2.82)	0.214** (2.26)	0.225** (2.35)	-0.24 (0.92)	0.267 (1.44)
log（性畜规模）	0.162*** (5.08)	0.159*** (5.06)	0.126*** (4.10)	0.159** (4.35)	0.224** (2.82)		
年龄/10	0.751*** (3.75)	0.701*** (3.51)	0.725*** (3.85)	0.784*** (4.37)	0.81*** (4.41)	-0.044 (0.86)	-0.015 (0.43)
年龄²/100	-0.0729*** (3.41)	-0.0681*** (3.20)	-0.0692*** (3.44)	-0.0779*** (4.06)	-0.07*** (3.99)	0.0003 (0.50)	0.0005 (0.13)
受教育程度	0.0951** (2.49)	0.0903** (2.38)	0.0937** (2.59)	0.0600* (1.79)	0.074** (2.10)	-0.033 (0.35)	-0.015 (0.24)
受教育程度²	-0.0086** (2.03)	-0.0085** (2.03)	-0.0087** (2.15)	-0.0061* (1.65)	-0.007* (1.81)	0.003 (0.31)	-0.0001 (0.24)

续表

变量	OLS 模型				2SLS 模型		
	1	2	3	4	2ⁿᵈ stage	1ˢᵗ stage 宗教投入	1ˢᵗ stage 性畜规模
藏族（虚拟变量）				-0.136 (0.99)		-0.032 (0.09)	-0.089 (0.34)
家庭人口规模				0.0473 (1.25)		0.18* (1.70)	0.244** (3.32)
家庭劳动力规模				-0.0187 (0.47)		-0.022 (0.20)	0.015 (0.18)
log（冬场面积）				0.0563 (1.21)		0.567*** (4.99)	0.32** (3.96)
log（夏场面积）				-0.0014 (0.02)		-0.192 (1.08)	0.19 (1.53)
公共草场面积				0.141 (1.46)		-0.34 (1.26)	-0.35* (1.86)
售卖羊羔				0.0255 (0.57)		-0.558** (2.30)	0.412** (2.40)
自家有无夏季草场				-0.0109 (0.03)		-1.238 (1.20)	0.96 (1.32)
信息获取 1（电视）				0.0414 (0.49)		0.426* (1.86)	0.558*** (3.45)

续表

变量	OLS 模型				2SLS 模型		
	1	2	3	4	2nd stage	1st stage 宗教投入	1st stage 牲畜规模
信息获取 2（电话）				-0.0262 (0.30)		0.277 (1.15)	0.166* (0.97)
Constant	6.009*** (13.0)	6.230*** (13.3)	5.712*** (12.19)	5.472*** (10.1)	5.57*** (11.56)	2.06 (1.38)	1.12 (1.06)
(Pseudo) R^2	0.36	0.37	0.42	0.44	0.42	0.28	0.38
观察值	242	242	242	237	237	237	237
Partial F						4.65	7.27
Sargan Statistics					9.62（P-value 0.29）		

注：括号中为 t 值。（6）（7）两列为畜群规模和宗教投入内生性的 Durbin-Wu-Hausman chi-sq 检验，P 值 =0.98（共同分别）；所有的模型都加上了县级虚拟变量。* 表示在 10% 水平上显著；** 表示在 5% 水平上显著；*** 表示在 1% 水平上显著。

宗教投入还是信仰强度的产出都与牧户支出有着很强的相关性。其他变量在模型中的回归结果也和预期情况相符。如畜群规模和牧户支出有正向相关关系；户主年龄和受教育程度对牧户支出的影响也是正向的，但呈现收益递减的特征。可根据回归结果求得，当户主年龄为 51 岁时，牧户家庭总支出（收入）达到最大。根据怀特检验的卡方统计结果，我们不能拒绝方程的误差是同方差的原假设（P 值为 0.99），表明我们的数据不存在异方差性的问题。

宗教信仰强度（宗教产出）和总支出之间的正向关系与之前横截面研究中得到的证据是相一致的，反映了牧户关于来世的信仰（或者说有宗教促动的某些行为特征）有利于他们在现世的工作态度。令人惊讶的是宗教投入和牧户支出之间的正向关系。一般来说，投入在寺庙活动中的花费是以个人开支的减少为代价的，而且花费在去寺庙和诵经上的时间会产生机会成本。但是，宗教也可以看成是人们对世俗的一种投资（Azzi and Ehrenberg，1975）。可以从以下几个方面对宗教投入和牧户支出的这种正向关系进行解释。首先，最值得注意的是，参访寺庙可能有利于信息在牧民之间的流动。在我们研究的区域牧户居住通常都十分分散，过着与世隔绝的生活，很少有机会相互交流。去寺庙（朝圣）除了宗教功能以外具有重要的社会功能。在藏族聚居区，去寺庙为来自不同地方的人提供了一个与其他人会面的珍贵机会，在这里他们可以建立社会网络，从而探寻到一些商业机会（Grunfeld，1996）。在本次调研的区域，根据个人观察发现，牧户确实会利用去寺庙的机会讨论不同的问题（但这种讨论一般都在进寺庙之前或之后，绝不会发生在寺庙内）。其次，去寺庙朝拜以及在寺庙活动中的投入花销能够传递出一个牧民是虔诚信徒的信号，这种能够支付宗教活动成本的信息以及在社区内身份地位的提高可能会使牧民在面对贸易商和供应商时有更高的议价地位。最后，诵经和去寺庙朝拜可能还会提高牧民的心理健康和整体幸福感，这反过来会提高他们的工作绩效。

模型 2 表明宗教投入和牧户支出之间的关系是非线性的。事实上，在达到抛物线的顶端时已基本包括了所有样本，只有很少的牧户（准确来说，只有 4 户牧民家庭）处于这条抛物线顶端的右边，处在右边表明牧户没有从宗教活动中获得任何收益。

正如上文所提到的，我们的投入数据是呈对数正态分布的。出于这个原因，我们用从因子分析中得到的综合投入指标对模型 1 和模型 2 中的线性投入和二次方投入进行替代，这个综合指标是基于对三个宗教投入变量（时间、金钱和去寺庙的次数）取的对数。在模型 3 中，我们先给出了一个相对简洁的模型结果，在模型 4 中为了检验结果的稳健性，我们又加入了几个控制变量。在两个回归结果中，我们都能发现宗教投入和产出与牧户收入代理变量存在正向相关关系。事实上，后来增加的控制变量都不显著，表明我们应该进一步对其潜在的影响进行探索。在接下来的分析中我们将它们作为外生工具变量进行考虑。

牲畜变量以及宗教投入变量可能会产生内生性问题，即收入越高，牧户拥有的牲畜越多（如果部分收入用于增加牲畜头数或者增加日常维护投资），牧户用于宗教活动的投入也越多——如果宗教活动是正常物品。

适合这些条件的工具变量应满足如下条件：①外生的，而且与内生变量有很强的相关性；②与收入平衡的误差项不相关（模型的第二步）。为了进一步探索这个问题，我们需要排除第 4 栏里的无关变量（包括藏族、家庭规模、家庭劳动力规模、土地权属状况、买卖幼畜的意愿），然后做一个 2SLS 回归。第 4 栏中的变量与消费不相关。因此，这些变量也和 2SLS 模型中的误差项不相关。这将在下面的内容中得到检验。

检验统计量表明我们的工具变量是足够的（虽然不够完美）。更确切地说，如第 6 列（宗教投入）和第 7 列（牲畜规模）显示，第一阶段的结果表明我们排除的变量与内生变量相关。第一阶段模型的 R^2 分别为 0.28 和 0.38，就横截面数据的属性而言，这是一个不错的结果。更重要的是，局部的 F 统计量是 4.65 和 7.27。很明显，宗教投入的部分 F 值非常低，这表明我们在解释第二阶段的估计结果时，需要谨慎一些。安德森典型相关似然率拒绝了原假设，即等式识别不足（$p = 0.02$）。此外，排他性约束似乎满足了。Sargan 统计量表明我们不能拒绝原假设，因为工具与误差项不相关，而且被排除在了第二阶段的回归之外（$p = 0.29$）。基于这些被检验的数据，我们得出如下结论：我们的工具能够鉴别内生变量的外生变量。

令人欣慰的是，如第 4 列所示，第二阶段的结果和前面的 OLS 证明一致。毫不奇怪，我们还发现"预计的牲畜规模"的系数为正，这反映了一种正向关系。更重要的是，我们确认了之前的结果，即宗教投入和宗教产出（信仰）是显著的。这些系数的量级几乎没有改变。2SLS 模型意味着我们可以把投入和收入的联系看成一种随机关系，反之则不行。另外，Wu-Hausman F 检验和 Durbin-Wu-Hausmanchi-sq 检验表明我们不能拒绝回归量是共同外生或者分别外生的原假设（牲畜变量和投入变量的 P 值都为 0.98）。换句话说，这些检验统计量意味着我们可能把 OLS结果解释为了因果效应。

最后，我们要问这样一个问题，为什么宗教投入会增加消费。虽然全面的分析需要额外的数据，但是现有的调查也能让我们得出一些启示性和假设性的推测。如前文提到的，关于投入和收入之间的正向因果关系存在三种相矛盾的解释：信息的完善、社会地位的提高以及心理健康和幸福感的提升。我们初步设想着收集关于这些变量的数据，但事实背离了原来的设想。相反，如上文所描述的那样，基于演绎和逻辑推理，投入指数下背后的这三个显著变量可以让我们得出一些推论。确切地说，如果心理健康很重要，那么我们预期收入等式中祈祷变量的系数为正且显著。如果信息很重要，我们预期去寺院次数变量的系数为正且显著。如果社会地位很重要，我们则预期用于寺院开销变量系数为正。我们不指望能够获得祈祷时间的数据，因为牧民的祈祷行为是不容易观察到的。

三个单独的投入变量的结果列在了表 8.3 中。我们估计了这样一个模型，在模型中代理变量（消费的对数）是因变量。我们对四种不同的模型进行了估计，它们的差别在于其具体说明中是否包含了投入变量。在第 1 列中，我们考虑了祈祷时间，估计结果表明心理健康因素的作用很小，因为祈祷时间和消费不相关。这一发现与 Azzi 和 Ehrenberg（1975）的发现一致。他们利用美国的数据分析了两个样本，指出宗教仪式，而不是祈祷更重要。在我们的样本里，给寺院捐钱和去寺院的次数都很重要。第 2 列中的捐钱变量强烈表明了口碑效应和社会地位的重要性。这一结果也可见于 Anderson（1988）。这被第 3 列的去寺庙的次数变量所证实，因为去寺庙的次数是不同类人之间传递信号的重要工具。然而，去寺庙也为牧民与其同伴之间的信息交流提供了可能。为了证实信息机制是否比口碑效应的作用更大，我们在第 4 列中显示了这两个变量的最终回归结果。我们发现给寺院捐钱和去寺院的次数都很显著，这表明去寺院的次数涵盖了一些社会地位变量没有包含的信息，它可能是信息的传播。为了更细致地分析这个问题，我们需要额外的数据。

表8.3　宗教投入变量的单独估计结果

变量	宗教投入1：祈祷时间	宗教投入2：给寺院捐钱	宗教投入3：去寺院的次数	次数 + 捐钱
年龄/10	0.631 *** (3.08)	0.672 *** (3.56)	0.633 *** (3.21)	0.671 *** (3.61)
年龄²/100	− 0.0614 *** (− 2.79)	− 0.0637 *** (− 3.16)	− 0.0592 *** (− 2.80)	− 0.0622 *** (− 3.13)
受教育程度	0.0896 ** (2.27)	0.0863 ** (2.37)	0.0821 ** (2.15)	0.0817 ** (2.28)
受教育程度²	− 0.0080 * (− 1.83)	− 0.0077 * (− 1.91)	− 0.0080 * (− 1.89)	− 0.0077 * (− 1.94)
家庭人口规模	0.0999 *** (2.86)	0.0833 ** (2.58)	0.0989 *** (2.94)	0.0842 *** (2.65)
log（牲畜规模）	0.169 *** (5.14)	0.119 *** (3.81)	0.166 *** (5.24)	0.124 *** (4.00)
log（祈祷时间 + 1）	0.0093 (0.29)			
log（用于寺院的开销 + 1）		0.0975 *** (6.42)		0.0856 *** (5.49)
log（去寺院的次数 + 1）			0.221 *** (4.20)	0.143 *** (2.76)
宗教产出（虚拟变量）	0.290 ** (2.59)	0.326 *** (3.23)	0.275 ** (2.60)	0.308 *** (3.09)
Constant	6.25 *** (12.9)	6.00 *** (13.7)	5.97 *** (12.9)	5.84 *** (13.4)
R^2	0.31	0.42	0.36	0.43
观察值	242	242	242	242

注：＊表示在10%水平上显著；＊＊表示在5%水平上显著；＊＊＊表示在1%水平上显著。

第四节　结语

近些年来，研究制度和经济发展的文献越来越多。虽然大多数的研究都集中在正式制度方面（Acemoglu & Johnson，2005；Acemoglu et al.，2001；Rodrik et al.，2004），但是非正式制度也得到了越来越多的关注——包括文化、社会资本和宗教，它们也是社会发展的重要推动因素（North，1990；Platteau，2000）。Tabellini（2005）所做的跨国经验研究，以及 Knowles 和 Weatherson（2006）对非正式制度的广义定义，都表明非正式制度和正式制度一样对发展起着重要的作用。Knowles 和 Weatherson（2006）认为非正式制度非常接近于社会资本和文化，以及由社会资本和文化衍生出的其他许多概念，比如信任、分享原则、信仰、传统和人际关系。从这一点我们可以看到，宗教与社会资本和文化也是紧密相关的。宗教信仰将社区内的人联系在一起，促进了信任、习俗和分享原则的积累，并引入了一些机制来保证一些行为准则的执行。

本章在已有的微观计量经济文献的基础上，提出了新的证据来证明宗教对经济绩效的影响。已有的事实表明，宗教对藏族聚居区人民的生活有重要影响，而且这种影响已经延伸到经济绩效领域，所以我们认为这是一个值得探究的有趣问题。本章用微观层面的证据证明了一些已有的跨区回归结果，但也有一些其他的发现，如研究的第一个结论是，宗教信仰的强度与消费之间存在正向关系。这个结果与已有的跨区域文献的内容相一致。然而，我们也发现宗教投入和消费之间存在正向关系和曲线关系。虽然可能出现这样的结果，即向宗教生产过程投入过多的资源会导致投入和经济绩效之间的负向关系（例如，用于祷告的时间越长，劳动时间的机会成本就会越大），但我们发现绝大多数的受访者位于消费（收入的代理变量）和收入关系曲线向上倾斜的部分。

理论层面，宗教投入与经济绩效之间的正向关系可以归因于心理健康的效果、信息的传播和社会地位的提高，这些都与所提供的宗教投入相联系。而且我们假定信息和社会地位（名誉）的效果更为显著。这一结论与我们在信息收集过程中所观察到的个例一致。政府官员声称人们是出于地位和名誉的原因才去寺庙，而且我们发现牧民针对一系列问题的信息交换仅仅在寺庙外进行。如果后续的研究确实能够证明寺庙在信息交换过程中的作用（也就是，如果信息是稀缺的和有价值的），那么可提出通过辅助的渠道来促进有关市场和草场信息交流和传播的政策建议。

分析表明，宗教的作用不只在精神方面。宗教是文化、非正式制度和社会资本的一个组成部分。就其本身而论，它可以被看作是一项暂时性的投资。在藏族聚居区，寺庙为人们提供了集会的场所，在这样一个环境里，大多数时间里孤独的人们拥有了见面的机会。宗教强化了共同规范，这些规范促进了非合同或法律上可执行交换的激励相容。对道德行为的共同信念，以及通过选择宗教投入（信仰）来传递个人品质（可信与诚实）信号的可能性，可使个人的社会网络更广，并获得更高收入。

第三篇　政策与草地的可持续管理

针对目前草原生态恶化、牧户收入增长放缓、牧户生计脆弱等问题，国家采取了"退牧还草"和"生态补奖"等一系列草地治理政策。然而，这些政策的治理效果如何？"退牧还草"有效吗？"生态补奖"落实情况怎样？牧户对此是否满意？应如何设计有效的政策以促进草地资源的可持续管理？

第9章 "退牧还草"：一个有效的
公共政策

　　"退牧还草"是我国自2003年起在全国7个主要草原省区即内蒙古、甘肃、宁夏、青海、云南、四川和新疆实施的一项针对草原生态恶化、牧民增收乏力的草地治理政策。该政策旨在通过对天然草原采取围栏建设、补播改良以及禁牧、休牧、划区轮牧等措施，达到恢复草原植被、改善草原生态和提高草原生产力，确保农牧民长远生计，从而促进草原生态与畜牧业协调发展的目标。这项政策中的具体措施是通过不同激励机制来实施的，且同一措施在不同地区的激励标准略有差异。如内蒙古东部和新疆北部的退化草原若全年禁牧，每年中央补助饲料粮5.5公斤/亩；若季节性休牧，按休牧一个季度算，中央补助的饲料粮标准为全年的1/4，为期5年。草原围栏建设补贴标准为16.5元/米，其中中央政府补贴70%，地方政府和个人负担30%。为完善"退牧还草"政策，巩固和扩大"退牧还草"成果，国家发改委、农业部、财政部又于2011年8月22日出台《关于印发完善退牧还草政策的意见的通知》。

　　自"退牧还草"工程实施以来，中央、地方政府以及牧民投入了大量的人力、物力、财力，而"退牧还草"工程的效果如何，怎样系统评估"退牧还草"工程的绩效呢？"退牧还草"的政策目标是改善和保护生态环境，社会目标是通过牧户自利性经营活动来实现的。而这一目标的实现，有赖于激励机制对牧民积极性的调动。"退牧还草"政策能否提供有效的激励？"退牧还草"旨在恢复和重建遭到破坏的草地系统，以改善牧区的生态环境；同时，它又与广大牧户的生计息息相关。"退牧还草"会如何影响牧户的生计？现有补偿标准能否或在多大程度上抵补其因退牧而带来的经济损失？这些问题直接关系"退牧还草"政策的实施成本和实施效果。

　　为了回答以上问题，本章将根据对内蒙古的调研资料，对内蒙古草原的"退牧还草"政策实施进行绩效评估，分析其综合绩效，并据此评

价 "退牧还草" 是否为一项有效的公共政策。内蒙古草原面积约 13 亿亩，占全区土地总面积的 74%，占全国草原面积的近 1/4。草原是内蒙古约 1200 万农牧民赖以生存的物质基础，也是内蒙古及 "三北" 地区的天然屏障。但是内蒙古草原退化严重，目前草原平均产草量与 20 世纪 50 年代相比减少了 30%~50%，因而内蒙古是 "退牧还草" 工程最为重要的一个区域。2003~2010 年，内蒙古完成 "退牧还草" 任务 21740 万亩，草地补播 5000 万亩。2011~2015 年，又完成围栏建设任务 5380 万亩，补播 1664 万亩，人工饲草地 311 万亩，棚圈建设 58000 户。选择内蒙古进行 "退牧还草" 政策效果评价具有较好的代表性。

第一节 对 "退牧还草" 工程的评价

在 2011 年草原生态保护补助奖励政策实施前，"退牧还草" 工程是有史以来中国政府所推行的动作最大的一次政府性草原生态行动，计划花 5 年的时间，先集中对内蒙古、甘肃和宁夏西部的荒漠草原，以及内蒙古东部、新疆北部和青藏高原东部的 10 亿亩（西部严重退化草原的40%）退化草原进行治理。为此，国家计划投资 260 亿元，旨在基本恢复工程区内退化的草原，实现草原的可持续利用和管理，使草原生态系统与畜牧业可持续发展相适应（陈洁等，2009）。从中国政府的目标可以看出，"退牧还草" 是一个复杂的系统工程，国家对此投入了巨量资金来实施这个长期、持续的项目。因此，确定对 "退牧还草" 工程进行绩效评价的方法尤为重要。本部分先从生态效益、社会效益和综合效益三个方面简要综述有关 "退牧还草" 工程的研究，然后介绍本节对 "退牧还草" 工程进行的多目标评价以及评估该政策效果时采用的方法。

1.1 "退牧还草" 工程绩效综述

学界对于 "退牧还草" 工程的综合绩效研究较少，大部分是评价某一方面的效益，且定性研究较多（聂学敏，2008），而定量研究较少。现有关于 "退牧还草" 工程效益评价的研究主要集中在以下几个方面。

王静等（2008）以甘肃省玛曲县和安西县为例，从生态系统服务价值变化角度对不同草地类型探讨 "退牧还草" 工程禁牧和休牧的生态效益。结果显示，与非项目区相比，玛曲县亚高山草甸类草地禁牧区和休牧区食物生产价值分别增加 44.24 元/公顷和 266.84 元/公顷，总价值分别增加了 610.5 元/公顷和 3682.4 元/公顷；沼泽草甸类草地禁牧区和休牧区食物生产价值分别增加了 152.85 元/公顷和 63.13 元/公顷，总价值分别增加了 2172.0 元/公顷和 897.1 元/公顷。安西县低地盐生草甸草地禁牧区食物生产价值增加了 16.25 元/公顷，总价值增加了 176.5 元/公顷；温性荒漠类草地禁牧区食物生产价值增加了 7.75 元/公顷，总价值增加了 170.5 元/公顷。赵成章和贾亮红（2009）采用实地调查和参与式访谈相结合的方法，对黄河源区"退牧还草"政策的生态效益、当地居民对政策的响应以及牧民生计的研究表明，虽然牧民能够认识到天然草地退化的严重性，愿意实施"退牧还草"工程，但实际参与的牧户不够广泛，加上补偿政策不够灵活、补助标准低、移民安置和替代产业方案实施效果不理想，虽然"退牧还草"工程取得了阶段性生态效益，但牧户的生计却深受影响。大多数牧民认为他们的利益受到损失，并希望返回牧区放牧。因此为保证黄河源区"退牧还草"政策的持续性，建立多元化的生态补偿机制是政府的必然选择。赵春花等（2009）以内蒙古典型项目区阿拉善盟左旗为例，分析"退牧还草"工程的经济社会效益及其影响因素。结果表明，工程的实施没有显著影响当地农牧民收入与地区经济增长；草场禁牧一方面促进了产业结构调整，为当地经济发展提供了新的思路，另一方面造成了项目区劳动力剩余以及非项目区草场的进一步过度放牧。

"退牧还草"工程作为一个系统工程，分析其综合效益尤为必要。现有文献中利用综合分析方法研究"退牧还草"工程的较少，其中比较重要的是赵成章和贾亮红（2009）对西北地区"退牧还草"工程综合效益的分析。单丽燕等（2008）利用"3S"技术对四川省阿坝县草原地上生物量进行遥感估测并对草原状况做出评价，反映"退牧还草"工程实施效果，并为推动高分辨率卫星影像在我国草业和生态环境建设中的应用打下了基础。不过，这些研究没有综合考虑"退牧还草"工程的经济效益、社会效益、生态效益，并且定性的描述性统计较多，而定量分析不足。

1.2 "退牧还草"工程的多目标评价

本节拟采用多目标评价方法来评估"退牧还草"工程的效果。该方法是 20 世纪 70 年代中期发展起来的一种决策分析方法。"退牧还草"工程追求的是综合利益，工程的实施不但要改善生态环境，还要改善农牧民的生产经营环境，促进牧区的经济和社会事业发展以及改善牧区基础设施，是典型的多目标评价问题。

1.2.1 确定指标及属性

客观、准确地评价"退牧还草"工程的综合绩效，必须分析、归纳能够反映"退牧还草"工程绩效的指标体系。基于前人研究的成果，根据"退牧还草"综合评价的目的，遵循整体、科学、独立、可比和适用等原则，兼顾定性定量、长短期以及成本效益等关系，在综合专家建议的基础上建立"退牧还草"工程绩效评价指标体系。指标体系分为四级：一级"综合效益"为最高目标，反映"退牧还草"工程对社会各个因素总的影响；二级指标反映实现总目标的原则要求，采用分领域指标从生态效益、经济效益和社会效益方面反映"退牧还草"政策对相关领域的影响；三级指标反映"退牧还草"政策的实施对某一方面如牧民收入的影响；四级指标采用具体指标或单项指标来反映"退牧还草"政策的实施对某一具体因子的影响。上述四层指标即构成"退牧还草"工程综合绩效评价模型或者说是研究"退牧还草"工程绩效的理论框架。

为了确保评价的准确性以及可靠性，从而更真实地反映"退牧还草"工程的绩效，根据指标的构建原则及设计思路，并基于"退牧还草"工程综合评价的目的，在专家打分的基础上，对指标排序归类。"退牧还草"综合绩效评价体系除了考虑"退牧还草"工程的经济效益、生态效益和社会效益以外，一些具体指标，比如鲜草高度、植被覆盖度、沙尘暴次数，直接采用了农业部发布的《全国草原监测报告》。本节构建的指标（见表 9.1）应该具有普遍意义。

需要注意的是，"退牧还草"工程的影响是一个复杂的过程，有些影响可能短期内不能显现，有些影响指标不能量化，所以不可能构建完整的指标体系，只能选择一些有代表性的指标来评价"退牧还草"的综合绩效。从表 9.1 的指标体系中整理出能够反映评估所需基本信息的指标，作为"退牧还草"工程效果的基本属性。按照递阶结构理论，测量各级目标属性被达到的程度。按照赵焕臣等（1996）的方法，对决策矩阵中的数据进行规范化。

表 9.1　"退牧还草"工程综合绩效评价体系

编号	二级指标	编号	三级指标	编号	四级指标	单位	性质
A1	生态效益	B1 B2	草原变化 灾害性天气变化	P1	草场平均产鲜草量	公斤/公顷	max
				P2	草原植被覆盖度	%	max
				P3	鲜草高度	cm	max
				P4	沙尘暴次数	次	min
				P5	风灾次数	次	min
A2	经济效益	B3 B4	农业生产结构变化 农牧民收入变化	P6	畜牧业产值	亿元	max
				P7	人均 GDP	元	max
				P8	现金补助	元/亩	max
				P9	粮食补助	公斤/亩	max
				P10	牧民人均纯收入	元	max
A3	社会效益	B5 B6	生活质量 农村就业变化	P11	恩格尔系数		min
				P12	交通方便指数		max
				P13	牧民对工程的满意度	%	min
				P14	牧业占农村劳动力比重	%	max

1.2.2　确定指标权重

在"退牧还草"工程评价体系中，各个指标的权重占据着非常重要的地位，因此用科学合理的方法得出指标权重对于"退牧还草"指标体系的构建具有建设性的意义。结合层次分析法（AHP）和专家咨询法，确定各评价指标的权重。评价时使用的权重标度见表 9.2。

表 9.2　权重标度

相对重要程度	定义	解释
1	同等重要	两个属性的重要性相同
3	略为重要	一个属性稍微较另一个重要些
5	相当重要	一个属性较另一个重要

相对重要程度	定义	解释
7	明显重要	一个属性明显比另一个重要
9	绝对重要	一个属性绝对比另一个重要
2、4、6、8	两相邻判断中间值	两属性的相对重要性在上述两者之间时

　　按照 AHP 的原则，建立"退牧还草"工程综合绩效评价模型，构建专家判断矩阵，计算并检验一致性。通过表 9.3 所示的指标分层比较过程，可以判断上文筛选出的指标相对于"退牧还草"工程综合绩效的重要性。在此基础上，用和积法确定各层次指标相对于上一层次指标的权重（见表 9.4）。

表 9.3　指标对综合效益的相对重要性

比较层次	指标所属	指标比较
一级指标	"退牧还草"综合绩效	A1 生态效益与 A2 经济效益
		A1 生态效益与 A3 社会效益
		A2 经济效益与 A3 社会效益
二级指标	A1 生态效益 A2 经济效益 A3 社会效益	B1 草原变化与 B2 灾害性天气变化
		B3 农业生产结构变化与 B4 农牧民收入变化
		B5 生活质量与 B6 农村就业变化
三级指标	B1 草原变化 B2 灾害性天气变化 B3 农业生产结构变化 B4 农牧民收入变化 B5 生活质量 B6 农村就业变化	P1 草场平均产鲜草量与 P2 草原植被覆盖度
		P1 草场平均产鲜草量与 P3 鲜草高度
		P4 沙尘暴次数与 P5 风灾次数
		P6 畜牧业产值与 P7 人均 GDP
		P8 现金补助与 P9 粮食补助
		P8 现金补助与 P10 牧民人均纯收入
		P9 粮食补助与 P10 牧民人均纯收入
		P11 恩格尔系数与 P12 交通方便指数
		P11 恩格尔系数与 P13 牧民对工程的满意度
		P12 交通方便指数与 P13 牧民对工程的满意度

表9.4　各级指标说明及其权重

代号	二级指标	权重	代号	三级指标	权重	代号	四级指标	权重
A1	生态效益	0.633	B1	草原变化	0.3956	P1	草场平均产鲜草量	0.2299
						P2	草原植被覆盖度	0.1222
			B2	灾害性天气变化	0.2373	P3	鲜草高度	0.0435
						P4	沙尘暴次数	0.1977
						P5	风灾次数	0.0396
A2	经济效益	0.261	B3	农业生产结构变化	0.0436	P6	畜牧业产值	0.0363
						P7	人均GDP	0.0073
						P8	现金补助	0.0311
			B4	农牧民收入变化	0.2174	P9	粮食补助	0.0311
						P10	牧民人均纯收入	0.1552
A3	社会效益	0.106	B5	生活质量	0.0883	P11	恩格尔系数	0.0513
						P12	交通方便指数	0.0273
			B6	农村就业变化	0.0177	P13	牧民对工程的满意度	0.0098
						P14	牧业占农村劳动力比重	0.0177

第二节　"退牧还草"工程综合绩效

2.1　资料来源

　　本节资料来源于国务院发展研究中心农村经济部于2007年暑假的调研项目——草原政策课题组的调研数据。被调查的村（嘎查）共40个，包括内蒙古的33个、甘肃的4个、新疆的2个以及青海的1个。有效调查牧户432户，其中内蒙古的占84%，新疆的占7%，甘肃的占6%，剩下的2%来自青海（韩俊等，2011）。如前文所述，本节将基于内蒙古的调查数据进行研究。内蒙古的有效调查牧户有364户，分布在兴安盟和呼伦贝尔市等7个区域，各区被调研牧户参与和未参与"退牧还草"生态项目的情况见表9.5。其中，赤峰市和锡林郭勒盟的样本户最多，分别为105户和104户，各占全区样本数的近30%；通辽市、锡林浩特市和呼伦贝尔市最少，均不足总样本数的10%。总样本中，参加"退牧还草"的牧户最多，占样本总数的72.8%，未参加"退牧还草"和其他生态工程的牧户占 17.3%，而参加其他生态工程的牧户占 9.9%，特别是在赤峰市，这个数值高达 19.0%，在锡林郭勒盟和通辽市，参加其他生态工程的牧户也占样本总数的 10% 及以上。但锡林浩特市和鄂尔多斯市没有样本户参加其他生态工程项目。兴安盟和通辽市参加"退牧还草"项目的样本牧户占比最高，达 90.0%；锡林郭勒盟、锡林浩特市参与"退牧还草"项目的牧户占样本牧户比例最小，分别为 59.6% 和 60.0%。其他地区参与"退牧还草"项目的牧户占总样本数的 80% 左右。

表 9.5　内蒙古调研数据分布及参与生态项目情况

样本来源	有效样本（户）	占总样本户比重（%）	参加其他生态工程牧户		参加"退牧还草"牧户		未参加"退牧还草"和其他生态工程牧户	
			数量（户）	占比（%）	数量（户）	占比（%）	数量（户）	占比（%）
兴安盟	50	13.7	1	2.0	45	90.0	4	8.0
锡林郭勒盟	104	28.6	12	11.5	62	59.6	30	28.8
锡林浩特市	20	5.5	0	0.0	12	60.0	8	40.0
通辽市	10	2.8	1	10.0	9	90.0	0	0.0
呼伦贝尔市	30	8.2	2	6.7	25	83.3	3	10.0
鄂尔多斯市	45	12.4	0	0.0	35	77.8	10	22.2
赤峰市	105	28.8	20	19.0	77	73.3	8	7.6
内蒙古	364	100.0	36	9.9	265	72.8	63	17.3

绩效评估使用"退牧还草"前的一些指标数据以及 2006 年的数据。在调查样本中，有些指标经过计算可以得到，有些指标的数据需要参考各地的统计公告以及农业部发布的《全国草原监测报告》。主要指标的概念界定如下。

P1 草场平均产鲜草量：是指每公顷草场产的鲜草量，单位是公斤。具体数据以样本统计数据为主，不过由于有的地区样本量少，数据没有价值，所以参考农业部门的统计公告。P2 草原植被覆盖度：由于样本中没有给出相关统计数据，只能参考农业部门发布的统计数据。P4 沙尘暴次数、P5 风灾次数：数据以政府发布的草原监测报告为准。P8 现金补助、P9 粮食补助：每个地区样本处理的结果存在很大的不同，并且存在很多缺省值，所以参考相关国家的政策文件来处理数据。P11 恩格尔系数：恩格尔系数是指食品的消费支出占总支出的比重，样本中可以计算各地区的恩格尔系数，但是因为样本量偏小，计算得出的恩格尔系数不足以代表本地区的恩格尔系数，所以相关数据来自统计部门。P12 交通方便指数：这个指标以牧民家和最近公路的距离来界定，然后再进行加权平均得到地区的交通方便指数（见表 9.6）。P13 牧民对工程的满意度：这个指标以牧民对"退牧还草"工程的意见比如支持或反对的比例来界定。其他指标见表 9.7。

表 9.6 交通方便指数

家与公路的距离（公里）	0~1	1~5	5~8	8~10	10~15	15~20	20~25	25~30	>30
交通方便指数	10	9	8	7	6	5	4	3	2

表 9.7 指标体系历年数据对比

指标	"退牧还草"前（2002 年）	2004 年	2006 年	2008 年
P1 草场平均产鲜草量（公斤/公顷）	1910	2230	2118	2351
P2 草原植被覆盖度（%）	40.2	47	58	60
P3 鲜草高度（cm）	19	27	31.1	35.5
P4 沙尘暴次数（次）	13	8	8	6
P5 风灾次数（次）	36	27	20	17
P6 畜牧业产值（亿元）	267	374	487	699
P7 人均 GDP（元）	8162	12767	20053	32214
P8 现金补助（元/亩）	0	2.32	2.54	2.81
P9 粮食补助（公斤/亩）	0	5.5	5.5	5.5
P10 牧民人均纯收入（元）	2267	2606	3342	4656
P11 恩格尔系数	43.4	41.3	41	39
P12 交通方便指数	3.8	5.6	7	6.9
P13 牧民对工程的满意度（%）	0	38	65	62
P14 农林牧渔业劳动力占农村劳动力比重（%）	36.60	37.98	39.37	39.69

资料来源：《内蒙古草原监测报告》、《内蒙古国民经济社会统计公告》、农业部《全国草原监测报告》、中经网数据。

2.2 数据描述性统计

表 9.7 显示了"退牧还草"工程的大致效果，为下面实证分析做了

铺垫。这些数据很多来自官方的统计公告。从表9.7看到P1草场平均产鲜草量有了很大的提高，从2002年每公顷1910公斤增加到2008年的2351公斤，增加了23.09%。每一年的鲜草产量受到天气极大的影响，2006年天气比较干旱，产量只有2118公斤，但是相对于2002年还是有10.89%的提高，这也说明了"退牧还草"工程确实对草原生态的恢复起了很重要的作用。另一个权重较大的指标P2草原植被覆盖度也有很大的提高，从2002年的40.2%增加到2008年的60%。

另外，沙尘暴的次数也大幅度下降，2002年发生了13次，而2008年只发生了6次，这与老百姓的感受相差不多，大部分老百姓觉得这几年内地发生沙尘暴的次数大幅下降了，甚至几乎察觉不到，完全不像20世纪90年代末那样频繁，这也说明了"退牧还草"工程和其他生态工程的有效性。虽然"退牧还草"工程的实施要求禁牧、休牧和划区轮牧，但是由于牧业采取了集约化经营和产业化，因此内蒙古这几年的畜牧业产值有了很大的增长，2002年的畜牧业产值是267亿元，到2008年则增长到699亿元，是2002年产值的2.62倍。国家依据政策标准给牧民发放补助，"退牧还草"工程实施后补助变化幅度不大。

有一些建设补助由于各地区之间的差异很大，没有包括在本节的评价体系当中。"退牧还草"工程的实施对于牧民的生产生活也产生了很大的影响，所以指标体系中有一些指标反映社会影响。比较乐观的是由于国家实施"退牧还草"工程，牧区也进行了一些基础设施建设，农牧户的生活便利度，比如农牧民的交通方便指数有了很大的提高。刚开始实施"退牧还草"工程时禁止放牧，牧民对工程有些抵触，所以2004年时牧民对工程的满意度只有38%。随着工程的逐步开展、深入，政府加大了投资，牧民的生活变得方便了，生态环境明显好转，收入随着产业化、集约化经营提高了，所以牧户对工程的支持度也大幅度提高，2008年牧民的满意度提高到62%，多数牧民对"退牧还草"表示满意。

2.3　属性集的规范化以及实证分析

根据属性集的规范化和"退牧还草"工程综合绩效评价体系，对内蒙古"退牧还草"工程前后几年进行绩效评价对比，计算出"退牧还草" 评价属性值矩阵 (见表9.8) 和 "退牧还草" 评价规范值矩阵 (见表9.9)。

表 9.8 "退牧还草" 评价属性值矩阵

指标	权重	最大/最小	2002 年	2004 年	2006 年	2008 年
P1	0.2299	max	1910	2230	2118	2352
P2	0.1222	max	40.2	47	58	60
P3	0.0435	max	19	27	31.1	35.5
P4	0.1977	min	13	8	8	6
P5	0.0396	min	36	27	20	17
P6	0.0363	max	267	374	487	699
P7	0.0073	max	8162	12767	20053	32214
P8	0.0311	max	0	2.32	2.54	2.81
P9	0.0311	max	0	5.5	5.5	5.5
P10	0.1552	max	2267	2606	3342	4656
P11	0.0513	min	43.4	41.3	41	39
P12	0.0273	max	3.8	5.6	7	6.9
P13	0.0098	min	0	38	65	62
P14	0.0177	max	36.60	37.98	39.37	39.69

表 9.9 "退牧还草" 评价规范值矩阵

指标	权重	最大/最小	2002 年	2004 年	2006 年	2008 年
P1	0.2299	max	0.8122	0.9483	0.9007	1
P2	0.1222	max	0.6700	0.7833	0.9667	1
P3	0.0435	max	0.5352	0.7606	0.8761	1
P4	0.1977	min	0	0.38462	0.3846	0.5385
P5	0.0396	min	0	0.25	0.4444	0.5278
P6	0.0363	max	0.3818	0.5356	0.6965	1
P7	0.0073	max	0.2534	0.3963	0.6225	1
P8	0.0311	max	0	0.8256	0.9039	1
P9	0.0311	max	0	1	1	1
P10	0.1552	max	0.4870	0.5598	0.7177	1
P11	0.0513	min	0	0.0484	0.0553	0.1014
P12	0.0273	max	0.5429	0.8	1	0.9857

续表

指标	权重	最大/最小	2002 年	2004 年	2006 年	2008 年
P13	0.0098	min	0	0.5846	1	0.9538
P14	0.0177	max	0.0778	0.0431	0.0081	0

对以上多目标决策进行分析，并比较"退牧还草"实施前后几年的综合效益值，发现"退牧还草"工程初始评价为 0.6740，2004 年为 0.7589，2006 年为 0.6942，2008 年为 0.8254。这说明"退牧还草"工程效果比较显著。而 2006 年数据小于 2004 年，因为"退牧还草"综合评价指标体系中，P1 草场平均产鲜草量占据很大的权重，而 2006 年天气干旱，所以鲜草量比 2004 年减少很多，造成最后综合绩效值比 2004 年小。"退牧还草"工程是一个长期的过程，所以各种效益的显现不是一蹴而就的，从长期趋势来看，"退牧还草"工程获得了较好的生态效益。

第三节　"退牧还草"对牧户的影响

3.1　对农牧民收入的影响

我们使用退牧前和 2006 年的数据来对该部分进行分析，两期数据的描述性统计见表 9.10。牧户出于各种原因，对有些问题没有做出回答，造成样本数据缺失，而使退牧前后两期的样本数不一样。在户均年纯收入中，参与"退牧还草"工程的锡林浩特市以及通辽市只有少量的样本，所以代表性不强。总之，在这 7 个地区中，只有锡林郭勒盟和呼伦贝尔市的牧户户均年均纯收入较退牧前下降了，分别下降了 37.73% 和 28.36%。其他地区的户均年均纯收入都增加了，其中兴安盟的增长率达到 50.49%，通辽市增长了 50.00%。

畜牧业是内蒙古牧区的支柱产业和牧民收入的主要来源。"退牧还草"工程在短期内会不可避免地影响牧民的牧业收入，但随着"退牧还草"工程的开展，牧民的生计方式会发生很大变化，牧业经营方式也可能由之前粗放式转变为集约化经营，比如舍饲。分析退牧前后牧民牧业纯收入的变化具有重要意义，这可以看出牧民是否在"退牧还草"的几年中适应了新的经营方式。具体数据见表 9.11。

表 9.10　退牧前后户均年纯收入变化情况

单位：户，万元，%

地区	样本数		最小值		最大值		均值		均值差	
	退牧前	2006年	退牧前	2006年	退牧前	2006年	退牧前(a)	2006年(b)	差值(b-a)	比率(b-a)/a
兴安盟	39	39	0.20	-0.87	2.00	10.74	1.03	1.55	0.52	50.49
锡林郭勒盟	46	51	0.08	-2.31	1.50	9.00	2.20	1.37	-0.83	-37.73
锡林浩特市	11	11	0	0.11	5.00	6.47	0.98	1.13	0.15	15.31
通辽市	9	9	0.03	0.04	0.09	0.12	0.06	0.09	0.03	50.00
呼伦贝尔市	17	24	0	0.23	15.00	12.00	4.69	3.36	-1.33	-28.36
鄂尔多斯市	29	29	0.10	0.20	4.60	4.80	1.54	1.79	0.25	16.23
赤峰市	76	76	0	-2.97	7.00	13.25	1.60	1.95	0.35	21.88

表 9.11　各地区退牧前后户均牧业年收入变化情况

单位：户，万元，%

地区	样本数		最小值		最大值		均值		均值差	
	退牧前	2006年	退牧前	2006年	退牧前	2006年	退牧前(a)	2006年(b)	差值(b-a)	比率(b-a)/a
兴安盟	33	40	0	-1.05	1.50	12.06	0.52	1.12	0.60	115.38
锡林郭勒盟	43	48	0.08	-1.28	15.00	9.00	2.24	2.10	-0.14	-6.25
锡林浩特市	9	9	0.15	0.11	13.00	12.00	2.11	2.47	0.36	17.06
通辽市	9	9	0.44	0.48	2.06	2.05	0.89	1.05	0.16	17.98
呼伦贝尔市	17	23	0	0.23	15.00	12.00	4.20	3.08	-1.12	-26.67
鄂尔多斯市	23	22	0.49	0	4.60	4.00	1.59	1.49	-0.10	-6.29
赤峰市	72	74	0.10	0	7.00	4.00	1.63	1.84	0.21	12.88

　　表 9.11 显示出一个有意思的现象。"退牧还草"前，样本的最小值没有负数，说明当时的牧业即使不赚钱也不会赔钱；但 2006 年的数据中，兴安盟和锡林郭勒盟的最小值分别为 -1.05 万元和 -1.28 万元，表明有牧户赔钱了，这说明牧业集约化经营存在很大风险。统计调研问卷发现，兴安盟 2006 年牧业纯收入为负的牧户有 19 户，约占 2006 年样本量 40 户的一半，其中牧户收入负值最大的为 -1.67 万元，平均收入为 -0.55 万元。相对来说锡林郭勒盟的情况更严重一些，2006 年牧业收入为负的有 27 户，其中牧户收入负值最大的为 -7.01 万元，平均收入为 -1.93 万元。这在很大程度上是疾病和恶劣天气所致。

　　比较各地牧户牧业年收入均值也可以发现集约化经营存在不确定性。其中兴安盟 2006 年的平均牧业纯收入较"退牧还草"前增长了 115.38%，由 0.52 万元增长到 1.12 万元，但是兴安盟有很多样本收入为负值，这说明了这 40 个样本之间存在很大的差异，从标准差也可以看出这一点。从增长的情况来看，锡林浩特市增长了 17.06%、通辽市增长了 17.98%、赤峰市增长了 12.88%。从减少的情况来看，锡林郭勒盟和鄂尔多斯市都降低了 6% 左右；呼伦贝尔市的降幅最大，由 4.20 万元减少到 3.08 万元，降低了大约 27%。总之，面对激烈的市场竞争以及突发恶劣天气的影响，牧业经营要面临着比"退牧还草"前更波动的风险。

　　"退牧还草"工程的实施对牧民的生计方式产生了重要影响。禁牧休牧使牧业经营的面积减少了，一些牧民的收入减少了，并出现了剩余劳动力，于是牧民开始拓宽其收入来源，积极外出打工。

　　总体来说，"退牧还草"以后，这 7 个地区外出务工的收入都有很大增幅，但是要注意样本量的问题，由于数据缺失值较多，或者样本量小，比如锡林浩特市只有 20 个有效样本，参加"退牧还草"的样本只有 12 户，但是没有一户农户外出打工的；而通辽市的 9 户外出打工牧户可能由于没有做详细记录或者记录员的疏忽，退牧前的外出打工收入没有记录（见表 9.12）。

表 9.12　各地区退牧前后户均外出务工收入变化情况

单位：户，元

地区	样本数		最小值		最大值		均值		退牧前后打工差异	
	退牧前（a）	2006 年（b）	退牧前	2006 年	退牧前	2006 年	退牧前（c）	2006 年（d）	人数（b−a）	收入（d−c）
兴安盟	1	1	5000	100	5000	100	5000	100	0	−4900
锡林郭勒盟	4	10	5	0	5000	21600	1593	6940	6	5347
锡林浩特市	0	0	0	0	0	0	0	0	0	0
通辽市	9	9	0	0	0	7000	0	1111	0	1111
呼伦贝尔市	6	8	24000	24000	24000	24000	6500	8875	2	2375
鄂尔多斯市	13	12	0	0	1000	33000	76.9	6458	−1	6381.1
赤峰市	11	13	277	0		2000	1091	3277	2	2186

比较退牧前后的数据发现，锡林郭勒盟参与"退牧还草"的 62 个牧户中，退牧前只有 4 户外出打工，但是 2006 年有 10 户外出打工，虽然相对于 62 户的比例不是很大，但从总的趋势来看，会有越来越多的牧户外出打工增加收入。从均值来看，锡林郭勒盟的户均打工收入由退牧前的 1593 元增长到 2006 年的 6940 元，增长了 3 倍多。鄂尔多斯市和赤峰市的年均打工收入也有很大增幅，其中鄂尔多斯的打工收入最大值由退牧前的 1000 元增长到 2006 年的 33000 元。而兴安盟由于只有 1 个有效样本，打工收入由退牧前的 5000 元减少到退牧后的 100 元，不具代表性，可以忽略不计。

从对内蒙古地区整体样本的分析来看，参与"退牧还草"工程的牧户中，54.2% 的牧户年均纯收入有所增加，43.0% 的牧户年均纯收入有所减少，2.9% 的牧户年均纯收入没有变化。在年均牧业纯收入方面，48.6% 的牧户牧业纯收入增加，48.2% 的牧户牧业纯收入减少，剩下 3.2% 的牧户牧业纯收入基本没有发生变化。通过对比参与"退牧还草"工程牧户退牧前后的三种收入（见表 9.13），可以发现各地区牧户的年均收入差距较大，存在较大的地区发展不平衡，应该引起有关部门的关注。

表 9.13　牧民收入变化（以户为单位）

单位：万元

地区	年均纯收入		年均牧业纯收入		外出务工收入	
	退牧还草前	2006 年	退牧还草前	2006 年	退牧还草前	2006 年
兴安盟	1.03	1.55	0.52	1.12	0.50	0.01
锡林郭勒盟	2.20	1.37	2.24	2.10	0.16	0.69
锡林浩特市	0.98	1.13	2.11	2.47	0.00	0.00
通辽市	0.06	0.09	0.89	1.05	0.00	0.11
呼伦贝尔市	4.69	3.36	4.20	3.08	0.65	0.89
鄂尔多斯市	1.54	1.79	1.59	1.49	0.01	0.65
赤峰市	1.03	1.55	0.52	1.12	0.50	0.01

3.2　饲养结构变化

"退牧还草"工程实施以后，牧民的放牧方式也发生了很大的变化，由传统的粗放式经营转变为集约化经营。禁牧后要求牲畜舍饲圈养，牧民逐渐开始琢磨怎样才是科学喂养，如何添料才能把羊只的产量提高，如何才能减少羊的发病率，因此对技术支持的需求也增加了。进行舍饲圈养的农牧民认为，要科学养殖，改变原有养殖观念，如扩大棚圈、增加养殖设备、使用饲料等。因此，"退牧还草"的实施对农牧民的养殖结构产生了影响。

从总体来看，项目实施后，1/3 的牧户增加了牛羊的饲养量，将近2/3 的牧户减少了牛、羊的饲养量。对于羊的数量变化，从地区来看，兴安盟、锡林浩特市、通辽市的牧户实施"退牧还草"项目后饲养的羊数量有所增加，其中兴安盟增长 0.6%；锡林浩特市户均养殖数量增长率为 140.7%，由平均养殖 454 只增加到 1093 只；通辽市户均养殖数量由 53 只增加到 62 只，增幅为 17.0%。其他四个地区户均养殖数量下降，降幅在 20%～30%。不过从地区横向对比来看，锡林浩特市的牧户户均养殖羊的数量最多，退牧前为 454 只，2006 年为 1093 只（见表 9.14）。

表 9.14　"退牧还草"前后牧民养殖结构的变化（以户为单位）

地区	羊（只）		肉牛（头）		奶牛（头）	
	退牧前	2006 年	退牧前	2006 年	退牧前	2006 年
兴安盟	155	156	36	37.5	11.25	7.25
锡林郭勒盟	333	249	33.4	22.5	16.0	4.4
锡林浩特市	454	1093	23.7	14.3	60.0	35.0
通辽市	53	62	10.8	12.4	0.0	0.0
呼伦贝尔市	344	272	22.7	22.5	7.8	11.8
鄂尔多斯市	207	147.	7.6	5.2	0.0	6.5
赤峰市	161	114	26.6	28.6	12.5	11.8

从肉牛的数量变化来说，兴安盟、通辽市、赤峰市的牧户实施"退牧还草"后饲养的肉牛数量有所增加，不过增幅不大，其中通辽市的牧户户均养殖数量增长率最高，达到 14.8%；这 7 个地区中，兴安盟户均饲养肉牛的数量最多，2006 年达到 37.5 头。呼伦贝尔市的户均养殖数量基本没有变化，其他三个地区户均养殖数量项目实施后下降，降幅平均在 30%～40%，锡林浩特市降幅最大达到近 40%。

从奶牛的数量变化来说，呼伦贝尔和鄂尔多斯的牧户项目实施后饲养的奶牛数量增加，其中鄂尔多斯市在退牧前未养殖奶牛，退牧后平均每户养殖的奶牛数量为 6.5 头；而呼伦贝尔市的户均奶牛数量增长了51.3%，由 7.8 头增加到 11.8 头。通辽市的样本农户中没有养殖奶牛。其他四个盟市的奶牛数量有所下降，其中锡林郭勒盟的数量由 16.0 头下降到4.4 头。

以 1 头肉牛或 1 头奶牛折 4 只标准羊来算，锡林浩特市的牲畜数量从"退牧还草"项目实施前的 788 只标准羊上升到实施后的 1290 只标准羊。牲畜饲养结构由之前的羊牛（折合标准羊）比为 1.36 变为项目实施后的 5.54。不仅牲畜饲养结构变得以羊为主，而且数量剧增。尚不清楚牲畜结构变化对草地利用效果的影响，但随着"退牧还草"的实施，一方面可放牧草地面积缩小，另一方面牲畜数量增多，这将给草原环境带来不利影响。

第四节　牧民生产性支出变化

"退牧还草"以后，很多牧民采取舍饲的方式圈养牲畜。这种方式给牧业生产带来了一些影响。首先，舍饲在无形中增加了牧民对草料的重视，很多牧民不得不大幅增加草料的支出，即要么直接购买草料，要么租赁他人的打草场。其次，牧户增加了固定资产投资。为了便于舍饲，牧户需要建立棚圈，圈养牲畜并存放饲草料；还需要挖井或修建机井，为喂养的牲畜提供饮用水和生活用水。最后，牧户增加了喂食、喂水和清扫等的用工量，如果牧户家中没有水井，牧户还需要人工拉水来饮牲畜，导致人工成本大量增加。表 9.15 显示了退牧前后增加舍饲喂养而带来的生产性支出的变化，这些变化中尚未包括劳动力成本和打井的支出，或牧户买水拉水的开销。

表 9.15　内蒙古地区牧户退牧前后生产性支出变化

项目	退牧前	2006 年	增长率（%）
外购草（元）	3361	6075	80.75

续表

项目	退牧前	2006 年	增长率（%）
外购料（元）	1826	3622	98.36
其他建设支出（元）	5585	8525	52.64
棚圈（平方米）	205	933	355.12

从表 9.15 可以看出，退牧后牧户的生产性支出较退牧前快速增长。由于禁牧、休牧、划区轮牧的实施，牧民需要购入大量饲草料，外购草的支出增长率达到 80.75%，从退牧前的 3361 元增加到 2006 年的 6075元；外购料的支出从 1826 元增加到 3622 元，增幅达到 98.36%；其他建设支出增幅也达到 52.64%；而增幅最大的是棚圈的建造量，因为"退牧还草"之前的养殖方式是放牧，退牧后舍饲养殖，需要进行大量的基建投资，退牧后棚圈的户均建造面积 2006 年增加到 933 平方米，增幅达到 355.12%。此外，36.59% 的牧户表示退牧后牧业用工量增加，44.88% 的牧户表示没变化，而 18.54% 的牧户表示用工量减少。由于各个地区的经济发展水平不同、牧户收入不同、生态环境不同，"退牧还草"对不同地区的影响存在差异性。

从表 9.16 可以明显看出，不管哪种支出在各个地区的变化趋势都大致相同，几乎都是退牧后比退牧前增长了很多，只有兴安盟的外购草、外购料支出退牧后比退牧前少，通辽市、赤峰市的其他建设支出退牧后比退牧前少。值得注意的是，鄂尔多斯市退牧后外购草、外购料达到 20194元/户，这是一个很高的数字，当然这与鄂尔多斯户均养殖数量有关。

表 9.16　各地区牧户生产性支出变化

单位：元

地区	外购草		外购料		其他建设支出	
	退牧还草前	2006 年	退牧还草前	2006 年	退牧还草前	2006 年
兴安盟	2320	2058	1981	1483	500	3000
锡林郭勒盟	2320	6979	2582	4975	8383	33425
锡林浩特市	1750	12555	0	5085	0	0
通辽市	111	333	0	53	906	277
呼伦贝尔市	5615	13684	0	2000	0	3000

地区	外购草		外购料		其他建设支出	
	退牧还草前	2006 年	退牧还草前	2006 年	退牧还草前	2006 年
鄂尔多斯市	5956	11217	2462	8977	4075	4675
赤峰市	1514	3811	1199	2042	8968	3315

　　由于调查问卷只设计了退牧前后户均纯收入、养殖结构以及生产性支出的问题，只能从直观上看出退牧后的确比退牧前生产性支出成本增加了许多，没法比较退牧前后生产性成本在牧户总成本中的比重变化趋势。由于数据的问题，我们只能得出 2006 年生产性支出占牧户总收入的比重，不过调查问卷设计了一些让牧户评价"退牧还草"工程的问题，这从一个侧面可以反映普通牧户对于工程的态度以及面临的困难，下面一节介绍了牧户对于工程的响应以及普通牧户眼中的"退牧还草"工程。

第五节　"退牧还草"工程在牧民中的响应

　　"退牧还草"工程能否有效实施在很大程度上取决于"退牧还草"的主体——牧户的态度，所以分析总结牧户对"退牧还草"的态度以及牧户面临的困难对于"退牧还草"工程长久持续的有效运作至关重要。下面基于调查问卷设计的问题，总结了几个方面来说明牧户对"退牧还草"工程的一些看法。

　　禁牧与生态恢复。54%的被调查牧民认为禁牧有利于草场恢复；23%的牧民认为草场恢复主要靠天气，禁牧对草场恢复作用不大；剩下23%的牧民认为禁牧虽然有助于恢复退化草场，但由于偷牧现象普遍，禁牧效果不够理想。

　　"退牧还草"与当地生态环境。有48%的牧民认为"退牧还草"之后当地的草原生态环境"变好了"；近一半牧户认为"退牧"之后当地生态环境"基本没变化"；而少量牧户（4%）却认为"退牧"之后当地的生态环境"恶化了"。

　　禁牧的补偿标准和态度。在有村级调查的 16 个村中，有 8 个村 2007年禁牧草场的补偿现金额度为 4 ~ 5 元/亩，其他 8 个村的补偿标准都低

于 4 元/亩。在被调查的 7 个有饲草料补偿的村中，有 4 个村的补偿标准
为每亩 3.6 公斤，其他 3 个村的每亩补偿标准分别为 4 公斤、3 公斤和
1.4 公斤不等。在牧户层面，62% 的被调研牧户认为补偿标准低，25%
的牧户认为还行，其余牧户没有表态。关于牧户对于禁牧的态度，
59.7% 的牧户对禁牧持赞成态度；17.4% 的牧户持反对态度；22.9% 的
牧户未表态。

项目与牧户生计。四成被调查牧民认为，从短期来看，项目的实施
增加了牲畜的饲养成本，但从长期来看，项目的实施有利于草场的恢复；
六成牧户表示，项目实施后他们饲养牲畜的成本增加了，但牧业收入减
少了。约 10% 的牧民表示他们的牲畜饲养成本和牧业收入在项目实施后
没有大的变化；一半多的牧民表示他们养殖的牲畜数量和收入减少了；
还有近一成的牧民认为项目实施不仅影响了他们的收入，还影响了其他
方面。

休牧的补偿标准和对休牧的看法。一半牧民认为休牧的补偿标准低。
多数地方 2007 年休牧草场的补偿标准以现金计，每年不足 1 元/亩，饲
草料不足 0.5 公斤/亩。认为可以接受这一休牧补贴标准的有 18 户，占
12%；认为低的占 75%，有 116 户。牧民对于休牧项目的看法和禁牧的
差不多。一半被调查牧民认为休牧有利于恢复草场，应该坚持休牧；近
一成牧民认为休牧对草场恢复的作用不大，没有必要坚持；约四成牧民
认为虽然休牧对草地恢复有些效果，但增加了牧民的饲养成本，因此很
难坚持。

"退牧还草"补贴年限。只有少量牧民（6.4%）认为退牧补贴年限
可以在 8 年以下；一成以上的牧民希望补贴年限为 8~15 年；希望补贴
15~20 年的牧民不足半成（4.7%），希望补贴 20 年以上的牧民达一成
以上（10.3%）。半数以上（56.8%）的牧民希望只要休牧就进行补贴。

"退牧还草"期间的"偷牧"。超过三成（32.2%）的被调查牧民认
为偷牧现象比较普遍；四成牧民认为存在偷牧，但不多；还有近三成
（27.8%）的牧民认为基本没有偷牧。而对于偷牧现象，四成以上
（43%）的牧民认为不应该，认为饲养成本高导致了偷牧。60% 的样本
牧户认为减轻偷牧主要靠提高补贴，20% 的牧户认为靠加强监管，20%
的牧户认为应该加强教育。

上述几个方面大致反映了牧民对于"退牧还草"工程的基本态度。总体来看，牧民比较支持项目的开展，认为项目改善了环境，草原的生产力有所恢复，这与上文的"退牧还草"综合绩效评价相符合。牧民支持禁牧、休牧等措施的实施，但同时认为国家应该提高补贴标准，延长补贴年限；牧民认为项目的开展使得牧民的饲养成本增加了，对收入产生了不利影响，并且导致了偷牧现象。另一个值得注意的是，牧民反映，饲草料不足以及资金短缺是项目实施后遇到的最大困难。因此，基于以上牧民的态度，我们认为国家应该在财政条件允许的情况下，适时加大对农牧民的补贴，并且在金融政策方面予以牧民相应的低息贷款支持，以促进"退牧还草"工程的健康持续开展。

第六节　小结

本章基于国务院发展研究中心 2007 年在主要牧区的调研数据，以内蒙古自治区为例，采用多目标评价方法评估了"退牧还草"工程的效果。研究发现，牧民认为退牧后生态环境变好了，草原生产力提高了，并且改变了牲畜的饲养方式，由放养转变为舍饲圈养。此外，大部分牧民支持国家开展"退牧还草"工程，认为这个工程给草原带来了好处，草原恶劣的气候灾害少了，比如说沙尘暴、风灾相对于退牧前减少了很多。但也应该注意到，参加"退牧还草"工程的牧户收入普遍比没参加的牧户收入水平低，因此牧民希望国家提高补贴标准，不管是从牧民采访还是从数据分析都可以发现，退牧后购买饲草料的支出是牧民的一个沉重负担，因为禁牧后牲畜只能圈养。分析牧民收入发现，个人投资以及国家财政补贴对于牧民的收入有很大影响，这就需要国家做好"退牧还草"的配套措施，比如要加大对农牧民的金融支持以及科技培训；对牧民进行教育扶持，提升其就业能力，并解决其子女的教育问题，为他们进行非牧就业做好准备。

总体而言，"退牧还草"工程从项目刚实施的头几年来看，是一项有效的公共政策。但效果能够持续多久，需要更多的研究。不过，评估中没有考虑到畜产品市场和要素市场环境发生的变化，这可能会在一定程度上影响政策评估结果的准确性。如牲畜结构和数量的改变可能受市场因素的影响较大。文中单纯比较退牧前后牲畜数量的变化，无法反映市场的作用。此外，各地区调研样本偏小，不一定能够全面代表"退牧还草"牧户的真实状况。这可能也在一定程度上影响了政策评估的最终结果。

　　根据作者 2016 年 7 月对内蒙古阿拉善的实地调研，牧户普遍反映，退牧头 5 年草原生态正向恢复的效果较为明显，但超过 5 年的话，就可能引起草地的另类退化。阿拉善盟有些地方的草地禁牧了 10 年之久。对此，牧民抱怨，因缺少牲畜的适度干扰，草地上动植物的多样性严重减少。草原生态学家认为，动植物之间存在协同进化。在多年禁牧的草地上，由于缺少动物的刺激，植物群落容易遭到退化。尽管"退牧还草"在很多退化草场上是一项有效的公共政策，但需要因时因地采用，并适时进行调整，不可形成惯性，认为禁牧时间越长就越有利于草原生态的维护。

第10章 "生态补奖"政策落实
及牧户偏好[*]

推进生态文明建设是党的十八届三中全会公报的重要内容之一。随着经济的发展，作为广大牧民生计资本和我国西北地区乃至全国生态屏障的草原在掠夺式经营下遭到严重的破坏，这极大地威胁着我国的生态文明建设。我国曾在很多方面做过努力，试图恢复草原生态，如启动"京津风沙源治理"工程和"退牧还草"工程等。但这些政策实施的规模比较小、力度不够大，加上气候变化等自然因素，草地治理的结果呈现"局部好转、总体恶化"的趋势。以内蒙古为例。目前，全区退化草原面积已达到3900万公顷，占可利用草地面积的51.8%，并且草原退化仍在以平均每年80万公顷的速度扩展（李云鹏等，2011）。同时，生态恶化等使得牧民增收速度相对低于农民的增收速度，"三牧"问题因此变得比"三农"问题更加尖锐。

遏制草原持续恶化、恢复草原生态已刻不容缓。为此，2010年10月12日召开的国务院常务会议决定自2011年起，全面建立草原生态保护补助奖励（以下简称"生态补奖"）机制。2011年8月，在内蒙古呼伦贝尔召开了全国牧区工作会议，会上强调牧区在我国经济社会发展大局中具有特殊战略地位，并号召切实加强草原保护建设。这是时隔24年后再次召开的同类会议。为尽快落实这一会议精神，"生态补奖"政策当年就在内蒙古等地得以实施。与以往不同的是，这一政策涉及的范围广，包括内蒙古、新疆、西藏、青海、四川、甘肃、宁夏和云南8个主要草原省区的约200万牧户；覆盖面积大，涵盖了我国主要牧区的土地面积；延续时间长，5年为一个补助周期；实行的力度大，国家每年拿出134亿元，对8个省区的相关牧户进行补助。截至2013年1月25日，仅内

[*] 资料来源：谭仲春、张巧云、谭淑豪等：《典型草原牧区"生态补奖"政策落实及牧户偏好研究》，《生态经济》2014年第10期。

蒙古就已发放草原生态保护补助奖励资金约 68 亿元，其中 2011 年发放了 34.8 亿元，2012 年发放 33.2 亿元（白琥，2013）。草原"生态补奖"的目的，在于促进牧业生产生态有机结合、生态优先，以使牧区社会经济又好又快发展。

"生态补奖"政策在草原牧区实施两年来，情况如何？牧民对此的意愿怎样？"生态补奖"能否达到有效治理草原生态环境的目的？本文采用 2012 年 5～7 月对锡林郭勒盟牧户的实地调研，并结合 2012 年 4 月于呼和浩特以及 2013 年 4 月对有关业务和管理部门的调研，从"生态补奖"机制的补偿对象、补偿方式和补偿标准三个方面探讨政策的落实情况，以及牧户接受"生态补奖"的偏好与实际补偿之间的差距。研究可望提高"生态补奖"等生态政策的实施效果，拓宽国内有关生态补偿政策的研究，为今后草原生态政策的制定和落实提供参考依据。

第一节　调查区及其政策实施概况

锡林郭勒盟位于内蒙古自治区中部，属中温带半干旱大陆性气候，年平均气温 2℃，年降水量 150～400 毫米，无霜期 90～130 天，人口 111.57（2021 年）万，土地面积 20.3 万平方公里，其中可利用草场面积约 18 万平方公里，占土地总面积的 89.85% 和全自治区草场面积的 20%。

锡林郭勒盟草原主要包括草甸草原、典型草原、荒漠草原以及沙地植被。齐全的草场类型和繁多的动植物种类等，使锡林郭勒草原成为世界四大草原之一。然而，作为内蒙古最大的草原区，锡林郭勒有近 64% 的草原面积遭到退化，其中中轻度退化约占 34.77%，重度退化与严重退化分别占 13.97% 和 13.54%（李政海等，2008）。如果考虑到草场的其他质量指标，如牛羊喜食性草种的比例、草场的物种多样性以及单位面积草场的产量等，退化则更为严重。锡林郭勒草原类型、牧业生产和草场退化方面的典型性和代表性，使其成为生态治理的重点区域，也是这次"生态补奖"政策的试点区域之一。因此，锡林郭勒草原作为研究对象，可以代表我国典型的草原牧区。

这项有史以来对草原生态投入资金最大、涵盖面最广的政策主要针对草场管理的两大主体——草场和牧民。在对生存环境恶劣、草场退化严重、不宜放牧的草原实施禁牧时，由中央财政按 6 元/亩的标准给予补助；而对禁牧区之外的可利用草原，中央财政根据核定的合理载畜量，按 1.5 元/亩的标准对未超载放牧的牧民给予奖励。对牧民进行培训，并通过大力发展牧区教育来促进牧民转移就业。此外，该政策还对牧民的生产性资料给予补贴，如牧区畜牧和牧草良种（对人工草场按 10 元/亩的标准给予补贴），并按 500 元/户的标准对牧民进行生产资料综合补贴（张伟，2013）。

由于覆盖范围广、补贴力度大，自 2011 年 6 月"生态补奖"政策正式启动以来，内蒙古当年全区 73 个旗县中，有 39 个旗县完成了任务落实及实施方案编制工作，已核实补奖机制实施面积 5.6 亿亩，占计划面积的 55%（赵鸣骥，2011）。就锡林郭勒盟而言，该政策惠及 1.83 亿平方公里草场，涉及 7.3 万牧户，23.8 万人，投入资金 8.4 亿元。其中，阶段性禁牧 4006 万平方公里，草畜平衡 14300 万平方公里，牧民生产资料补贴 6.04 万户，草种良种补贴 125 万平方公里。全盟各级财政共计投入 1.5 亿多元。锡林郭勒盟"生态补奖"政策的落实工作走在了全国的前列。

然而，仅仅透过这些来自宏观层面的信息，很难判断"生态补奖"政策的未来效益。实际上，了解政策在牧户层面的具体情况以及牧民对此的想法更为重要，因为政策能否最终落实到位（这包括政策与牧民之间的相互作用，即政策对牧民的补奖，以及牧民对禁牧和草畜平衡的遵守）、遏制草原生态持续退化的目标能否实现，很大程度上取决于牧户层面政策的落实情况和牧户对政策的行为响应。

第二节   "生态补奖"政策在牧户层面的落实

为了了解"生态补奖"政策在牧户层面的落实情况和牧民对此的偏好，本研究于 2012 年 5 ~ 7 月对除阿巴嘎旗以外的锡林郭勒盟所有牧业旗的 224 户牧户进行了实地问卷调查。在所有被调查的牧户中，82% 即 184 户实施了草畜平衡，25% 即 56 户实施了禁牧，这其中有 27 户既实施了禁牧又实施了草畜平衡。不过，尚有 11 户不确定自家草场是否实施了

禁牧或草畜平衡。以下从补偿对象、补偿方式以及补偿标准三个方面对
"生态补奖"政策在牧户层面的落实情况进行分析。

2.1　补偿依据

"生态补奖"机制在锡林郭勒盟主要是按照草场面积或牧户家庭规
模来实施的（见表 10.1）。在已实施草畜平衡的牧户中，补偿依据为草
场面积的占被调查对象的 71.2%，而按家庭规模补偿的牧户仅占 4.3%。
此外，仍有近 1/4（24.5%）的牧户对草畜平衡补偿依据并不了解。而
在实施了禁牧的牧户中，按草场面积补偿的占 21.4%，按牧户家庭规模
补偿的占 35.7%。此外，高达 42.9% 的牧户表示，他们所获补偿是根据
其他依据进行的，如每年补贴饲料 2600 斤。

表 10.1　锡林郭勒盟"生态补奖"措施的补偿依据

单位：户，%

补偿依据	草畜平衡		禁牧	
	牧户数	占比	牧户数	占比
承包的草场面积	131	71.2	12	21.4
牧户家庭规模	8	4.3	20	35.7
其他	45	24.5	24	42.9
总计	184	100.0	56	100.0

资料来源：根据项目组实地调研整理。

"生态补奖"对象与区域有关。调查表明，就草畜平衡而言，除南
部沙地草原地区（如正蓝旗、正镶白旗和镶黄旗的一些苏木）以外，东
部草甸草原地区（如东乌珠穆沁旗和西乌珠穆沁旗的苏木）、中部典型
草原地区（如锡林浩特的一些苏木）和西部干旱草原地区（如苏尼特左
旗和苏尼特右旗的苏木）的补偿依据是牧户承包的草场面积。而就禁牧
而言，东乌珠穆沁旗和西苏尼特旗以承包草场面积为主要发放依据，而
西乌珠穆沁旗、正蓝旗、正镶白旗和镶黄旗则以牧户家庭为主要对象发
放补偿金。生态补偿依据有时甚至在同一苏木的不同嘎查也有所不同，
如满都拉图镇除乃木德勒嘎查补偿依据为承包的草场面积之外，其他
嘎查多以牧户家庭规模为依据进行补偿。这样的补偿依据会导致多人口

家庭获得的补偿较多,这对于人口少的牧户家庭而言不公平。

表 10.2 显示,以承包草场面积为依据发放补偿金的牧户多位于家庭人均收入相对较高、人均草场面积相对较大的地区,如东、西乌珠穆沁旗以及东、西苏尼特旗;而以牧户家庭人口为依据发放补偿金的牧户则位于人均收入低、草场面积小、人口密度较大的地区,如正蓝旗、正镶白旗和镶黄旗。

表 10.2　不同补偿依据主要分布地区及基本情况

牧区实际情况	承包草场面积		牧户家庭人口	
	草畜平衡	禁牧	草畜平衡	禁牧
户均人口(人)	3.9	3.9	3.25	3.65
户均家庭收入(万元)	10.90	13.60	5.10	6.90
人均草场面积(亩)	1462	1868	248	516
主要分布地区	东乌旗、西乌旗、东苏旗、西苏旗	东乌旗、西苏旗	正蓝旗、正镶白旗、镶黄旗	西乌旗、正蓝旗、正镶白旗、镶黄旗

资料来源:根据项目组实地调研整理。

2.2　补偿方式

补偿方式主要指补偿金的发放方式以及该政策的实施方式。其中,生态补偿金的发放方式比较一致,主要包括一次性发放及按比例分两次发放两种方式,而政策的落实则根据各地情况有所不同,主要体现在草畜平衡以及禁牧草场载畜量标准的差异上。

发放补偿金的方式。调研发现,各地依据不同情况采用不同的方式发放补偿金,多数地方采用一次性的方式发放,或按比例分两次发放。在被调查的 224 户中,有 11 户对生态补偿金的发放方式并不了解,213 户了解补偿金的发放方式。其中,62.0% 即 132 户补偿金一次性发放到位;32.4% 即 69 户的补偿金分两次发放;其余 5.6% 即 12 户的补偿金以其他方式发放,如先发放一部分,其他部分每月限额支取。

分两次发放的补偿金两次发放比例依据实际情况而定。部分地区如西苏尼特旗某镇第一次发放 70%,第二次发放 30%。还有些地区每次发放补偿金的一半或者第一次于当年 4 月发放补偿金的 60%,第二次于当年 11 月发放 40%。有些地区如正镶白旗某苏木的草畜平衡补偿金根据承包草场面积，第一次发放 1.2 元/亩，第二次发放 0.51 元/亩。

此外，自 2011 年实施草原"生态补奖"政策后，有些地区生态补偿金的发放方式也发生了变化。如镶黄旗某苏木 2011 年分两次发放补偿金，第一次发放 60%，第二次发放 40%，而 2012 年这一比例变成 70% 和 30%。

生态补偿金的落实情况也有所不同。2011 年一次性发放的补偿金基本落实到位，大部分分两次发放的补偿金也已全部发放到牧民手中。但在个别地区，牧民表示 2011 年补偿金第一次只发放了 60%，第二次本应发放的 40% 至今仍没有发放，而至我们调查的 2012 年 7 月中旬也只发放了 70%。

草畜平衡落实情况。除实行禁牧的牧户之外，锡林郭勒盟已对牧户全面落实草畜平衡政策，各地根据情况，制定了 20～60 亩/标准羊的草畜平衡标准。如正镶白旗为 20 亩/标准羊，西乌旗多为 25 亩/标准羊，东乌旗多为 30～40 亩/标准羊，而东苏尼特旗草场面积大但质量较低，因此对草畜平衡控制比较严格，多为 53 亩/标准羊。有些地方不同季节采用了不同的载畜量标准，如正镶白旗的宝力根陶海苏木规定夏季的载畜量标准为 22 亩/标准羊，冬季则为 27 亩/标准羊。再如镶黄旗巴彦塔拉苏木规定夏季为 24 亩/标准羊，冬季为 40 亩/标准羊。还有些地方根据牧户划定载畜量标准，如正镶白旗明安图镇陶海音呼都嘎查规定每户只能养 25 只标准羊，正蓝旗宝绍岱苏木奎苏河嘎查规定每户只能养 5 头牛，而镶黄旗新宝拉格苏木额勒斯太嘎查则规定载畜量标准为 25 只标准羊/人。

本研究对锡林郭勒盟的载畜情况进行了调查。根据当地载畜量标准（由牧户提供）以及牧户 2012 年的牲畜数量，核算了牧户当前的载畜情况（见表 10.3）。

表 10.3　牧户载畜情况

超载率（%）	户数（户）	占比（%）
<0	25	11.2
0～2	90	40.2
2～5	64	28.5

超载率（%）	户数（户）	占比（%）
> 5	45	20.1
合计	224	100.0

说明：超载率 =（实际牲畜数量 – 当地载畜量标准）/当地载畜量标准×100%。

资料来源：根据项目组实地调研整理。

表 10.3 显示，在牧户知道载畜标准的情况下，大部分牧户仍然选择了超载，载畜情况平均值为 3.27，有略高于 1/10 的牧户养畜未超过当地载畜标准。两成牧户的载畜率在 5% 以上，载畜率最高者达 47%。调查发现，有不少牧户表示知道自家牲畜已经超过当地的载畜标准，但依然选择超载。原因主要有以下两点：一是有经验的牧户能够根据牧区的降水情况和草场的质量状况，大致估算一个可以维持草场生态状况的载畜量标准进行放牧；二是很多牧户认为若按照政策规定的载畜量标准放养牲畜，放牧收入和生态补偿金收入的总和仍难以维持牧户正常的生产生活。此外，当地政府在牧区降水量充足、没有灾害的年份也会考虑适当放宽草畜平衡政策所规定的载畜量标准，而不向适量超载的牧户收取罚金。因此，超载的现象在牧区仍普遍存在。

禁牧政策的落实。禁牧通常指对草地实行一年以上禁止放牧利用的措施。禁牧政策在锡林郭勒盟的落实中有一些改变：一是禁牧形式的改变。当地规定，实施禁牧的牧户暂时可以按照较高的载畜量标准在自家草场进行放牧，如西乌旗为 80 亩/（羊·年），东苏旗为 90 亩/（羊·年），西苏旗为 100 亩/（羊·年）。二是禁牧时间根据草场质量情况做灵活变动。有些地区，如正镶白旗某苏木，根据当年草场质量状况决定政策意义上的休牧期。若草地沙化，则禁牧期为 1 年，若没有沙化则禁牧 2 个月。

调查发现，被访问的 56 户禁牧的牧户中，只有 2 户真正实施了禁牧，没有放养牲畜，有 2 户依照当地禁牧区载畜量标准没有超载。此外，根据调研，牧户想要实行禁牧并领取禁牧补贴需要满足一定的条件，因此出现了部分牧户申请禁牧却未批准的情况。可见，禁牧政策的实际落实还有待完善。

2.3 补偿标准

锡林郭勒盟"生态补奖"政策的补偿标准根据补偿对象的不同也分

为两种，且各地补偿标准受到当地财政情况影响而有所不同。

一是按草场面积补偿。在实施禁牧的牧户中，东乌旗补偿标准为6.36 元/亩，东苏尼特旗满都拉图镇某嘎查为 3 元/亩，巴彦淖尔镇某嘎查为 9 元/亩，西苏尼特旗补偿标准较低，约 1.5 元/亩。此外，东苏尼特旗部分地区还存在补偿饲料草料的情况，草料约为 25 公斤/亩，饲料约为 0.5 公斤/亩。在实施草畜平衡的牧户中，锡林郭勒盟大部分地区补偿标准均为 1.71 元/亩，东乌旗部分地区补偿标准为 1.17 元/亩，正镶白旗部分地区补偿饲料 0.5 公斤/亩。可以看出，按草场面积补偿的标准与当地的资源禀赋有关，草场质量高的地区，补偿标准相对较高。

二是按牧户家庭规模补偿。在实施禁牧的牧户中，锡林郭勒盟南部沙地草原地区的补偿标准为 3000 元/人，东部草甸草原地区为 5000 元/人，而西部荒漠草原地区为 6600 元/人。在实施草畜平衡的牧户中，按牧户人口发放补偿金的地区，如正蓝旗、正镶白旗、镶黄旗补偿标准均为 3000 元/人。

第三节　牧户接受补奖的偏好分析

牧民是草原最大和最直接的利用者，因此，要使草原"生态补奖"机制转化为牧民保护草场的自觉行动，最终实现良性治理草原生态的目标，不能不考虑牧民的行为和偏好。为此，本节不仅深入调查和细致分析了草原"生态补奖"在锡林郭勒盟的落实情况，同时也对"生态补奖"政策的直接受益人——牧民的受偿意愿进行了访谈和分析。问卷从补偿对象、补偿方式、补偿标准以及载畜量标准四个方面，了解牧民对当前"生态补奖"政策的想法（张伟，2013）。

3.1　补偿对象

当前"生态补奖"政策的补偿对象依据各地实际情况，分别根据牧户家庭人口规模或承包草场面积进行补偿。而政策的实际实施中，牧民是如何看待"生态补奖"发放依据的？在 224 份有效实地访谈问卷中，认为补偿对象应为承包草场面积的牧户人数最多，达 93 份，占总人数的41.5%；认为应以牧户家庭人口规模为补偿对象的有 88 份，占 39.3%；

而认为应依据牲畜规模进行补偿的有 12 份,认为生态补偿应兼顾承包草场面积和牧户家庭人口的有 17 份,认为应兼顾承包草场面积和草场维护投入或牲畜规模的有 11 人,分别占总样本数的 5.36%、7.59% 和 4.91%。此外,认为应依据草场维护投入进行补偿的有 3 份,不足样本总量的 2%。

可见,在牧户看来,草场承包面积是发放生态补偿金的一个最关键依据,而家庭规模也同样受到关注。锡林郭勒盟牧区草场类型多样,牧户情况也存在较大的差异。承包草场面积大、家庭规模小的牧户多支持依据草场承包面积进行补偿;相反,承包草场面积小、家庭人口多的牧户则大多支持依据家庭人口规模进行补偿。目前,实施范围较广的草畜平衡政策补偿对象 70% 以上为承包草场面积,补偿对象的选定标准相对单一。在调研中,不少牧户反映自草场承包到户以来家庭规模的增长使草场压力增加,而依据承包草场面积发放的"生态补奖"不能真正弥补牲畜减少所带来的损失,因此牧户的日常消费难以得到保障。

3.2　补偿方式

与农业生产不同,牧业生产具有高收入高成本的特点,生产收入和支出都具有季节性,且牧户大部分通过贷款来调节季节性的资金流动。生态补偿金作为牧民收入的一个重要部分,其发放方式对牧民的生产生活都会产生巨大的影响。在被调查的 224 户牧户中,73.7% 的牧户希望生态补偿金能够一次性发放到位,11.2% 的牧户希望能够分期发放,如分两次发放,5.8% 的牧户希望先发一部分,剩余部分每月限额支取,而 9.3% 的牧户表示对生态补偿金的发放方式没有特别的偏好。

牧民对于生态补偿金发放方式偏好的不同,有着不同的原因。希望一次性发放补贴的牧民一部分是由于一次性发放补偿金可以使其得到更好的利用,如偿还贷款、购买饲草料、做生意或用于其他生产生活中的重大支出,另外一部分则出于对基层政府的不信任,担心分期发放的生态补偿金难以及时落实到位。而希望分期发放的牧民则采用这种方式实现对补偿金的自我控制,防止生态补偿金被过度或无效利用。在调研中,对生态补偿金的发放方式不存在特殊偏好的牧民,大部分表达了对补偿金能够按时按量落实到位的期望,而不在乎政策实施的具体方式。

3.3   补偿标准

已实施禁牧和尚未实施禁牧的牧户，是如何看待禁牧政策的呢？在所有 224 户样本牧户中，认为"很有必要"实施禁牧政策的有 43 户，占 19.2%；认为"有必要"的有 78 户，占 34.8%；多达 80 户即 35.7%的牧户认为"没有必要"禁牧；而 10 户即 4.5%的牧户竟然认为"完全没有必要"；认为"无所谓和说不清楚"的有 13 户，占 5.8%。

表 10.4 为牧户对禁牧补偿标准的偏好情况。可以看出，能够接受禁牧政策的牧户随补偿标准的增加而增加。不过，约有 8.5%的被调查牧户无论补偿多少都不愿意放弃放牧，他们认为放牧是其一直以来唯一的生计来源，禁牧会影响其今后的生活，故自己无法接受。

表 10.4   禁牧补偿标准的接受情况

项目	3.2 元/亩		6.4 元/亩		12.8 元/亩		都不愿意
偏好	接受	不接受	接受	不接受	接受	不接受	—
户数（户）	5	65	36	150	62	95	19
占比（%）	7.1	92.9	19.4	80.6	39.5	60.5	8.5

资料来源：根据项目组实地调研整理。

3.4   载畜量标准

在了解当地载畜量标准的 165 户牧户中，高达 82.4%的牧户认为当地载畜量标准并不合理，仅有 14%的牧户认为当地载畜量标准合理，而另有 3.6%的牧户对该载畜量标准是否合理缺乏明确判断。大多数牧户认为，若按照当前的载畜量标准，牧户可以放养的牲畜规模难以维持生计。特别是在 2012 年当地气候条件较好、草场质量较高的情况下，该标准可以适当放宽。牧民认为的载畜量标准从 1 亩/标准羊到 70 亩/标准羊不等。在了解当地载畜标准的 165 牧户中，78%的牧户认为每个标准羊占有的草场应在 20 亩以下，其中认为应在 10 亩以下的牧户高达 41%，认为应在 10～20 亩的牧户为 37%。认为标准羊在 20 亩以上的牧户占 22%，其中 11%的牧户认为载畜标准应在 20～30 亩，6%的牧户认为应在 30～40 亩，而认为应在 40 亩以上的牧户只占 5%。表示不了解当地载畜量标准的牧户对于制定载畜量标准的依据，看法也有所不同。例如，有 4 户牧户认为载畜量标准应依据家庭人口规模制定，2 户认为牲畜规模应按户规定，6 户认为应根据气候情况而有所变动，2 户认为不应设载畜量限制。

调研发现，大部分牧户在满足生活水平，并综合考虑当年气候条件的情况下，对于载畜量标准都会有自己的衡量，从而避免发生过度放牧而破坏自家承包草场生态环境的行为。并且牧户所期望的载畜量标准往往高于政策所规定的标准，特别是在气候条件较好的年份，牧户希望能够在维持自家草场生态环境的同时，通过扩大牲畜规模提高收入水平，维持基本生产生活。这表明，"生态补奖"政策中所规定的载畜量标准使牧户牲畜规模大幅度降低，而生态补偿金在弥补牧户收入水平下降方面成效有限。

第四节　小结

作为我国面积最大的陆地生态系统和三大食物来源之一，草原牧区具有十分重要的生态地位。而以往对草原生态功能的长期忽视和对其生产功能的过分强调在一定程度上导致了草原生态环境的急剧恶化、牧民收入增长缓慢以及牧区发展举步维艰。因此，自 2011 年以来，国家实施了"生态优先、协调发展"的草原新政。但作为这一新政的主要措施，"生态补奖"机制落实的状况怎样？牧民的反响如何？保护草原的政策目标能否实现？这些问题的答案在很大程度上有赖于作为草原直接利用者和保护者的牧民的偏好和行为。基于 2012 年锡林郭勒盟调研所得到的 224 份牧户问卷调查数据和 2013 年对牧户和有关部分进行的开放式访谈资料，本章分析了锡林郭勒盟"生态补奖"政策在牧户层面的落实情况及牧户的受偿意愿。结果表明，"生态补奖"政策的实施存在补偿对象单一、部分地区补偿金分次发放、载畜量标准制定不够合理以及补偿对象、标准和方式与牧户意愿不尽相符等问题，这使得目前正在实施的"生态补奖"政策尚难以为牧户自觉保护草原提供相应的激励。

第11章 草原"生态补奖"效果的制度分析 [*]

上一章介绍了草原"生态补奖"政策出台的背景，并基于我们在内蒙古锡林郭勒盟的牧户实地调研，分析了"生态补奖"政策的落实情况及牧户对于奖补的偏好，包括补偿对象、补偿方式、补偿标准和载畜量标准。研究发现，政策在最初的实施中存在载畜量标准不够合理以及补偿对象、补偿标准和补偿方式与牧户意愿不一致等问题，从而使政策难以发挥激励牧户自觉保护草原的作用。要达到草原"生态补奖"政策的目标，需要在政策落实机制上有所创新。本章将采用更新一些的牧户调研数据，进一步评估"生态补奖"政策在实施了四年之后的效果，以便为该政策更为有效实施的机制创新提供一些证据和思路。

本章首先回顾"生态补奖"政策实施以来我国主要草原牧区的相关情况，接着介绍调研的安排及牧户的信息，之后基于调研牧户，从其载畜量和他们感知的草原生态状况评估"生态补奖"政策在所调研的地区实施了四年之后的情形。本章的重点在于尝试探讨政策如何才能更为有效。

第一节 "生态补奖"政策实施四年后

覆盖国土面积40%以上的草原日趋退化，威胁着牧区自身的稳定发展和国家的生态安全。2011年，在《国务院关于促进牧区又好又快发展的若干意见》中，国务院首次提出要率先在内蒙古、新疆、青海等八个草原覆盖面积较大的省（自治区）建立草原"生态补奖"机制，并将生态保护目标设定为："到2015年，初步实现草畜平衡，草原生态持续恶

---

[*] 本章部分资料来源于戴微著、谭淑豪：《草原生态奖补政策效果评价——基于内蒙古典型牧区调研的制度分析》，《生态经济》2018年第3期。

化势头得到遏制。"为实现这个目标所采取的主要措施包括禁牧补偿和草畜平衡奖励。其中,"禁牧"是指对于生存环境非常恶劣、草场严重退化、不宜放牧的草原,实施禁牧封育,以 5 年为一个周期;"草畜平衡"是指对于禁牧区以外的可利用草原,按照当地规定的载畜量标准进行放牧,不得超载。禁牧和草畜平衡限制了牧民利用草场的自由,如果实施到位,牧民会因此蒙受不能或限制放牧而带来的经济损失,而社会却会因牧民保护草原生态而获得生态产品。因此,国家需要为此提供相应的生态补偿和奖励。由此可以看出,生态补奖政策出台的目的,是希望通过向牧民提供生态补偿和奖励,使牧民人为地减少牲畜数量,减轻牧区超载过牧的现象,从而缓解草原退化的趋势,恢复草原生态系统与牲畜的动态平衡。

治理思路明确,那么在第一轮"生态补奖"实施四年后,该政策是否实现了其预期目标呢? 全国范围内的统计数据给出的答案是肯定的。《2015 年全国草原监测报告》显示,截至 2015 年,全国草原综合植被覆盖度为 54%,较 2011 年提高了 3 个百分点,全国草原地区整体生态状况趋于好转。从超载率来看,2015 年,全国重点天然草原的平均牲畜超载率仅为 13.5%,在本章所重点讨论的内蒙古地区,载畜状况甚至更佳,平均牲畜超载率仅为 10% 左右。一方面,"生态补奖"似乎卓有成效;但另一方面,《2015 草原违法案件分析报告》的统计结果却显示:"'十二五'期间,违反禁牧休牧规定案件呈现先升后降的变化趋势,2013 年达到高峰,之后才逐渐开始下降;违反草畜平衡规定案件总体上呈现逐年上升的趋势。"仅就内蒙古地区来看,根据内蒙古自治区政府办公厅发布的统计公告,违反禁牧休牧规定的案件从 2011 年的 12946 起变为 2015 年的 12154 起,案件数量只下降了 6%;而违反草畜平衡规定的案件从 506 起,上升到 876 起,上升了 73%。可以看出,即使实施了"生态补奖"政策,超载过牧仍是草原难以规避的现实问题。"生态补奖"政策制定的措施落实效果如何? 在"生态改善"与"普遍超载"这两种看似矛盾状态并存之下,牧民作为最直接和最为关键的参与者,是如何评价这项政策的? 他们是否认为自己真正从这项政策中受益了? 为了保障牧民利益和保护生态,今后的政策可以从哪些方面进行改进和提升?

本章依然以内蒙古锡林郭勒典型牧区为调研点,采用 2015 年 8~9

月我们实地调研获取的一手数据和访谈资料，从政策实施手段和执行效果两方面评价草原"生态补奖"政策的效果，并运用制度分析框架，揭示政策实施过程中上级政府、当地政府和牧民间的相互影响和作用，拟为草原"生态补奖"政策的改进和完善提供一定参考。

第二节　研究区概况与调研情况

本研究的调研地点为内蒙古自治区锡林郭勒盟典型纯牧区的 5 个旗。就草地生态环境来看，其中 3 个旗属于典型草地，2 个旗属于荒漠草地。本次调研采用问卷调查与开放式访谈相结合的方式，在实地调研后获取访谈问卷 154 份，其中有效问卷 152 份，问卷有效率达到 98.7%。调查点的样本分布情况大致为：ZX 旗 101 户、XZ 旗 10 户、XY 旗 11 户、ZL 旗 12 户、XH 旗 18 户。其中 ZX 旗的牧户占比 66.4%，比重最高。

表 11.1 显示，受访者以男性为主，这是因为调查中优先访问户主，以获取更全面的家庭信息；在民族构成上，受访牧民以蒙古族为主；在年龄构成上，受访者以 41~60 岁的中年人为主；从受教育程度看，受访者绝大多数为小学及以下和初中文化水平。

表 11.1　受访者基本情况

统计指标	分类指标	牧民	
		人数（人）	占比（%）
性别	男性	141	92.8
	女性	11	7.2
民族	蒙古族	111	73.0
	汉族	40	26.3
	回族	1	0.7
年龄	20~30 岁	5	3.3
	31~40 岁	32	21.1
	41~50 岁	52	34.2
	51~60 岁	42	27.6
	60 岁以上	21	13.8

统计指标	分类指标	牧民	
		人数（人）	占比（%）
受教育程度	小学及以下	48	31.6
	初中	72	47.4
	高中或中专	31	20.4
	高中以上学历	1	0.7

　　放牧是绝大多数受访者的主要生产方式和收入来源。84.2%的受访牧民依靠畜牧业收入维生，包括卖牲畜、卖奶、卖皮毛等的收入。放牧主要依赖于每家每户所经营的草场，包括打草场和放牧草地。受访牧户中，平均每户承包的草场面积为 2469 亩，总体来看，大多数牧户承包的草场面积在 2000 亩以下，但是户与户间差距较大，在调查对象中，承包面积最小仅 120 亩，最大的为 21000 亩，这主要是由不同地区的草地资源禀赋和人地关系决定的。牧户租入草地的行为比较常见。调查发现，牧户实际经营的草地面积普遍大于其承包的草地面积，平均为 3342 亩。这可能是租出草场的牧户多举家迁出，因而未被调查到。受访牧户家庭承包草地与实际经营草地面积的分布情况见表 11.2。

表 11.2　受访家庭承包与经营草场面积

草地面积（亩）	承包面积		实际经营面积	
	户数（户）	占比（%）	户数（户）	占比（%）
<1000	59	38.9	42	27.6
1001~2000	54	35.5	51	33.6
2001~5000	23	15.1	36	23.7
5001~10000	11	7.2	16	10.5
>10000	5	3.3	7	4.6
总计	152	100.0	152	100.0

　　此外，从收支状况来看，受访牧户家庭 2014 年平均年收入为 82335 元，平均支出为 84898 元，年净收入为负，这说明牧户的生计总体上来看非常艰难。不过，牧户间的状况差异很大，有的负债高达 16 万元，而有的牧户净收入盈余 21 万元。

第三节　政策的实施效果

　　受访区正在实施禁牧的牧户有 81 户，占调研样本的 53.3%；正在实施草畜平衡的牧户有 73 户，占总样本的 48.0%。有 2 户牧户的家中既有正在实施禁牧的草地，也有正在实施草畜平衡的草地。看来，调研区的牧户都以不同形式参与了"生态补奖"。根据当地牧草生长情况的不同，每个旗制定的草畜平衡载畜量标准也不同。中央政府规定第一轮补助周期的基础禁牧补贴为 6 元/（亩·年），草畜平衡奖励为 1.5 元/（亩·年），各地区可以在此之上，因地制宜地进行上调。根据我们的调研，2015 年，当地的禁牧补贴为 3000 元/（人·年），草畜平衡补贴为 1.71 元/（亩·年）。[①]

　　虽然"生态补奖"政策的治理思路可简化为"控制超载过牧来缓解草原退化"，但需要指出的是，当前草原退化的主要原因尚且存在争议，一部分学者赞同超载过牧是导致草原退化的主要原因（李金花等，2004；魏利平，2009；高雷、彭新宇，2012；贾幼陵，2011b；侯向阳等，2013），而有些学者（王关区，2006；郭强等，2008；张倩、李文军，2008；马瑞芳等，2011；营刚等，2014；尹燕亭等，2019）认为气候变迁、人口压力、价值取向变化以及市场机制引入等是草原退化的主要因素，而不是超载过牧。本书在第 2 章中专门对草地退化的原因进行了综述，认为超载和气候等因素，都在不同程度上导致了草地退化。

　　以下部分我们将依照"生态补奖"政策的治理思路来评价其实施效果。我们认为，控制超载过牧是政策手段，而缓解草原退化是政策目标。因此，我们将分别根据牧户的载畜情况和草原生态状况来判定"生态补奖"政策的手段是否落实、目标是否达成，从而对其实施效果做出判断。

3.1　牧户载畜情况

　　养羊比容（草场面积/标准羊）是反映牧户载畜情况的重要指标之一。根据每个牧户家庭经营的草场面积和养羊数目，我们初步测算了所

[①]　该信息来源于锡林郭勒盟农牧局《锡林郭勒盟 2011 年草原生态保护补助奖励机制实施方案》，和我们调研所获取的信息相一致。

调查牧户家庭的养羊比容。从理论上讲，养羊比容越大，饲养一只牲畜所用的草场面积越大，对于草地的压力就越小；反之，养羊比容越小，饲养一只牲畜所用的草场面积越小，对草地的压力越大。因此，将每个牧户的养羊比容与当地规定的载畜量标准进行比较，可以进一步了解该牧户是否超载。以 ZX 旗的 101 户样本数据为例，当地规定的载畜量标准为 80 亩/羊。但是实际统计表明，在受访的牧户中，能达到核定载畜量标准的只有 4 户，剩下 96% 的牧户都存在不同程度超载的情况，73.3%的牧户养羊比容在 20 亩以下，属于严重超载（见表 11.3）。

表 11.3　ZX 旗受访牧户养羊比容测算

养羊比容（亩/标准羊单位）	户数（户）	占比（%）
< 10	40	39.6
10～20	34	33.7
20～30	12	11.9
30～80	11	10.8
≥80	4	4.0
总计	101	100

3.2　草原生态状况

与宏观数据显示的结果不同，在此次研究的区域内，我们发现，与超载过牧一同出现的是尚未扭转的草原退化趋势。在问及牧民对于当前草原生态状况的看法时，没有牧民认为当前草原生态环境"非常好"，大多数牧民认为当前的草原生态环境"比较差"、"非常差"（见图 11.1）。这其中还包括两名曾于 2012 年访问过的牧户，他们对草原生态状况的评价体现出了态度的转变，从当时的"比较好"变为如今的"比较差"，这也反映了当地草原生态呈现的恶化趋势。

综合前面的研究，我们认为，在受访牧区，第一轮草原"生态补奖"政策的效果不够理想，无论是政策手段还是政策目标都未能完全实现。这具体体现在：从政策手段上看，牧户的超载行为并未得到有效控制，超载行为在被调查地区仍普遍存在，以 ZX 旗为例，超载牧户占受访牧户的比例高达 96%；从政策目标上看，"生态补奖"政策在调研地

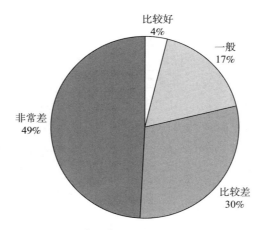

图 11.1　受访牧户对于草原生态环境的评价

区未能如期达到保护草原、遏制草地退化的效果，不仅当地牧民对于草原生态状况的主观评价普遍较低，其中有 30 位牧户（约占该地被访谈牧户的 30%）认为当地草场严重退化是从 2011 年以后（第一轮"生态补奖"政策实施之后）才开始的，这说明"生态补奖"政策给当地带来的效果较为有限。不少学者的研究也指出，"生态补奖"政策带来了加剧草原耗竭性使用、加剧草场纠纷等问题（路冠军和刘永功；2015），甚至给个别牧户带来贫困化的风险（赵宝海，2016）。此外，还有很多学者的实证研究和我们的调研结果相吻合，高于政府标准的超载过牧在牧区仍然普遍存在（李艳波和李文军，2012；靳乐山和胡振通，2013；李金亚等，2014；谭仲春等，2014；侯向阳等，2015；魏琦和侯向阳，2015；胡振通等，2015）。

　　普遍存在的超载行为值得我们进一步思考。究竟是什么因素导致了超载行为的屡禁不止？是否由于牧民的利益在"生态补奖"政策中未能得到妥善处置？是否由于政策的落实机制不够完善，而让牧户产生了机会主义行为？这样的行为会如何影响政策的实施效果？

第四节　政策失效背后的逻辑

　　要回答以上问题，我们必须厘清"生态补奖"政策中的主要利益相关方，即上级政府、地方政府和牧民三者之间的关系。在此，我们借用由Ostrom（2010）提出的、适用于制度分析的一般框架。Ostrom（2010）认为，制度发挥效果是在一定外部条件下，通过参与某一具体情形的双方相互作用（也可以理解为博弈），产生出一定结果，而该结果又会反过来影响外部条件的变化和具体行动的规则，如图 11.2 所示。

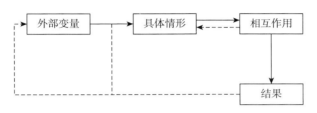

图 11.2 制度分析框架

从具体情形来看，可以认为，上级政府希望通过"生态补奖"实现保护草原的目的，就需要通过生态补贴去规范牧民的放牧行为。而在政府决策与牧民行为之间存在三条连接路径，如图 11.3 所示。政府既可以通过高补贴激励牧民自愿地选择合理放牧，如路径一所示；也可以在低补贴的情况下加强地方政府对牧民行为的监督，迫使牧民合理放牧，如途径二所示；但是政府如果提供低补贴，地方政府又缺乏监管，牧民就有强烈的动机和使用较低的成本去进行不合理的放牧行为，进而产生超载超牧，如途径三所示。在某些牧区，生态补偿政策之所以难以奏效，是因为不自觉地陷入了第三条路径。

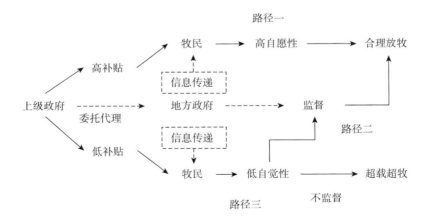

图 11.3 补贴与放牧行为间的三种路径

当然，一个制度能否成功，除了考虑制度设计本身的因素之外，外部条件也发挥了先决性的作用。牧区几千年来的游牧传统和牧民习惯的生活方式，决定了生态补奖难以单独作为一种生态补偿制度独立发挥作用而不影响到牧民的生计变迁，这恰好是我国的"生态补奖"区别于纯粹的生态补偿制度中最重要的一点，常常容易被忽略。对于一般的生态补偿而言，生态服务的提供者不需要依赖生态服务作为唯一的或主要的收入来源，生态服务所承载的环境价值也往往超出其经济价值和文化价值，这些外部条件在我国牧区是不具备的。因此，无论是从政策设计和执行细节来看，还是从影响政策发挥作用的外部变量来看，"生态补奖"都面临着失效的风险。

4.1　政策执行层面

从理论上来看，在"生态补奖"中，政府是生态补偿的付费者，而牧民是生态服务的提供者。Wunder（2005）认为，生态服务交易的一项基本要求是双方对于生态服务的内容必须明确。然而实地调研中发现，现行的"生态补奖"政策并不能很好地满足这一基本条件。有牧户表示"知道有禁牧政策，但是不清楚具体的禁牧标准"。ZX 旗某苏木的一位牧民家属于禁牧区，2015 年 4 月嘎查来发文件，通知 9 月份开始禁牧，但实际上是只收到一张通知单，具体怎么做他并不知道。这个案例揭示了政策执行层面上的一个问题，地方政府与牧民间的沟通不够通畅，造成牧民与政府双方间信息的不对称，从而妨碍了"生态补奖"政策一些具体措施的有效落实。

除了政策执行不够到位以外，在监管方面，上级政府与地方政府之间存在委托代理关系。两级政府间实际利益的不完全一致，致使地方政府未能扮演好监管者的角色，造成了监管不力，这也使得禁牧和草畜平衡难以落到实处。SY 旗的一位牧民在被问及是否参与禁牧时回答，当地有禁牧政策，但草还是可以吃的。监管不力，导致牧民超牧被抓住的可能性较小，再加上违法成本低，这就使得超牧更加普遍。SY 旗的一位牧民家正在实施草畜平衡，按照当地规定，超载 1 只羊罚款 200 元。但是他在受访时表示，政府罚款是视情况而定，若家庭比较困难的就不罚这么多。

4.2　合意的补偿标准

除了以上原因以外，普遍超载还涉及制度设计本身的问题。制度设计最重要的一方面就是补偿标准。补偿标准过低，难以保障牧民在退出或限制放牧后的生计，牧民不愿意采取实际行动禁牧或减畜。这是路径一与路径二和路径三之间的区别。相反，只有当补贴标准提高到一定水平，如足以抵偿因禁牧或减畜所带来的牧业收入损失后，才可能激发牧户减畜的自愿性，使得牧户即使在监管不力的情况下，也愿意主动减畜。因此，了解牧民心目中合意的补偿标准十分必要。在此次调查中，我们采用直接询问的方法对牧民进行了受偿意愿调查。

从表 11.4 中可以看出，就禁牧补贴而言，牧民的受偿意愿相对集中，有 73.4% 的牧民，其受偿意愿集中在 10000～20000 元/（人·年），只要国家提供相应金额的补贴，他们就愿意采取禁牧行动。但是，锡林郭勒盟 2011 年规定的禁牧补助起点为 3000 元/（人·年），封顶 12306 元/（年·人）。牧民的受偿意愿大多超过了补偿规定的最高标准，这说明现阶段的补贴金额和牧民的受偿意愿之间存在较大差距，实际的补贴金额难以抵消禁牧后牧民维持生计所需成本，牧民因此缺乏减畜的自愿性，这是超载屡禁不止的根本原因。

表 11.4　部分受访牧民受偿意愿统计情况

回答情况		受偿意愿（元）	人数（人）	占比（%）
按人头［元/（人·年）］	直接回答	4000	1	1.3
		5000	1	1.3
		6000	2	2.7
		10000	9	12.0
		12000	3	4.0
		15000	19	25.3
		18000	5	6.7
		20000	14	18.7
		24000	1	1.3
		30000	1	1.3
	按区间回答	15000～20000	5	6.7
		30000～50000	1	1.3
		40000～50000	1	1.3

续表

回答情况		受偿意愿（元）	人数（人）	占比（%）
按草地面积（亩/年）	直接回答	20	3	4.0
		40	4	5.3
		80	1	1.3
		100	2	2.7
		越多越好	2	2.7
		合计	75	100

4.3　牧民的禁牧态度与禁牧行为

　　上述两个因素，导致了牧民对政策的响应普遍不积极。第一轮"生态补奖"政策已将近尾声，但我们在调查中发现，赞同禁牧政策的牧户比例为54%，对于一项已经大规模开展的政策来说，这个支持度并不高。而在剩下的牧民中，12%左右的牧民持无所谓的态度，还有34%的牧民持反对的态度（见图11.4）。

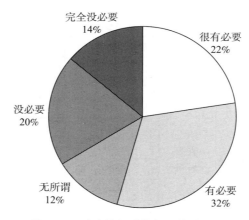

图 11.4　受访牧民对禁牧政策的态度

　　更耐人寻味的是牧户对禁牧政策的态度与其禁牧行为之间的关系。从理论上讲，牧户的禁牧态度会直接影响其超载行为，支持禁牧政策的牧民会少超载或不超载，而反对禁牧的牧民则会明显超载。但事实却并非如此。我们将牧民按照禁牧态度进行分组，分别计算每组平均养羊比容后，得到了和预期完全相反的结果：支持禁牧的牧民，其养羊比容明显小于持中立或反对态度的牧户，即支持禁牧政策的牧户，其超载情况反而更加严重。

这种"反常现象"背后的原因值得进一步分析。"反常现象"的出现和前文提到的牧民生计以及牧民认知有很大关系。我们发现，支持禁牧政策的牧民中，一部分人是出于他们对于禁牧对保护生态起到的正向作用的赞同；但还有一部分人支持，仅仅是因为参加禁牧后每年可以获得固定金额的补贴。在地方政府监管不力的情况下，他们乐意接受禁牧补贴，却又并不愿主动将禁牧付诸行动。通常，对于后者来说，来自政府的禁牧补贴能起到帮助家庭生计的作用，他们从情感上认同禁牧政策。但是若按照规定的载畜标准减畜，牧民的经济损失过大，这是低标准补贴无法弥补的，所以他们不会真正禁牧。对于这部分牧民来说，禁牧态度并未真实反映禁牧意愿，以至于出现"一边支持、一边超载"的现象。ZL 旗某苏木的一位牧民，在被问及他为什么支持禁牧政策的时候回答说，这是国家制定的政策，自己也不太清楚，但至少有补贴可以拿。除了他以外，还有不少于 7 位受访牧民认为"补贴好"仅仅是因为"可以保障生活"。这一方面反映出牧民态度与行为的背离，也从另一个侧面反映出草原"生态补奖"的特殊性，"生态补奖"不单单是生态补贴，对一些牧民来说也是扶贫补贴、生计补贴。

实际上，牧民对于禁牧政策的态度、家庭经济状况和超载情况之间还存在更多的联系，如图 11.5 所示，持中立态度的牧户，超载情况更弱，平均家庭净收入也最高。这往往是因为这一部分牧户通常经营草场面积较大，饲养牲畜总量也较大，因而不容易超载；同时，因为家庭收入较高，也因为养羊比容对他们而言更容易达到标准，所以他们并不在意禁牧或草畜平衡政策所带来的补贴和限制。反而是那些对政策持赞同或反对态度的牧民，多因家庭收入受政策的影响较大，而对政策的反应更敏感。

第五节　小结

基于对草原"生态补奖"在锡林郭勒盟 5 个旗的落实情况进行的分析，我们认为，"生态补奖"政策在局部地区实施效果欠佳，这是政府

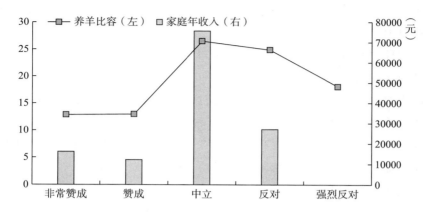

图 11.5　分组牧户平均养羊比容与平均家庭年收入

注：处于"强烈反对禁牧"这一组中牧民的平均收入为 -9842.52 元，未在图中
显示。

的执行机制不完善和监督不力以及补贴标准过低共同作用的结果。据此，
我们认为，若想让"生态补奖"政策发挥效果，政府可以考虑从如下几
个方面着手采取措施。

首先，应保证政府和牧民之间信息的对称。地方政府应加大政策宣
传力度，确保牧区每个牧户都清楚"生态补奖"政策的具体要求，并能
认真落实监管工作。考虑到牧区地广人稀的特点，政府监管的执行成本
过高，在可行的区域，政府可以发动牧民相互监督，以最大限度地降低
政策的实施成本、保障政策的实施效果；也可以从牧民中招收草原管护
员，负责一片区域的监督工作。

其次，政府应当适度提高禁牧和草畜平衡补偿标准，并在标准制定
过程中适当采纳牧民的意见，确保牧民合理放牧的积极性能够被真正调
动起来。

最后，"生态补奖"政策的执行标准不应过于单一，考虑到牧民间
的贫富差距，可以分类制定减畜标准和减畜计划。

其实，草原的生态恢复是各方努力的共同目标，牧民作为草原的主
人，比任何一方都更加了解草原、依赖草原，因此，在草原生态重建的
过程中，牧民不应该仅仅被放在一个被监管的位置。"生态补奖"政策
不应只作为一项"凭空而起"的生态补偿制度去设计，而应在制定过程

中吸收牧民的经验智慧，在政策实施过程中发挥牧民的关键作用，才能让受政策影响最大的牧民真正成为政策的受益者和草原的守护人，恢复牧民与草原间和谐共生的关系。

第四篇　要素市场发育、牧户参与及草地管理

牧户生计资本的"失配"，可通过参与要素市场来调节，即通过租入草地和劳动力以及借贷资金等方式使自家生计资本的短板得以加长，或租出多余的草地和劳动力等资源，使其与家庭其他资源相匹配，实现生计资本的合理配置，即从"失配"到"适配"。

第 12 章　草地租赁市场及草地管理

历史上，草地一直由社区内的牧户共同使用，牧户以共同的草地为基础实行游牧半游牧式的畜牧业生产。20 世纪 80 年代的"双权一制"改革后，草地的使用权被划分到户，牧户只对自有承包草地具有使用权，游牧半游牧式的畜牧业生产由此转变为单家独户定居放牧式的畜牧业生产。草地使用权的划分在一定程度上调动了牧户的生产积极性，在短期促进了畜牧业的发展，但也带来严重的草地细碎化问题，使得牧户的生产出现不同程度的草地资源配置失衡。在这种情况下，部分牧户自发进行草地租赁以调整资源配置，牧区的草地租赁市场逐渐兴起。近年来，牧区的相关政策鼓励牧户积极通过草地租赁改善畜牧业生产的要素配置以提高经济效益，同时促进草地的生态恢复，草地租赁由此受到关注。然而，目前关于牧区草地租赁的相关研究十分少，牧户的草地租赁特征、租赁行为的影响因素以及租赁对草地利用效果的影响等问题尚属未知，而这些问题关系着牧区的草地租赁市场是否能够健康发展，牧户能否通过租赁方式实现经济效益的提高与草地生态保护。

本章利用作者 2011～2012 年在内蒙古呼伦贝尔市与锡林郭勒盟的实地调研所获资料对牧户的草地租赁特征、牧户草地租赁行为的影响因素以及租赁对草地利用效果的影响进行分析，探究牧区草地租赁的基本情况及租赁对草地利用经济效果和生态效果的影响，从而为牧区草地租赁市场的健康发展和牧户草地利用效果的优化提供参考。

第一节　草地租赁市场状况

根据调研资料，422 个受访牧户中有 221 个参与了草地租赁，占受访牧户总数的 52.4%。其中，139 个牧户租入草地，占受访牧户总数的 32.9%，占全部参与租赁的牧户数量的 62.9%；72 个牧户租出草地，占受访牧户总数的 17.1%，占全部参与租赁的牧户数量的 32.6%；有 6 个牧户既参与了草地租入又参与了草地租出，占受访牧户总数的 1.4%，占全部参与租赁牧户数量的 2.7%。下文将对草地租赁的类型、租赁草地的位置、租赁草地的面积以及草地租赁价格、租赁期限和租赁对象进行分析。

　　租赁草地的类型。在租赁草地的牧户中，15% 的牧户租赁的草地为打草场，85% 的牧户租赁的草地为放牧场，租赁放牧场的牧户比例远大于租赁打草场的牧户比例。根据牧户所述，租赁放牧场不仅能够弥补自有草地产草量的不足，还能够扩大放牧空间使牲畜更好地生长，同时还可以缓解自有草场的生态压力。

　　租赁草地的位置。如表 12.1 所示，牧户的租赁草场与其自有承包草场之间的平均距离为 12.1 公里；最近的租赁草场与牧户的自有承包草场相邻，距离为 0 公里；最远的租赁草场位于其他旗，距离达 100 公里。相对于打草场，租赁的放牧场与牧户自有承包草场间的距离一般较小。这主要是两种草场在畜牧业生产中发挥的作用不同所致。放牧场是畜牧业生产进行放牧活动的场所，因而牧户倾向于租赁与自有承包草场距离较小的放牧场以方便放牧活动的开展；打草场是储备草料的场所，牧户仅需在特定时间到打草场打草并将牧草运回即可，因而并不一定要求打草场距自有承包草地较近。因此，牧户租赁的放牧场与其自有承包草场之间的距离相对较小。

表 12.1　牧户租赁草场与自有承包草场的距离

单位：公里

项目	均值	标准差	最小值	最大值
总体	12.1	19.8	0	100
打草场	17.4	24.4	5	100
放牧场	11.2	18.8	0	30

　　租赁草地的面积。总体上，牧户的平均租赁草地面积为 5300 亩；牧户的租赁草地面积存在较大差异，最大租赁面积达 30000 亩，最小租赁面积仅为 100 亩。由表 12.2 可知，打草场的平均租赁面积明显小于放牧场的平均租赁面积，其原因一方面与上文所述相同，两种草场在畜牧业

生产中发挥的作用不同，所以牧户需要租赁的打草场面积小于需要租赁放牧场的面积；另一方面绝大多数牧户承包的打草场面积皆小于放牧场面积，因而牧户能够租赁到的打草场面积普遍小于能够租赁到的放牧场面积。

表 12.2　牧户的草地租赁面积

单位：亩

项目	均值	标准差	最小值	最大值
总体	5300	4813	100	30000
打草场	2710	2205	100	8000
放牧场	5880	5053	400	30000

草地租赁价格。草地的平均租赁价格为 85.5 元/（亩·月），最低租赁价格仅为 7.5 元/（亩·月），最高租赁价格为 375 元/（亩·月）。根据调研资料，较低的租赁价格一般出现在牧户与同村亲属进行的草地租赁交易中，较高的租赁价格一般出现在牧户与嘎查集体或外来企业进行的草地租赁交易中。租赁草地的类型对租赁价格具有显著影响，通常打草场的租赁价格高于放牧场的租赁价格。数据显示，打草场的平均租赁价格为 135.5 元/（亩·月），放牧场的平均租赁价格为 57.5 元/（亩·月），每亩打草场的租赁价格是放牧场的 2～3 倍。打草场与放牧场在租赁价格上的差异是由两种草场的稀缺度以及单位牧草产量的不同所致。放牧场是畜牧业生产开展放牧活动的场所，面积相对较大、单位产草量相对较小；打草场是草料储备的场所，面积相对较小、单位产草量相对较大。资源的相对稀缺以及相对较大的单位产草量使得打草场相对具有更高的租赁价格。除草地类型外，是否签订正式的交易合同对租赁价格也具有一定影响。未签订交易合同的情况下草地的租赁价格平均为 100.7 元/（亩·月），比签订合同的情况下高 29.1%，后者仅为 78.0 元/（亩·月）。原因在于，在签订合同的情况下交易发生违约的概率能够得到有效控制，租赁双方的交易成本随之降低，进而草地租赁价格降低。

草地租赁期限。草地的平均租赁期限为 2.5 年，租赁期限最长的达 10 年，最短的仅为 0.2 年。大部分牧户（65%）的租赁期限较短，不超

过 1 年，其中 45% 的牧户的草地租赁期限为 1 年。样本中，仅小部分
（20%）牧户的草地租赁期限大于 3 年。较短的租赁期限既是为了满足草
地租入方的需求，也是为了满足草地租出方的需求，其原因如下：草地
属于非平衡生态系统，产草量主要由气候状况决定，牧区温带季风性气
候决定草地的产草量具有高度的年际波动性；从租入者的角度看，短期
租赁可以保证其及时更换租赁草场，进而避免租赁草场产草量的年际波
动给畜牧业生产带来严重的不利影响；从租出者的角度看，短期租赁可
以保证其及时调整租赁价格，以在草场产草量较高时获取更多的收益。
根据调研资料，较长的租赁期限一般出现在两种草地租赁交易中：一种
是草地租出方由于家人生病或其他重大变故急需资金时；另一种是牧户
的交易对象为外来企业时。前一种交易中不仅租赁期限较长，租赁价格
也相对较低；后一种交易中牧户由于会获得一定的资金补偿，租赁价格
相对较高。

草地租赁对象。牧户的草地租赁对象主要为同嘎查或附近嘎查的
熟人。数据显示，41% 的草地租赁发生在同嘎查的熟人之间，29% 的
草地租赁发生在邻近嘎查的熟人之间，18% 发生在亲戚朋友之间，仅
有 12% 的草地租赁发生在陌生人之间。调研发现，草地不仅是畜牧业
生产不可或缺的投入要素，也是牧户的情感依托。因而，牧户在租出
草地时不仅考虑价格因素，还会考虑草地生态是否会遭到租入者不合
理的利用行为的破坏。在这种情况下，牧户更倾向于将草地租给熟识
的人，以降低草地被破坏的风险。

第二节　参与草地租赁的牧户特征

调研中发现，参与草地租赁的牧户的年龄分布、受教育情况以及汉
语程度都具有一定的特征，下文将对此进行分析。

2.1　参与草地租赁的牧户的年龄分布

参与草地租赁的牧户的年龄分布见表 12.3。在均值上，参与草地租
赁的牧户的平均年龄为 45 岁，租入草地的牧户的平均年龄为 41 岁，租
出草地的牧户的平均年龄为 49 岁；在分布上，大部分牧户（60%）的年

龄分布在 35～55 岁年龄段，租入草地的牧户也主要分布在 35～55 岁年龄段，而租出草地的牧户则主要分布 35 岁以下、55 岁以上两个年龄段。导致租入、租出情况下牧户此种年龄分布的原因如下：随着年龄的增长，牧户经营畜牧业生产的经验不断累积、经营能力不断增强，在 35～55 岁达到一生中较高的水平，且在该年龄段尤其是在 35～45 岁年龄段，牧户的身体机能、风险承受力也达到一生中较好的水平，因而 35～55 岁年龄段的牧户具有较强的租入草地以扩大生产规模的意愿；随着年龄的进一步增长，牧户的身体机能与风险承受水平开始下降，经营畜牧业生产的能力由此不断下降，进而租入草地以扩大畜牧业生产规模的意愿不断减小，因而租入草地的牧户中仅有 9% 分布在 55 岁以上这一年龄段；部分老年牧户难以承担繁杂的牧业劳动还会将草地租出，缩减已有生产规模或是退出畜牧业生产，因而大部分（42%）租出草地的牧户分布在 55 岁以上年龄段；租出草地的牧户中，35 岁以下的牧户占比高达 29%，这部分牧户一般受教育水平较高且对畜牧业生产缺乏经验，因而选择租出草地，从事非牧业劳动。

表 12.3　参与草地租赁牧户的年龄分布

单位：人，%

年龄段	租入		租出		总体	
	人数	占比	人数	占比	人数	占比
<35 岁	31	23	21	29	86	21
35～45 岁	57	41	10	14	126	30
46～55 岁	38	27	11	15	128	30
>55 岁	13	9	30	42	82	19
合计	139	100	72	100	422	100

2.2　参与草地租赁的牧户的受教育水平

参与草地租赁的牧户的受教育情况见表 12.4。在均值上，参与草地租赁的牧户的平均受教育年限为 7 年，租入草地的牧户的平均受教育年限为 8 年，租出草地的牧户的平均受教育年限为 6 年；在分布上，租入草地牧户的受教育水平主要为初中（49%）、小学（27%）、高中（19%），而租出草地牧户的受教育水平主要为小学（54%）、初中（25%）。导致租入、租出情况下牧户的此种受教育水平分布的原因如下：对于租入草地的牧户，受教育水平较高的牧户相对具有较强的学习能力与总结经验的能力，经营畜牧业生产的能力也由此较强，进而具有较强的意愿租入草地以扩大生产规模，但若牧户的受教育水平达到大学或是更高，则牧户较少会选择从事牧业劳动，所以租入草地的牧户的受教育水平主要为初中、小学和高中；对于租出草地的牧户，与上述分析相同，受教育水平越高的牧户租入草地的意愿越强，租出草地的意愿越弱，因而租出草地的牧户的受教育水平主要为小学和初中。

表 12.4　参与草地租赁牧户的受教育情况

单位人：人，%

受教育年限	租入		租出		总体	
	人数	占比	人数	占比	人数	占比
文盲	0	0	5	7	5	2
小学（<6 年）	38	27	39	54	77	36
初中（6~9 年）	68	49	18	25	86	41
高中（10~12 年）	26	19	7	10	33	16
大学及以上（>12 年）	7	5	3	4	10	5
合计	139	100	72	100	211	100

注：括号中表示牧户的受教育年限。

2.3　参与草地租赁的牧户的汉语水平

参与草地租赁的牧户的汉语水平见表 12.5。总体上，参与草地租赁的牧户的汉语水平较为均匀地分布在低、中、高三个水平段，但汉语水平较高的牧户所占比例相对较大。租入草地的牧户中，近半数（45%）牧户具有较高的汉语水平；而在租出草地的牧户中，则是近半数（47%）牧户具有较低的汉语水平。分析其原因如下：汉语水平较高的牧户具有更多获取草地租出信息的途径，也能够更好地和租出方沟通，进而成功租入草地的概率较大。

表 12.5　参与草地租赁牧户的汉语水平

单位：人，%

汉语水平	租入		租出		总体	
	人数	占比	人数	占比	人数	占比
低	32	23	34	47	66	31
中	45	32	23	32	68	32
高	62	45	15	21	77	37
总计	139	100	72	100	211	100

注：汉语程度的分类标准为：低 = 不会汉语；中 = 会一点儿汉语；高 = 能够用汉语无障碍交流。

第三节　草场租赁对牧户草地利用的影响

已有研究指出，草地使用权的划分打破了"人（牧民）-草（草地）-畜（牲畜）"之间的平衡，一方面引发了草地生态的退化，另一方面带来了生产要素配置的失衡，进而导致畜牧业生产的经济效益损失。基于这些研究的观点，草地租赁能够在一定程度上调整牧户的草地使用面积，进而从理论上既有利于促进草地生态状况的改善，又有利于生产经济效益的提高。但实际上租赁对草地利用的生态效果和经济效果影响如何还有待探究，下文将对此展开分析。

3.1　牧户的草地租赁行为与草地利用的生态效果

主要通过放牧场可食性牧草的高度、盖度、种类这三个能够基本体现草地生态状况的指标从客观角度反映草地利用对草地生态的影响，并通过牧户对草地生态的评价从主观角度对草地的生态状况进行反映。表 12.6 展示了租入草地、租出草地、未租赁草地牧户的相应生态指标值。

表 12.6　不同租赁行为下草地利用的生态效果

项目	租入草地	租出草地	未租赁草地
草场生态评价（数值型）	3.08	2.56	2.92
放牧场牧草高度（数值型）	1.96	1.76	1.77

项目	租入草地	租出草地	未租赁草地
放牧场牧草盖度（数值型）	2.73	2.55	2.66
放牧场牧草种类（数值型）	2.06	2.03	2.16

注：放牧场牧草高度的赋值方式为：$1 < 10cm$，$2 = 10 \sim 20cm$，$3 = 21 \sim 30cm$，$4 = 31 \sim 40cm$，$5 > 40cm$；

放牧场牧草盖度的赋值方式为：$1 < 20\%$，$2 = 20\% \sim 40\%$，$3 = 41\% \sim 60\%$，$4 = 61\% \sim 80\%$，$5 > 80\%$；

放牧场牧草种类的赋值方式为：$1 < 5$ 种，$2 = 5 \sim 10$ 种，$3 = 11 \sim 15$ 种，$4 = 16 \sim 20$ 种，$5 > 20$ 种；

草场生态评价的赋值方式为：$1 = $ 极严重退化，$2 = $ 严重退化，$3 = $ 中度退化，$4 = $ 轻微退化，$5 = $ 未退化。

根据表 12.7，租入草地的情况下牧户草地利用的生态效果好于租出草地的情况，也好于未租赁草地的情况；在租入、租出、未租赁三种情况下，租出草地的生态状况最差。

表 12.7 不同租赁行为下草地利用生态效果的差值

项目	租入 – 租出	租入 – 未租赁	租出 – 未租赁
草场生态评价（数值型）	0.52***	0.16***	– 0.36***
放牧场牧草高度（数值型）	0.20***	0.19***	– 0.01*
放牧场牧草盖度（数值型）	0.18***	0.07***	– 0.11***
放牧场牧草种类（数值型）	0.03***	– 0.10***	– 0.13***

注：***、**、*分别表示变量在1%、5%、10%的水平上显著。

租入情况下草地的生态状况较好的原因如下。草地使用权划分后，牧户的放牧活动被限制在自家狭小的草地上，放牧活动的移动性骤减，进而导致同一块草地被重复地采食、践踏，难以获得任何生态恢复的机会，草地的生态状况不断下降。草地租入在一定程度上扩大了放牧空间，有助于提高放牧活动的移动性，进而有助于缓解草地的生态压力，改善草地的生态状况。因此，在草地租入的情况下草地的生态状况相对较好。值得注意的是，虽然草地租入的情况下草地的生态状况比未租赁的情况好，但数值差异并不大。其原因可能如下：租入草地能够扩大放牧空间，但是程度有限，由此放牧活动的移动性只能得到一定程度的提高，因而对草地生态状况的改善作用十分有限。部分已有研究指出，草地租赁只是对草地使用权的短期转让，在这种情况下转入方的生产行为具有短视性，出于最大化短期经济利益的目的会对草地进行掠夺式利用，从而造成草地生态状况的下降。但也有部分研究指出，草地租出并不必然带来草地生态状况的下降，因为草地租赁主要在亲戚、朋友等熟人之间进行，可对租入者的草地利用行为起到有效的约束作用；并且如果租入者过度利用草地，租出者将不会在下一个阶段继续出租草地，进而也在一定程度上对租入者的草地利用行为起到约束作用。根据表 12.7 的结果，租出草地的生态状况要差于未进行租赁的草地，由此说明草地租出会在一定程度上带来草地生态状况的下降。调研中发现，全部的草地租赁交易都没有对租入者的草地利用方式、草地的载畜量进行规定，并且大部分（65%）草地租赁的期限不超过 1 年。缺乏对草地利用行为的约束规则、租赁期限较短都会对草地租入者过度利用草地起到间接推动作用，进而带来草地生态状况的下降。

3.2 牧户的草地租赁行为与草地利用的经济效果

草地利用的经济效果主要通过畜牧业净收入、畜牧业总收入、年底牲畜存栏量以及基尼系数进行反映。表 12.8 展示了租入草地、租出草地、未租赁草地牧户的相应经济指标值。

表 12.8 不同租赁行为下草地利用的经济效果

项目	租入草地	租出草地	未租赁草地
畜牧业生产总收入（万元）	8.96	4.13	8.54
畜牧业生产净收入（万元）	6.65	3.45	6.76
年底牲畜存栏量（标准羊）	257	195	251
畜均净收入（元/标准羊）	255	226	264
基尼系数（数值型）	0.38	0.41	0.36

表 12.9 显示，租入、未租赁情况下草地利用的经济效果都要好于租出草地的情况，未租赁情况下草地利用的经济效果略好于租入情况。

将草地出租的牧户分为两种，一种是将部分草地出租以缩减畜牧业生产规模，另一种是将全部草地出租并把牲畜交给他人代养。在前一种情况下，由于生产规模缩小，牧户饲养的牲畜数量减少，进而可出售的

表 12.9   不同租赁行为下草地利用的经济效果的差值

项目	租入 - 租出	租入 - 未租赁	租出 - 未租赁
畜牧业生产总收入（万元）	4.83 ***	0.42	− 4.41 ***
畜牧业生产净收入（万元）	3.20 ***	− 0.11 **	− 3.31 ***
年底牲畜存栏量（标准羊）	62 ***	6	− 56 ***
畜均净收入（元/标准羊）	29 ***	− 9 **	− 38 ***
基尼系数（数值型）	− 0.03 ***	0.02	0.05 ***

注：** 表示在 5% 水平上显著；*** 表示在 1% 水平上显著。

牲畜数量以及畜牧业生产总收入减少；且由于生产规模的缩减，规模效益下降，生产的经济效益随之降低，进而生产的净收入和畜均净收入减少。在后一种情况下，牧户一般不以畜牧业生产为主要收入来源，因而对畜牧业生产的收益情况关注度较低；且由于牲畜由他人代养，代养者对畜牧业生产的智力、体力投入一般少于自主饲养的牧户，进而生产的经济效益较低。

根据已有研究的观点，草地租赁能够在一定程度上提高生产要素的匹配程度，降低由此导致的经济效率损失，从而提高生产的经济效益。上文结果显示，租入草地的情况下草地利用的经济效果并不好于未租赁的情况。原因如下。如上文所述，租入草地能够扩大牧户的草地使用面积，但程度有限。在这种情况下，租入草地对改善要素匹配程度的作用并不明显，进而无法起到显著提高草地利用经济效果的作用。此外，租入草地只是对草地资源配置进行调整，而草地划分后牧户的畜牧业生产不仅在草地资源方面，在劳动力、生产性资产等方面也都具有不同程度的缺失，因而租入草地对改善要素匹配程度的作用较为微弱，也由此对提高草地利用经济效果的作用不明显。

表 12.8 和表 12.9 还展示不同租赁行为下牧户总收入的基尼系数及其差值。根据表中结果，租出草地情况下牧户收入的不平等程度要高于租入以及未租赁情况。这主要是由于租出草地的牧户中一部分是家人生病或其他重大变故急需资金而被动将草地租出，另一部分是因为从事非牧业劳动无暇顾及畜牧业生产而将草地主动租出。前一种牧户不仅会租出草地还会大量出售牲畜，其畜牧业生产能力大幅度下降，且由于重大事故的发生，其对畜牧业生产的投入也会大幅度减少，进而收入水平下

降；后一种牧户畜牧业生产收入虽然会因为生产规模的缩减在不同程度上下降，但由于其具有较高的非牧业收入，总收入水平仍较高。这两种牧户的同时存在使得草地租出的情况下牧户收入的基尼系数相对较高。

第四节　小结

本章基于内蒙古呼伦贝尔市与锡林郭勒盟的实地调研数据对牧户的草地租赁特征、牧户草地租赁行为的影响因素以及租赁对草地利用效果的影响进行分析。探究发现，在草地租赁特征方面，牧户对草地租赁的参与度较高，超过 50% 的牧户参与了草地租赁；牧户租赁的草场类型以放牧场为主；租赁草场与牧户自有承包草场之间具有一定的距离，其中打草场与牧户自有承包草场的距离相对较大；牧户的租赁草地面积存在较大差异，且租赁放牧场的面积一般大于租赁打草场的面积；牧户的草地租赁价格并不统一，但放牧场的租赁价格相对较低，放牧场和打草场均是在签订合同的情况下租赁价格较低；牧户的草地租赁以短期为主，大部分牧户的租赁期限不超过 1 年；牧户的租赁对象主要为同嘎查或附近嘎查的熟人。在租赁对草地利用效果的影响方面，草地租入情况下牧户草地利用的生态效果既好于未租赁的情况，也好于租出的情况，其中租出情况下草地的生态状况相对最差；草地租出的情况下不仅草地利用的生态效果较差，经济效果也相对较差，牧户的总收入、净收入、年底牲畜存栏量皆小于另外两种情况，且牧户收入的不平等程度也较高；此外，未租赁情况下草地利用的经济效果略好于租入的情况。

随着我国社会经济的不断发展，牧民对美好生活的向往不断增强。然而狭小的草地限制了畜牧业生产经济效益的提高，使得生产收入越来越难以满足其基本的现金需求。与此同时，狭小的草地使得放牧活动的移动性骤减，草地生态状况由此不断下降。在这种背景下，越来越多的牧户参与草地租赁市场，以期通过租赁草地的方式调配草地资源，进而提高草地利用的经济效果和生态效果，牧区的相关政策也开始鼓励牧户进行草地租赁。根据本章的研究结果，租入草地确实能够在一定程度上缓解自有草地的生态压力，促进草地的生态改善，但草地租赁也会造成租出草地生态状况的下降。因此，草地租赁双方应对租入者的草地利用行为进行约束，以降低租赁对草地生态的负向影响，进而最大限度地发挥租赁对草地生态的改善作用。此外，根据本章的研究，并未发现草地租入对草地利用的经济效果有明显的促进作用，其原因可能是租入草地的面积较小以致促进作用未能显现，但具体原因如何还有待进一步探究。

在细碎化的草地对畜牧业生产与草地生态的负向影响日益明显，且牧区劳动力转出不断增加的背景下，草地租赁将越来越普遍，也将越来越有必要性。根据本章的研究，牧区的草地租赁市场还远不完善，因此政策在鼓励牧户参与草地流转的同时应对草地租赁市场进行规范，以促进牧区草地租赁市场长期、健康发展。

第 13 章　牧区劳动力转移与草地管理

自牧区草地承包责任制实施以来，牧民获得了赖以生存的生产资料——草场，但由于分到每户的草场面积有限，加上随着子女成长，土地在牧户家庭内部进一步细分，草地细碎化和牧区劳动力边际生产率降低（陈文杰，2014）。尤其在"禁牧休牧"和"草畜平衡"政策实施后，越来越多的牧区存在劳动力富余，导致"人–草–畜–生产性资产"失配。参与劳动力市场是优化牧户家庭资源配置的重要方式。这包括两条途径：一是劳动力在畜牧业内部转移，即雇用劳动力从事牧业生产或受雇于其他牧户家庭；二是牧区劳动力从传统放牧畜牧业向非牧业部门转移。牧区劳动力转移状况如何？受何种因素的推动或制约？这对牧户赖以生存的草地资源的利用和管理有什么影响？研究牧区劳动力转移，有助于理解牧户优化家庭资源配置决策与制定草原牧业发展、牧区经济发展与社会稳定政策。本章将利用锡林郭勒盟的实地调研和统计资料，从牧区劳动力转移特点、存在问题以及劳动力转移对草地利用效果的影响三个方面展开讨论，回答以上问题。

据《锡林郭勒盟 2015 年国民经济和社会发展统计公报》，全盟常住人口为 104.26 万人，其中蒙古族占人口总数的 30%，城镇常住人口为 66.59 万人，农村牧区常住人口为 37.67 万人，占比为 36.13%，城镇化率为 63.87%。[①] 根据锡林郭勒盟行政公署统计数据，截至 2016 年末，全盟常住人口为 104.69 万人，比上年末增加 0.43 万人。根据 2010 年第六次全国人口普查，全盟男性人口为 53.64 万人，占 52.17%，女性人口为 49.17 万人，占 47.83%；0～14 岁人口为 14.18 万人，占 13.79%，15～64 岁人口为 81.76 万人，占 79.53%，65 岁及以上人口为 6.86 万人，占 6.67%；汉族人口为 68.19 万人，占 66.32%，蒙古族人口为

---

① 《锡林郭勒盟 2015 年国民经济和社会发展统计公报》，http://tjj.xlgl.gov.cn/ywlm/tjgb/ 201603/t20160331_1587874.html。

30.98 万人，占 30.13%，其他少数民族人口为 3.64 万人，占 3.54%；具有大学（指大专以上）程度的人口为 10.84 万人，具有高中（含中专）程度的人口为 16.91 万人，具有初中程度的人口为 37.44 万人，具有小学程度的人口为 27.58 万人（以上各种受教育程度的人包括各类学校的毕业生、肄业生和在校生）。①

第一节   牧区劳动力转移的特点

根据《锡林郭勒盟 2014 年国民经济和社会发展统计公报》与《锡林郭勒盟 2015 年国民经济和社会发展统计公报》，锡林郭勒盟 2014 年转移农牧民就业人员 103132 人，其中当年实现农牧民转移就业 22439 人，劳务输出 38805 人；2015 年转移农牧民就业人员 94174 人，比上年减少 8958 人，减少的比例为 8.7%，其中当年实现农牧民转移就业 21287 人，比上年减少 1152 人，减少 5.1%，劳务输出 39518 人，比上年增加 713 人，增加 1.8%。

实地调研涉及锡林郭勒盟 224 个牧民家庭的 858 人，其中劳动力人口 593 人，占调研总人口数的 69.1%。根据调研，有 111 户发生了劳动力转移，共计转移劳动力 169 人，占劳动力总数的 28.5%。从性别来看，转移的劳动力中男性和女性分别有 105 人和 64 人，占劳动力转移总数的 62% 和 38%；从民族来看，转移的劳动力中有蒙古族 139 人，汉族 29 人，分别占劳动力转移总数的 82% 和 17%，剩下的 1% 为达斡尔族、鄂温克族、鄂伦春族等民族的人口（陈文杰，2014）。

综合锡林郭勒盟的统计资料以及课题组在实地调研中的发现，锡林郭勒盟牧区劳动力转移具有以下六个特点。

（1）农牧业劳动力总体上呈转出趋势。锡林郭勒盟近年来的劳动力数量变化及其在三个产业间的分布见图 13.1。从两个方面可以看出农牧业劳动力总体上呈转出趋势：①劳动力数量总体呈增加趋势。适龄人口的增加使劳动力总数持续上升，但从事第一产业的劳动力数量基本保持平稳状态，略有下降。从 2007 年的 25.14 万人下降至 2015 年的 24.88 万

---

① 《锡林郭勒盟人口公告》，http://www.xlgl.gov.cn/zwgk/xmgk/rkgk/。

人，共减少 0.26 万人，下降幅度为 1.03%。②第二、三产业劳动力呈现上升趋势。对比劳动力总数的变化幅度以及三个产业劳动力数量的变化幅度可以发现，农牧业劳动力不断向第二、三产业流动。2007~2015年，从业劳动力总数增加 11.89 万人，若三个产业之间不存在劳动力相互流动，则按 2007 年三个产业的劳动力数量的相对比重（52%、12%、36%），至 2015 年三个产业劳动力数量的增加值应分别为 6.07 万人、1.36 万人、4.46 万人。但实际上，三个产业劳动力数量的增加值分别为 -0.26 万人、3.77 万人、8.38 万人。这说明，三个产业之间存在劳动力的相互流动，流动方向为第一产业至第二、三产业。

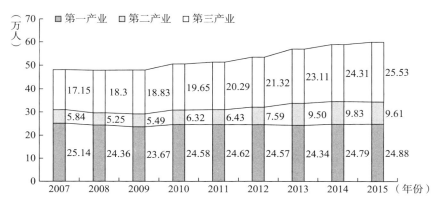

图 13.1　2007~2015 年锡林郭勒盟劳动力人数的变化趋势及分布情况

资料来源：锡林郭勒盟统计局历年统计数据。

（2）农牧业劳动力存在反向流动。随着"围封转移"等生态移民工程的开展，以及盟政府为促进农牧民劳动力转出所做的努力，① 锡林郭勒盟自 2000 年起开始实现持续的农牧业劳动力转出。以 2007~2009 年的劳动力变动情况为例，在劳动力总数基本保持不变的情况下第一产业的从业人数明显减少，而第三产业的从业总人数明显增加，说明农牧业劳动力不断向第三产业流动。但在 2009 年以后，农牧业劳动力转移开始出现反向流动。自 2009 年起，第一产业的劳动力人数呈波动上升趋势，至 2015 年第一产业的劳动力人数增加 1.21 万人，增幅达 5.11%。

以 2013~2015 年农牧业劳动力转移情况对劳动力反向流动现象进一

---

①　例如，对农牧民进行二、三产业的就业培训与指导，为转移的劳动力提供就业机会等。

步说明。如表 13.1 所示，锡林郭勒盟 2014 年和 2015 年转移的农牧民总人数相对上一年减少，其中 2014 年减少 5.9%（6412 人），2015 年减少 8.7%（8958 人）。这表明农牧业劳动力转移存在反向流动，2014 年和 2015 年农牧业劳动力转移的反向流动率分别为 26.3% 和 29.3%。主要原因是次贷危机发生后，全球经济疲软，部分对外依存度较高的企业关闭、减产、裁员，房地产等劳动密集型产业也因行业不景气大量减少就业岗位。在这种背景下，知识水平与劳动技能都较低的农牧民劳动力成为受影响最大的群体，他们被迫返乡从事农牧业生产，进而造成明显的劳动力反向流动现象。

表 13.1　2013 ~ 2015 年农牧业劳动力转移情况

年份	转移总人数（人）	当年转移人数（人）	反向流动率（%）
2013	109544	23663	–
2014	103132	22439	26.3
2015	94174	21287	29.3

注：反向流动率 =（上一年农牧业劳动力转移总数 − 当年劳动力转移总数 + 农牧业劳动力当年转移数量）/ 上一年农牧业劳动力转移总数。

资料来源：《锡林郭勒盟 2013（2014、2015）年国民经济和社会发展统计公报》。

（3）农牧业劳动力的转移距离长短共存，但以短距离转移为主。根据实地调研，在受访的 169 个转移劳动力中有 131 人在本地就业，占总数的 77.51%；仅 38 人在外地就业，并且其中的 11 人只是暂时在外地打工（见表 13.2）。这表明相对长距离劳动力转移，牧区劳动力更偏向选择留在本地就业。这与农区劳动力更倾向于长距离转移的情况存在一定差异。这可能是因为牧区劳动力转移时考虑更多的是风俗习惯以及语言问题。牧区人口多为少数民族，具有较强的民族特性且汉语水平普遍不高，他们在汉族人口聚居的地方难以找到合适的工作及适应外地的生活，因而更倾向于在本民族人口较多的本地就业。

（4）农牧业劳动力转移后以雇用为主，较少自主创业。表 13.2 显示，牧区劳动力转移后大部分在不同行业从事雇用工作，仅有小部分选择了自主创业。在受访的 169 名转移劳动力中，仅有 27 人创业，占转移劳动力总数的 15.98%。其中 23.07% 在政府部门工作，剩余 60.95% 在不同行业打工。

表 13.2   受访牧户劳动力转移就业情况分类

项目	就业情况	人数（人）	占比（%）
本地就业	本地打工	65	38.46
	公职人员	39	23.07
	自主创业	27	15.98
	合计	131	77.51
外地就业	长期在外地打工	27	15.98
	暂时在外地打工	11	6.51
	合计	38	22.49
总计		169	100

资料来源：课题组于锡林郭勒盟的实地调研。

（5）转移劳动力普遍较为年轻且汉语水平较高。图 13.2 显示了受访的转移劳动力的年龄分布。转移劳动力的平均年龄为 32.7 岁，小于受访牧民的平均年龄（44.6 岁）。21～40 岁的青壮年劳动力 134 人，占总数的 79%；低龄（16～20 岁）和高龄（51～60 岁）年龄段的劳动力分别 4 人、8 人。此外，与劳动力总体的汉语水平相比，转移劳动力的汉语水平明显较高，有 127 人汉语很好，占总数的 75%，仅有 3%（5 人）不会说汉语。而在受访的 593 名牧区劳动力总样本中，汉语水平很好的为 349 人，占 58.9%，远低于转移劳动力的相应比例，而不会说汉语的却占 11.1%，远高于转移劳动力的相应比例（3%）（陈文杰，2014）。

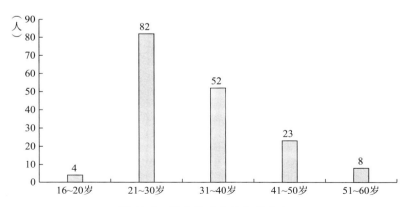

图 13.2   转移劳动力的年龄分布

资料来源：陈文杰（2014）。

（6）劳动力转移比例与劳动力的受教育水平正向相关。转移的劳动力平均受教育年限为 11.2 年，比受访牧区劳动力总体平均受教育年限多 1.9 年，其中受教育水平最高的是硕士。具体来说，大专及以上学历的有 50 人，劳动力转移比高达 71.43%；高中（职中）学历的有 41 人，劳动力转移比为 33.06%；初中学历的有 54 人，劳动力转移比为 23.18%；小学及以下学历的 22 人，劳动力转移比 13.41%（见图 13.3）。同等条件下，受教育水平较高的劳动力具备的从业知识与技能也相对较高，更能够满足职位要求，薪资水平也相对较高，因而更有能力也更倾向于转移至第二、三产业（陈文杰，2014）。

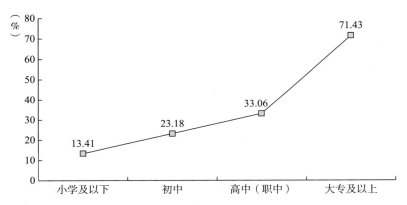

图 13.3 牧区受访不同教育水平的劳动力转移情况

资料来源：陈文杰（2014）。

第二节 牧区劳动力转移对草地利用的影响

草地具有多功能性，其中以经济功能和生态功能为主。从经济功能来看，草地是重要的牧业生产要素，是牧户维持生计不可或缺的资源；从生态功能来说，草地具有防风固沙、涵养水源的作用，是维护国家生态安全的天然屏障。草地的经济功能与生态功能以牧业生产为媒介，通过牧户的草地利用行为得以体现。牧户草地利用行为不同，所产生的经济效果与生态效果就不一样，草地经济功能与生态功能发挥的程度也就有所不同。牧户，更准确地说是牧民家庭的劳动力，对草地经济功能与生态功能发挥具有关键作用，是将草地与人类活动有机结合并产生经济与生态效果的能动性主体。在劳动力转移后，牧民家庭的劳动力结构发生变化，牧业生产安排随之调整，进而对草地的利用效果产生影响。随着牧民家庭劳动力不断向第二、三产业流动，劳动力转移对草地利用效果的影响将日益明显。本部分将利用调研资料从经济与生态角度探究劳动力转移对草地利用效果的影响。

2.1　劳动力转移对放牧方式的影响

劳动力转移后，牧户家庭从事牧业生产的劳动力数量减少，劳动力与草地等牧业生产要素的匹配关系会发生不同程度的变化，进而导致牧户对草地的利用方式发生调整。基于调研资料以及调研过程中的观察，可将劳动力转移后牧户对草地利用方式的调整区分为以下情形。

（1）若劳动力转移后，畜牧业生产的劳动力与草地等生产要素的原有匹配关系并未发生明显变化，则牧户以原有生产要素结合转移后剩余的劳动力进行畜牧业生产。在这种情况下，牧户由全职放牧转变为兼营放牧，但在具体生产安排方面除劳动力数量减少外并没有明显变化。

（2）若劳动力转移后，畜牧业生产的劳动力与草地等生产要素的原有匹配关系发生明显变化，牧户通过以下几种生产安排进行调配：①租出承包的草地，但雇用他人放牧自家牲畜；②不租出草地，但雇用他人放牧自家牲畜；③租出承包草地并出售全部牲畜，退出畜牧业生产。第三种情况下牧户不再进行草地利用，因而本文不将其作为研究对象。

（3）若劳动力转移后，家庭仍从事畜牧业生产且将部分非牧劳动收入用于畜牧业生产投资，则家庭原有的畜牧业生产规模扩大。在这种情况下，牧户一般会租入他人草地，并可能会雇用劳动力以增加畜牧业劳动力总数。

因此，劳动力转移后牧户的草地利用方式可分为兼业放牧、基于草地租出的雇用放牧、雇用放牧、基于草地租入的雇用放牧、基于草地租入的兼业放牧 5 种情形（见图 13.4）。

利用调研所获数据对牧户在劳动力转移后对草地与劳动力的调整情况以及放牧方式进行详细说明（见表 13.3）。在受访的 220 个牧户中，76.8％的牧户发生了劳动力转移，表明劳动力转移在牧户中较为普遍。发生劳动力转移的牧户与未发生劳动力转移的牧户在草地租赁行为方面

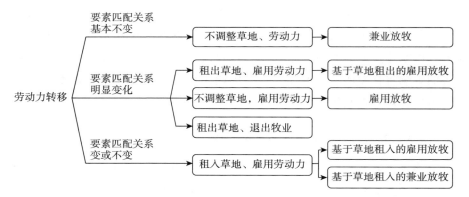

图 13.4　劳动力转移与草地利用方式

存在较为明显的差别。从草地租入的角度看，劳动力转移牧户的草地租入比例比未转移牧户高出 7.6 个百分点；从草地租出的角度看，劳动力未转移家庭中没有任何一户将草地租出，但劳动力转移家庭中则有 6.5% 的家庭将草地租出，且有 2.3% 的家庭将草地全部租出。上述差别说明，劳动力转移后部分牧户对草地进行了一定程度的调整。除此之外，劳动力转移牧户与未转移牧户在劳动力雇用方面也存在较为明显的差别。18.3% 的劳动力转移牧户雇用了他人放牧牲畜，而劳动力未转移牧户该比例则相对较低，为 13.7%。这一结果说明，劳动力转移后部分牧户对劳动力进行了一定程度的调整。

表 13.3　劳动力转移牧户的租赁行为与放牧方式

项目	劳动力转移		劳动力未转移	
	数量（人）	占比（%）	数量（人）	占比（%）
合计	169	76.8	51	23.2
草地租入	46	27.2	10	19.6
草地租出 *	11	6.5	0	0
雇用劳动力放牧	31	18.3	7	13.7
自有劳动力放牧	133	78.7	44	86.3
兼业放牧	92	54.4	0	0
基于草地租出的雇用放牧	6	3.6	0	0
雇用放牧	20	11.8	6	11.8
基于草地租入的雇用放牧	5	3.0	1	2.0

项目	劳动力转移		劳动力未转移	
	数量（人）	占比（%）	数量（人）	占比（%）
基于草地租入的兼业放牧	41	24.3	0	0
全职放牧	0	0	35	68.6
基于草地租入的全职放牧	0	0	9	17.6

注：劳动力转移、劳动力未转移栏下的总体比例是指劳动力转移、劳动力未转移户数占总体牧户数的比例；其余的比例以劳动力转移栏下的草地租出比例为例，其是指劳动力转移牧户中租入草地的牧户数占劳动力转移牧户数的比例，而非占牧户总数的比例。

* 由于 11 个租出草地的牧户中有 5 个将草地全部租出并退出畜牧业生产，除租出一栏外，其他栏中并未将这 5 个牧户包括在内，下文的分析也不涉及这 5 个牧户。

表 13.3 还显示了受访牧户放牧方式的相关数据。可以看出，劳动力转移牧户与未转移牧户的放牧方式具有较为明显的差异。劳动力转移牧户的三种主要放牧方式为兼业放牧、基于草地租入的兼业放牧以及雇用放牧，其中半数以上（54.4%）劳动力转移牧户采用兼业放牧方式；劳动力未转移牧户的三种主要放牧方式为全职放牧、基于草地租入的全职放牧以及雇用放牧，其中大多数（68.6%）牧户采用全职放牧的方式。

2.2　劳动力转移对草地利用效果的影响

劳动力转移后原有的要素匹配发生不同程度的变化，使得牧户在草地经营面积、劳动力以及牧业生产投资等方面进行调整，并由此带来草地利用效果的变化。表 13.4 和表 13.5 分别展示了劳动力转移与劳动力未转移牧户草地利用的生态效果与经济效果，以及劳动力转移下各种放牧方式牧户草地利用的生态效果与经济效果。在生态方面，主要通过放牧场可食性牧草的高度、盖度、种类这三个能够基本体现草地生态状况的指标从客观角度反映草地的利用效果，并通过牧户对草地生态的评价从主观角度反映草地的利用效果；在经济方面，主要通过牧户净收入与年底牲畜存栏量反映草地利用的效果。

表 13.4　劳动力转移与否与草地利用效果

项目	劳动力转移	劳动力未转移	劳动力转移 - 劳动力未转移
草场生态评价（数值型）	3.68	3.62	0.06

项目	劳动力转移	劳动力未转移	劳动力转移 - 劳动力未转移
放牧场牧草高度（数值型）	2.58	2.60	- 0.02
放牧场牧草盖度（数值型）	3.11	2.79	0.32
放牧场牧草种类（数值型）	8.69	8.53	0.16
年底牲畜存栏量（标准羊）	234	278	- 44
畜牧业净收入（万元）	3.53	5.49	- 1.96
牧户总净收入（万元）	8.71	5.49	3.22

注：草场生态评价的赋值方式为：1 = 极严重退化，2 = 严重退化，3 = 中度退化，4 = 轻微退化，5 = 未退化；

放牧场牧草高度的赋值方式为：1 < 10cm，2 = 10～20cm，3 = 21～30cm，4 = 31～40cm，5 > 40cm；

放牧场牧草盖度的赋值方式为：1 < 20%，2 = 20%～40%，3 = 41%～60%，4 = 61%～80%，5 > 80%；

放牧场牧草种类的赋值方式为：1 < 5 种，2 = 5～10 种，3 = 11～15 种，4 = 16～20 种，5 > 20 种。

表 13.5　劳动力转移下各种放牧方式牧户的草地利用效果

项目	兼业放牧	草地租出雇用放牧	雇用放牧	草地租入雇用放牧	草地租入兼业放牧
草场生态评价（数值型）	3.72	3.58	3.66	3.65	3.84
放牧场牧草高度（数值型）	2.60	2.50	2.56	2.55	2.68
放牧场牧草盖度（数值型）	3.14	3.02	3.08	3.08	3.23
放牧场牧草种类（数值型）	8.76	8.43	8.61	8.59	9.04
年底牲畜存栏量（标准羊）	228	195	206	246	285
畜牧业净收入（万元）	4.67	3.40	3.25	3.18	3.58

注：草地租出雇用放牧指基于草地租出的雇用放牧，草地租入雇用放牧指基于草地租入的雇用放牧，草地租入兼业放牧指基于草地租入的兼业放牧。

2.2.1　劳动力转移与草地利用的生态效果

在草地利用的生态效果方面，根据表 13.4，劳动力转移牧户的放牧场可食性牧草的盖度、种类皆大于劳动力未转移牧户的相应值，放牧场可食性牧草的高度虽相对较小，但差异不大。因此，从客观的角度看，劳动力转移牧户草地利用的生态效果要好于劳动力未发生转移的牧户。从牧户主观印象的角度也可得出相同结论。根据牧户对草地生态状况的评价，劳动力转移牧户的草场生态评价得分为 3.68，略高于劳动力未转移牧户的草场生态评价得分 3.62。

劳动力转移牧户草地利用的生态效果好于劳动力未转移牧户草地利用的生态效果。原因可能是，未发生劳动力转移时，牧民家庭以畜牧业生产为主要或唯一的收入来源，家庭绝大部分收入所得皆来自牲畜以及皮、毛、奶等畜产品的出售。在这种情况下，为满足既定人口的生存需求，家庭饲养的牲畜数量必须达到一定的限度才能够获得维持生计所需的收入额度。劳动力转移后，家庭在原有收入项的基础上增加了非牧业劳动收入项，牧户只需从畜牧业生产中获取部分维持生计收入，因而家庭饲养牲畜的最低限度下降。家庭饲养的牲畜数量减少，草场的载畜压力也相对较小，草地由此具有更好的生态状况。通过牧户年底牲畜存栏量以及单位草场载畜量的比较可对此进行证明：劳动力转移牧户的年底牲畜存栏量平均为 234 头，比劳动力未转移牧户的年底牲畜存栏量少 15.8%；劳动力转移家庭的单位草场载畜量也明显小于未转移家庭，前者每百亩草场的载畜量为 5.1，而后者为 7.1。除此之外，劳动力转移的部分家庭会增加对畜牧业生产的饲草料投入，进而在一定程度上减轻草地的生态负担。根据调研资料，74.0% 发生劳动力转移的牧户表示会通过购买饲草料的方式缓解草地的生态负担。虽然劳动力转移家庭的饲草料总投入（30654 元）与劳动力未转移家庭（30747 元）相近，但劳动力转移家庭的畜均饲草料投入（131 元）比劳动力未转移家庭（111 元）高出 18.0%。畜均饲草料供应的增加减少了牲畜对天然草场的食草需求，进而降低了草地的生态负担，有助于草地利用实现更好的生态效果。

表 13.5 展示了劳动力转移牧户各种放牧方式草地利用的生态效果。不同放牧方式草地利用的生态效果存在一定差别。兼业放牧与基于草地租入的兼业放牧草地利用的生态效果明显较好。究其原因，无论兼业放牧还是基于草地租入的兼业放牧，皆是以自有劳动力为牧业生产主体，相比其他以雇用劳动力为劳动主体的放牧方式，这两种方式下的劳动力在放牧过程中并非只是单纯地完成劳动任务，也较为注重对草地生态的保护，因为其关系着自家牧业生产未来的可持续性。在几种放牧方式中，基于草地租出的雇用放牧方式下草地利用的生态效果最差。此种结果可能由以下原因导致：一方面，如上文所述，雇用劳动力放牧的主要目的是完成劳动任务，对草地的生态状况并不十分关注，因此可能会有一些

不利于草地生态的利用行为；另一方面，租入者为让租入草地产生最大化的经济效益，可能会过度利用草地，使草地承受过大的载畜压力，进而对草地生态造成破坏。

2.2.2　劳动力转移与草地利用的经济效果

根据表 13.4，劳动力转移牧户的畜牧业净收入与年底牲畜存栏量皆明显小于劳动力未转移牧户的相应值，但其总净收入大于后者。这表明，劳动力未转移牧户草地利用的经济效果好于劳动力转移牧户草地利用的效果，但由于非牧收入的存在，后者的总净收入相对较高。出现这一结果的原因可能是：①劳动力转移后，牧户主动缩减畜牧业生产规模。劳动力转移后牧户增加了非牧业收入来源，对畜牧业收入的需求额度降低，因而主动缩减牲畜饲养规模，畜牧业净收入减少。②劳动力转移后家庭牧业生产的劳动力不足。样本中大部分（79.2%）的家庭劳动力转移后仅剩 1~2 个劳动力，其中只有少部分家庭通过雇用他人进行了劳动力补充，而过半数（51.9%）的劳动力未转移家庭具有 3 个或 3 个以上自有劳动力并且部分家庭又雇用了他人进行放牧。对于畜牧业生产这种高度劳动密集型的活动，1~2 个劳动力难以满足生产的需求，劳动力转移家庭相对较少的劳动力数量导致其相对较低的畜牧业生产效率，从而只有相对较低的畜牧业净收入。③劳动力转移后家庭缺乏从事牧业生产的青壮年劳动力，剩余劳动力平均年龄为 51 岁，这远大于劳动力未转移家庭的平均年龄 46 岁。劳动力转移后家庭剩余劳动力的受教育水平一般为小学及以下，而未转移劳动力的受教育水平一般为小学或初中。劳动力相对较大的年龄以及相对较低的受教育水平使得劳动力转移家庭的剩余劳动力在体力以及对新技术的接受能力等方面较弱，进而导致其畜牧业生产效率相对较低，畜牧业净收入相对较低。④部分家庭在劳动力转移后将牲畜交由他人代牧，由于缺少相应的奖惩机制与监督机制，代牧者对畜牧业生产的体力与智力投入会在一定程度上少于以自有劳动力从事畜牧业生产的家庭，请人代牧的劳动力转移家庭的畜牧业生产效率相对较低，畜牧业净收入也因此较低。

表 13.5 展示了劳动力转移牧户在不同放牧方式下草地利用的经济效益，年底牲畜存栏量以及畜牧业净收入存在差异。其中，基于草地租入的雇用放牧与基于草地租入的兼业放牧牧户的年底牲畜存栏量较多；兼

业放牧与基于草地租入的兼业放牧下畜牧业净收入相对较高。牧户的牲畜存栏量是其牧业生产能力的体现：存栏量越多，说明牧业生产能力越强，牧户获取高牧业收入的可能性就越大。不过，比较各种放牧方式下牲畜存栏量的排序与畜牧业净收入的排序发现，二者并不一致。基于草地租入的兼业放牧方式下牧户具有最大的牲畜存栏量，但畜牧业净收入却小于兼业放牧下的畜牧业净收入，基于草地租入的雇用放牧也存在类似情况。分析其原因，基于草地租入的兼业放牧以及基于草地租入的雇用放牧等方式下牧户在草地租入、雇用劳动力方面具有较大的支出，因而降低了畜牧业生产的净收益，进而导致这些方式下牧户的年底牲畜存栏量虽然较多而牧业净收入却并不高。在以上放牧方式中，基于草地租出的雇用放牧下草地利用的经济效果较差，不仅牧业生产的净收入较低，年底牲畜存栏量也明显低于其他方式下的存栏量。原因可能是：一方面，牧户将草地出租后缩小了牧业生产规模，并减少对畜牧业生产的物力投入，由此导致畜牧业生产水平降低；另一方面，牧户将劳动重心转移到非牧业生产活动，雇用劳动力进行放牧，进而减少自家对畜牧业生产的智力、体力投入，而雇用劳动力关注的主要是如何完成劳动任务，对提高牧业生产的经济效益重视程度较低，导致畜牧业生产的经济效益也较低。

牧户家庭劳动力的转移会通过改变资源的配置方式而影响草地的利用和管理效果。影响路径和所导致的草地利用方式通常有：不改变要素匹配关系，牧户倾向于兼业放牧；租出草地，雇用他人放牧或委托放牧，或放弃放牧；转出了家庭里多余的劳动力，放牧方式没有发生变化。劳动力转移对承包草地的利用具有相对较好的生态效果，但经济效果相对较差。不过，综合来看，劳动力转移对草地利用与牧户生计具有正向影响。劳动力转移后，草地的生态状况有一定程度的改善，牧户的牧业收入虽然有所下降，但非牧收入的增加使总净收入大幅度提高，这有可能间接减轻对草场的放牧压力，从而有利于草地的可持续管理。此外，劳动力转移下不同放牧方式牧户的草地利用效果存在差异，如兼业放牧与基于草地租入的兼业放牧两种方式下的草地利用效果相对较好，而基于草地租出的雇用放牧方式下的草地利用效果相对较差。这说明，虽然劳动力转移从整体上对牧户的草地利用与牧户生计具有正向影响，但不同放牧方式下牧户所受影响的程度并不相同。通过引导牧户对放牧方式进行调整，可提高部分劳动力转移牧户的受益程度。

第三节 小结

本章基于统计资料及实地调研资料对锡林郭勒盟牧区劳动力转移的特点、存在问题以及牧区劳动力转移对草地利用的影响进行了探讨。研究发现，牧区劳动力转移以受教育水平和汉语水平较高的青壮年劳动力为主，转出后的劳动力大部分在当地的第二、三产业从事雇用工作，并且劳动力转移存在反向流动现象。劳动力转移下不同放牧方式牧户的草地利用效果及劳动力转移的受益程度存在差别。随着牧民劳动力不断向第二、三产业流动，劳动力转移对草地利用效果的影响将日益凸显。为进一步发挥劳动力转移对草地利用生态效果和牧户总收入的正向促进作用，相关政策应做好衔接工作，一方面帮助牧民更顺利地实现劳动力转移，另一方面引导牧户选择更具生态经济优势的放牧和经营管理方式。

第14章　牧区信贷市场发育及草地管理

20世纪80年代的"双权一制"改革将草地的承包经营权划分到户，单家独户的定居式经营带来了畜牧业生产成本的大幅度提高，一方面畜牧业生产新增了水井建设、围栏建设、牧业机械购置、饲草料购置等成本支出，另一方面由于互惠合作机制被打破，牧户只能以资金投入应对各种自然风险。在这种背景下，牧户面临着十分大的资金负担。近年来，随着草地退化的加剧，牧户在饲草料方面的支出不断增加，资金负担不断增大。此外，由于牧区经济与社会的发展，牧户的生活成本也在日益提高，资金负担进一步增加。正常情况下，牧户的资金负担依靠出售牲畜的方式减轻。受风俗习惯的影响，牧户普遍没有存款的习惯，将牲畜作为主要的财富储存工具，通过牲畜出售的方式满足其资金需求。在这种情况下，若牲畜的销售渠道畅通且市场需求较大，牧户的资金需求则可以得到充分满足，但若牲畜的销售情况不佳，牧户则无法获得所需的全部资金；而后者是牧户当前所面对的现实。在具有较大的资金负担且主要资金来源不畅的情境中，为维持畜牧业生产，牧户只能通过借贷的方式满足资金需求，由此形成当前牧户普遍借贷的局面。

本章使用课题组2012年于呼伦贝尔市、锡林郭勒盟的实地调研所获资料对牧户的信贷行为特征以及信贷对牧户草地管理效果的影响进行分析。

第一节　牧户信贷行为特征

根据对内蒙古牧区的调研（F3），71%的牧户具有信贷需求，在具有信贷需求的牧户中81%的牧户实际获得了信贷（柏娜，2014）。牧户在信贷用途、信贷发生时间、信贷来源、信贷获取条件、信贷额度及信贷期限等方面有一定差别。一些牧户借贷用于满足家人生病、子女上学等事件带来的生活方面的资金需求，一些牧户借贷用于满足草料购买、牧业机械购置等生产方面的资金需求。大部分牧户通过信用社、农业银行、信贷公司、邮政储蓄等正规金融机构获取信贷，但也有部分牧户从非正规金融机构或亲戚朋友处借款。不同信贷来源的借款要求和利率水平存在差别，正规金融机构一般需要牧户在借贷时提供抵押或担保，但利率水平相对较低，而非正规金融途径较少要求牧户提供抵押和担保，但利率水平相对较高。牧户的信贷额度与信贷期限具有较大差异，最高的信贷额与最低的信贷额之间相差数倍，信贷期限也从几个月到几年不止。

下文对牧户的信贷用途与信贷发生时间、信贷来源与信贷获取条件、信贷额度及信贷期限依次进行分析，并将分析结果同农区的已有研究结果进行比较。

1.1　牧户的信贷用途及信贷发生时间

根据调研资料，牧户的信贷用途主要可分为生活用途和生产用途两种。表 14.1 显示了借贷牧户的全部贷款用途。

表 14.1　牧户的信贷用途

项目	贷款用途	占比（%）
生活用途（39.5%）	供子女上学	15.6
	给家人治病	12.5
	建房子	8.3
	婚丧嫁娶	3.1
生产用途（51.0%）	买草料	31.3
	买牲畜	10.4
	买机械	4.1
	短期周转	3.2
	打草油费	2.0
其他（9.5%）	还贷款	9.5

在生活用途方面，牧户借贷主要为满足供子女上学、给家人治病、建房子等方面的资金需求。其中，供子女上学与给家人治病是生活方面最主要的信贷用途。由于牧户普遍没有存款的习惯，在发生家人生病或子女上学这种具有大额资金需求的事件，且牧户不希望或无法通过出售

牲畜的方式满足这些资金需求时，牧户只能通过借贷的方式应对。无论是家人生病还是子女上学，都是急迫且不可逃避的资金支出事件，因此这两方面的信贷用途所占的比例较大。

在生产用途方面，牧户借贷主要用于购买草料和牲畜、购置牧业机械等，即为满足牧业生产正常周转或扩大生产规模的资金需求。其中，购买草料是生产方面最主要的信贷用途。不仅如此，购买草料也是全部信贷用途中占比最大的。其原因如下：近年来草地不断退化，牧户自有承包草地生产的牧草越来越难以满足畜牧业生产的需求，只能从外界购买草料进行补充。根据调研资料，80%以上的牧户都需要通过购买草料维持畜牧业生产。畜牧业生产支出成本与获取收入的时间存在间隔，且牧户普遍没有存款的习惯，因而一些牧户只能通过借贷获取购买草料的资金。

值得注意的是，小部分（9.5%）牧户具有借新贷款还旧贷款的行为。这主要由牧户贷款购买草料以及牧户牲畜销售不佳两个原因共同导致。正常情况下，若牧户的牲畜销售状况良好，则牧户可以在一个畜牧业生产周期结束后出售牲畜，并用所获收入清偿购买草料的贷款。但当前的牲畜销售情况十分不佳，部分牧户的牲畜出售收入小于草料支出，无法清偿贷款。在这种情况下，部分牧户通过借新贷款的方式还清旧贷款，并获取下一轮畜牧业生产的投入资金。

牧户信贷发生时间的分布见图 14.1。图 14.1 显示，1~2 月是一年中牧户信贷发生率最高的时段，5~6 月与 11~12 月是信贷发生率次高的两个时段。牧户信贷发生时间的分布与畜牧业生产对资金的节点性需求相关。每年的 10 月份，内蒙古开始进入冬季，为保证牲畜能够度过寒冷的冬天且不出现明显的掉膘，牧户在 11~12 月需要打草、购买草料进行储存以满足牲畜在冬季的进食需求，而打草和购买草料皆需要较大的资金支出，自有资金不足的家庭只能通过借贷的方式获取资金，因而 11~12 月具有较高的贷款发生率。进入 1 月份后，经历了一个冬天的进食，牧户储存的草料已所剩无几，而草场上的牧草还未生长至可供牲畜采食的程度，牧户由此需要购买大量草料，进而产生资金需求；与此同时，每年的 1 月份信用社会到各嘎查为牧户统一办理联保贷款，以缓解牧户的资金压力，资金供给与资金需求的匹配使得 1~2 月具有最高的贷款发生率。到 5 月份，内蒙古牧区的气温开始回升，牧户新一轮的畜牧业生产开始，产生成本投入方面的资金需求，因此 5 ~ 6 月份也具有较高的信贷发生率。

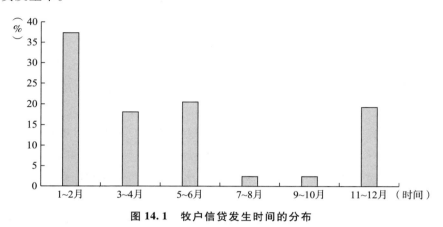

图 14.1　牧户信贷发生时间的分布

1.2　牧户的信贷来源及获取条件

近年来，为了满足广大牧户日益增加的信贷需求，进而促进牧区的经济发展，我国积极推动各金融机构在牧区开展普惠金融服务。目前，在牧区使用频率较高的是联保贷款。根据调查资料，大部分（85.2%）牧户获得的贷款来自农村信用社的联保贷款。这种联保贷款需要 5 个或是 3 个牧户结成共同体，以共同体的信用申请贷款、承担还款义务。这种贷款属于普惠金融范畴，因而贷款利率相对较低，且贷款时间相对较长。不仅如此，这种联保贷款一般由信用社到嘎查统一办理，由联保户之间相互担保，牧户自身不需要提供任何抵押，申请流程也较为简单。除信用社的联保贷款外，少数牧户（6.2%）通过农业银行或农业发展银行等其他金融机构获取贷款。这些贷款的利率水平一般比联保贷款高，且需要牧户以草场本作为抵押，或是需要有稳定收入来源的第三方提供担保。此外，不同于联保贷款，农业银行或农业发展银行的贷款申请流程较为复杂，申请贷款的牧户在获得贷款前需要付出一定的时间与精力。调查数据显示，从农业银行或农业发展银行获取贷款的牧户在获得贷款前平均需要花费 40.5 小时，平均需要支付路费等相关费用 617.9 元。有的牧民为了借到 1 万元的贷款在旗里住了一个半月，也有人为了 7 万元的贷款，支付了包括交通费、随礼费等近 5500 元。

在国家大力推动普惠金融的背景下，农村信用社以及农业银行、农村发展银行等正规金融机构简化了贷款的申请流程，并在一定程度上放宽了贷款的获取条件，但牧户从正规金融机构获取贷款还是十分困难。对于居住地较为偏远且固定资产较少的牧户尤为如此。在难以从正规金融机构获得信贷的情况下，部分牧户选择从非正规金融机构或是私人手中借款。从非正规金融机构或私人手中借款一般不需要任何抵押或担保，仅需牧户签署书面字据，但贷款的利率水平同正规金融机构相比明显较高。除此之外，小部分牧户通过向亲戚朋友无息借款的方式缓解短期的资金需求。牧户不同信贷来源所占的比例见表 14.2。

表 14.2　牧户不同信贷来源的分布情况

项目	信贷来源	占比（％）
正规金融机构（91.4％）	农村信用社	85.2
	农业银行、农村发展银行	6.2
非正规金融机构（6.0％）	小额信贷公司	1.5
	私人钱庄	4.5
其他（2.6％）	亲戚朋友	2.6

1.3　牧户的信贷额度及信贷期限

牧户信贷额度的分布情况见表 14.3。牧户的平均信贷额度为 3.5 万元，大部分（83.0％）牧户的信贷额度在 1 万~5 万元。比较牧户的信贷额度可以发现，不同牧户间具有较大差异。少数（4.3％）牧户的贷款金额不超过 0.5 万元，贷款金额最低的牧户仅借款 0.2 万元；而最大的贷款金额高达 30 万元，是最小的贷款金额的 150 倍之多。牧户信贷期限的分布情况见表 14.4。牧户的平均信贷期限为 16 个月，大部分牧户的信贷期限介于 6~12 个月；牧户信贷期限最短的为 1 个月，最长的为 72 个月。

表 14.3　牧户信贷额度的分布情况

贷款额度（万元）	<1	1~3	4~5	6~7	8~9	10~11	>11
占比（％）	6.4	56.6	26.4	3.4	2.8	3.0	1.4

表 14.4　牧户信贷期限的分布情况

贷款期限（月）	<6	6~12	13~18	19~24	25~30	>30	无固定期限
占比（%）	5.2	68.9	0	10.4	0	8.4	7.1

牧户信贷额度的差异由其在贷款需求与贷款来源方面的差异共同导致。从信贷需求看，给家人治病、购买牧业机械以及购买草料等需求下牧户的借款金额较大，平均分别为 4.3 万元。从贷款来源看，牧户从农村信用社获得的联保贷款金额一般是固定的，为 3.0 万元；而牧户从农业银行或农村发展银行获得的贷款金额相对较大，最低为 2.0 万元，平均为 4.4 万元。从信贷期限看，牧户从农村信用社获得的联保贷款的期限皆为 12 个月，而从其他途径获得贷款的期限则随牧户的贷款需求而定。若牧户借贷款用于购买草料、牲畜，则贷款期限通常不多于 12 个月；若牧户借贷款用于购买牧业机械或是给家人看病，则贷款期限相对较长。部分从非正规金融机构或是私人手中借贷的牧户并未与资金供给方确定强制性还款时间，仅是商定一个预期的还款时间，到期未能还款则提高还款利率。

1.4　农牧户信贷行为特征的比较

牧区与农区在自然条件、生计活动方面存在较大差异，因而牧户与农户的信贷行为具有明显的不同。牧户与农户信贷行为特征的比较结果见表 14.5。表 14.5 显示，牧户的信贷需求高于农户，但实际获得信贷的概率低于农户。在信贷用途方面，牧户借贷款主要为满足生产方面的资金需求，而农户贷款更多的是用于生活方面的支出。在信贷发生时间方面，牧户的信贷主要发生在 5~6 月、11~12 月以及 1~2 月，具有明显的周期性规律，而农户的信贷发生时间则没有类似的规律。在信贷来源与获取条件方面，牧户的贷款主要来自农村信用社、农业银行等正规金融机构，而农户则更多地通过非正规的民间借贷获取资金。在信贷额度方面，牧户的贷款额度相对于农户较高，前者的平均贷款额度为 2.1 万元，而后者一般不超过 1.0 万元。主要信贷来源的不同导致牧户与农户信贷获取条件的不同，牧户获取贷款一般需要抵押或是由嘎查、第三方等进行担保，而农户获取贷款则主要需要第三方担保。

表 14.5　农、牧户信贷行为特征的比较

项目	牧户（本文研究结果）	农户
信贷需求	具有信贷需求的牧户占样本总数的70.7%，信贷的实际发生率为57.21%	山西省 2000 年有贷款需求的农户所占比例为62.15%，贷款实际发生率为40.67%（史清华等，2002）；2017 年山东等 3 省 9 县农户贷款需求率为40%，贷款实际发生率为67.4%（褚保金，2008）
信贷用途	最主要的四个用途为：买草料（31.3%），供子女上学（12.5%），给家人治病（12.5%），买牲畜（10.4%）	1995～1999 年，35%～50% 的农村信贷用于生活性目的（温铁军，2001）；1980 年以后信贷需求结构没有发生实质性变化，近几年的调查表明非生产性信贷需求仍然是农民最主要的金融需求（周立，2010）
信贷发生时间	牧户信贷主要集中在 5～6 月、11～12月、1～2 月	—
信贷来源	贷款主要来自正规金融机构，其中信用社贷款占91.1%	农村信贷供给渠道越来越趋向多元化和市场化，但正规金融机构信贷开始萎缩，非正规借贷的作用更加突出（周立，2010）
信贷额度	平均贷款额度为 21393 元；大部分（60%）牧户贷款额度在 20000～50000元，贷款额度在 10000 元以下的仅占20.9%	全国的 50 个案例表明，10000 元以上的贷款只占16%（温铁军，2001）；2004 年全国农户贷款平均额度为 9955 元（韩俊等，2011）
信贷获取条件	67.8% 的信贷需要担保；担保方式包括嘎查集体担保（45.5%），主要关系人担保（36.4%）以及联户担保（18.1%）。64.3% 的信贷需要抵押；最主要的抵押品是草场，草场抵押占86.5%，其他抵押方式包括牲畜抵押（4.5%）、房产证抵押（4.5%）、身份证抵押等（4.5%）	全国 6 个县的调查结果表明 70% 的贷款需要担保，贷款的主要保证形式是担保人，而不是抵押（汪三贵，2001）

注：虽然反映农户信贷行为的资料与本章用于反映牧户信贷行为的资料在时间上不同，进而在一定程度上降低了比较结果的准确度，但比较结果仍能在一定程度上反映出农牧户信贷行为的差异。

第二节　牧户信贷行为对草地利用的影响

调研数据显示，半数以上（51.0%）的牧户贷款是为了满足畜牧业生产的需求。其中，31.3% 的贷款用于购买草料，10.4% 的贷款用于购买牲畜，4.1% 的贷款用于购买或更新牧业机械，5.2% 的贷款用于短期周转以及打草油费等。在牧户将贷款用于畜牧业生产方面的情况下，牧户的信贷行为会对草地利用效果产生直接影响，但具体的影响结果如何尚需探究。本章在这一部分使用调研资料对获得信贷、未获得信贷的情况下牧户草地利用的生态效果和经济效果进行比较，以分析牧户的信贷行为对草地利用效果的影响。

2.1 牧户的信贷行为与草地利用的生态效果

草地利用的生态效果主要通过放牧场牧草的高度、盖度、种类这三个能够基本体现草地生态状况的指标从客观角度反映，并通过牧户对草地生态的评价从主观角度进行反映。表14.6展示了获得信贷、未获得信贷牧户的相应指标值。

表14.6 牧户的信贷行为与草地利用的生态效果

项目	获得信贷	未获得信贷	获得信贷－未获得信贷
草场生态评价（数值型）	3.88	3.76	0.12
放牧场牧草高度（数值型）	1.92	1.96	－0.04
放牧场牧草盖度（数值型）	2.79	2.63	0.16
放牧场牧草种类（数值型）	2.15	2.06	0.09

注：放牧场牧草高度的赋值方式为：1 < 10cm，2 = 10 ~ 20cm，3 = 21 ~ 30cm，4 = 31 ~ 40cm，5 > 40cm；

放牧场牧草盖度的赋值方式为：1 < 20%，2 = 20% ~ 40%，3 = 41% ~ 60%，4 = 61% ~ 80%，5 > 80%；

放牧场牧草种类的赋值方式为：1 < 5 种，2 = 5 ~ 10 种，3 = 11 ~ 15 种，4 = 16 ~ 20 种，5 > 20 种；

草场生态评价的赋值方式为：1 = 极严重退化，2 = 严重退化，3 = 中度退化，4 = 轻微退化，5 = 未退化。

表14.6显示，获得信贷牧户的放牧场，除牧草高度略小于未获得信贷牧户的放牧场，牧草的盖度与种类皆大于未获得信贷的牧户。从草场生态评价的角度看，获得信贷的牧户的草场生态评价得分也高于未获得信贷的牧户。因此，综合草地的客观生态状况以及牧户对草场生态的评价可知，获得信贷的牧户草地利用的生态效果要好于未获得信贷的牧户。

随着草地生态退化的日益严重，牧户自有承包草场的产草量越来越难以满足畜牧业生产的需求，需要从外部大量购买草料进行补充，使得草料成本成为畜牧业生产一笔不小的支出。在当前牧区信贷可获得性较高的情况下，部分自有资金不足的牧户通过贷款购买草料以维持畜牧业生产的进行。一些研究指出，从外部购买草料满足畜牧业生产需求的方式能够缓解牲畜对牧户自有承包草场的采食压力，进而在一定程度上减轻草地的生态负担，促进草地的生态恢复。若实际情况与这些研究相一致，则获得贷款的牧户的草地相对会具有更好的生态状况。[①] 但也有研究指出，过多的外部草料供应会弱化草地生态系统与牲畜之间的反馈关系，导致草地生态状况不佳时牲畜数量依然超负荷，由此加重草地生态退化。若实际情况与这些研究相一致，则获得贷款的牧户的草地生态状况相对会较差。本文的研究结果与第一类研究相一致，即获得信贷的牧户的草地生态状况相对较好。

值得注意的是，虽然获得贷款的牧户放牧场牧草的盖度、种类以及生态状况评价方面的得分都相对较高，但是数值差异并不大。可能原因如下：①虽然借贷款购买草料的牧户在所有借贷牧户中所占比例最高，但也仅为31.3%，使得总体数据上通过借贷购买草料进而改善草地生态状况的结果没有得到充分体现。②部分（10.4%）牧户贷款用于购买牲畜，而牲畜数量的增加会加重草地的生态负担，进而加重草地生态退化，这种结果会在一定程度上显示在总体数据的表现中。

2.2　牧户的信贷行为与草地利用的经济效果

草地利用的经济效果主要通过畜牧业总收入、畜牧业净收入、年底牲畜存栏量、畜均净收入以及基尼系数对牧户的畜牧业生产结果进行反映。获得信贷、未获得信贷牧户的相应指标值见表14.7。

表 14.7　牧户的信贷行为与草地利用的生态效果

项目	获得信贷	未获得信贷	获得信贷 – 未获得信贷
畜牧业生产总收入（万元）	9.42	8.40	1.02
畜牧业生产净收入（万元）	7.31	6.48	0.83
年底牲畜存栏量（标准羊）	289	265	24
畜均净收入（元/标准羊）	258	244	14
基尼系数（数值型）	0.34	0.40	– 0.06

---

① 由于相当一部分牧户的贷款用途是购买草料，因而草料的购买成为牧户的信贷行为对草地利用效果产生影响的重要因素。

表 14.7 显示，获得信贷的牧户的畜牧业生产总收入、净收入、年底牲畜存栏量以及畜均净收入皆高于未获得信贷的牧户。分析其原因，大部分牧户贷款的目的是缓解畜牧业生产的资金需求。这些牧户中有的将贷款用于购买草料，有的将贷款用于购买牲畜或牧业机械，也有的将贷款用于生产的短期资金周转。将贷款用于这些方面有利于促进畜牧业生产的顺利进行，进而产生较好的畜牧业生产结果。具体地，在牧户将贷款用于草料购买的情况下，若牧户的信贷行为是由于自有草场的产草量无法维持当前的生产，通过借贷款购买草料能够对牧户的自有草料进行补充，避免牲畜出现增膘率、接羔率下降或数量减少的现象；若牧户未能获得贷款，则不可避免地会出现这些现象，进而带来畜牧业生产收入的下降。此外，若牧户借贷款购买草料并非由于自有草场的产草量无法满足当前的生产需求，而是为了通过从外部补充草料的方式饲养更多的牲畜，进而扩大畜牧业生产规模，则这种借贷购买草料的行为会直接带来畜牧业生产收入的提高。与之相似，在牧户将贷款用于购买牲畜的情况下，畜牧业生产规模扩大，进而带来畜牧业生产收入的提高。在牧户将贷款用于购买牧业机械的情况下则有所不同。牧户贷款购买机械并非通过扩大畜牧业生产规模增加生产收入，而是通过提高生产效率或是节约劳动投入进而带来生产收入的增加。

上述分析围绕信贷获取促使牧户的草地利用产生更好的经济效果展开，接下来从无法获得信贷在一些情况下会降低牧户草地利用的经济效果的角度展开分析。受风俗习惯的影响，牧户将牲畜作为主要的财富储存工具，通过牲畜变现的方式满足家庭的资金需求，普遍没有存款的习惯。因此，牲畜在牧户的生活中扮演着流动性资产与生产性资产的双重角色。在这种情况下，若牧户有大额的资金需求又缺乏其他资金来源时会将大量牲畜出售变现。这种处理方式虽然能够缓解牧户短期资金需求，但会严重减少牲畜这种重要的生产性资产，进而压缩畜牧业生产规模，降低牧户长期的生产经营收入。当牧户面临家人生病、子女上学等事件，且自有存款不足又未能获得贷款的情形发生时即如此。而若牧户能够及时获得贷款，则无须大量出售牲畜，畜牧业生产规模也不会发生变化，生产收入也不会下降。因此，在上述情况下无法获得信贷会降低牧户草地利用的经济效果。

表 14.7 还展示了获得信贷和未获得信贷牧户牧业净收入的基尼系数。由基尼系数的比较结果可知，获得信贷牧户的基尼系数略低，即获得信贷牧户净收入的不均等程度要略小于未获得信贷的牧户。其原因可能是未获得信贷的牧户主要分为两类：一类牧户的畜牧业生产状况较好、收入获取能力较强、自有资金充足，因而不需要借贷；另一类牧户的畜牧业生产状况较差、收入获取能力十分弱，因而还款能力受到金融机构的质疑，虽然有贷款需求却未获得贷款。这两类牧户获取收入的能力以及畜牧业收入水平存在较大差距，基尼系数相对较大。与之相比，获得信贷的牧户通过资金的获取能够对畜牧业生产条件及规模进行改善以提高收入能力，牧户收入能力的原有差距也得以缩小，基尼系数由此较小。

第三节　小结

本章基于内蒙古呼伦贝尔市与锡林郭勒盟的实地调研数据对牧户的信贷行为特征以及信贷对草地利用效果的影响进行了分析。结果发现，在牧户的信贷行为特征方面，牧户普遍具有信贷需求，且大部分具有信贷需求的牧户实际获得了信贷；牧户借贷款主要用于购买草料、供子女上学以及给家人治病；大部分牧户的信贷皆来自农村信用社的联保贷款，这种贷款属于农村普惠金融范畴，因而申请流程较为简单且不需要任何抵押，贷款利率也相对较低；半数以上的牧户贷款是为了满足畜牧业生产方面的需求，因而信贷发生的高峰时段与畜牧业生产的资金需求节点基本重合；因为信贷用途和贷款来源的不同，牧户的信贷额度与信贷期限存在较大差别，但大部分牧户的信贷额度为 1 万 ~ 5 万元，期限为 6 ~ 12 个月；牧户的信贷行为特征与农户存在明显的差异。在信贷对草地利用效果的影响方面，获得信贷的牧户草地利用的生态效果和经济效果皆要好于未获得信贷的牧户；较好的生态效果主要是由于信贷的获得使牧户有足够的资金购买草料，从而缓解自有承包草地的生态压力；较好的经济效果主要是由于信贷的获得让牧户可以及时满足畜牧业生产的资金投入需求，从而保证生产的顺利进行，或是扩大生产的规模。

随着牧户生产、生活方面的资金成本不断提高，牧户对信贷的需求将日益增加。近年来，虽然国家加大了对牧区的金融扶持力度，并积极推动牧区金融的发展，但牧区金融发展仍不完善，部分牧户的贷款需求依然难以得到满足。证据表明，获得信贷能够有效提高牧户草地利用的生态效果和经济效果，从而有利于促进草地生态保护和牧户增收，推动牧区的可持续发展。因此，国家应进一步加大对牧区的金融扶持力度，并引导牧区尽快建立较为完善的金融市场，以使牧户的金融需求能够得到充分满足，从而充分发挥金融对牧区可持续发展的促进作用。除此之外，鉴于牧户信贷行为特征与农户存在明显差别，国家在牧区实施金融政策或是金融机构在牧区开展金融服务时需要因地制宜，充分考虑到不同地区牧户特有的信贷行为特征。

第五篇　草地管理：是单干还是合作

介入要素市场是牧户合理配置其生计资本的有效途径之一。此外，牧户生计资产的"失配"，还可以通过社区治理即牧户之间的互助合作来达到牧户生产资料长短板的截长补齐，使要素从"失配"到"适配"，并实现生产资源的规模利用。

第 15 章　草原畜牧业：是单干还是合作

依赖于天然草地资源的草原畜牧业是农业的重要组成部分之一。在自然条件恶劣、生态环境脆弱的我国西北部干旱半干旱地区以及青藏高原地区尤为如此，草地畜牧业是这些地区主要的收入来源和生存方式。效仿农区家庭联产承包制的成功做法，我国主要草原牧区自 20 世纪 80 年代也开始实施"畜草双承包"，即将牲畜和草场逐步分给各家各户。然而，这项旨在改善牧民生计和牧区生态的政策在现实推进中并未达到预期的效果，单家独户的小规模细碎化草场经营与草原畜牧业特点不相适应。在推进生态文明建设的形势下，寻求合理的放牧方式、改进草场管理方法迫在眉睫。未来草原畜牧业的草场利用方式是单干还是合作，这是本章所要探讨的问题。这里的合作，主要是指牧户之间的合作，也就是牧户之间的一种非正式的合作行为，有别于合作社中的正式合作。

第一节　草原畜牧业的特点

我国的草原畜牧业主要分布在干旱半干旱地区，总体来说那里降水量较小，且雨量的全年分布不够均匀，有别于种植业和农区畜牧业，草原畜牧业是在几乎纯自然的条件下进行的，因而呈现自然性、脆弱性、非平衡性与单一性的特征。

1.1　自然性

相较种植业和农区畜牧业，草原畜牧业的主要特点是对自然资源的严重依附性。千百年来，草原畜牧业之所以维系下来而没有被耕作农业所取代，是因为草原牧区的气候条件、水资源、土壤结构、植被群落及相关的自然因素等不适宜耕作农业的发展，而只有草原畜牧业才能在此赖以生存（敖仁其，2001）。而且，草原畜牧业主要是在天然草场上游动放牧使家畜与牧草相结合的生产过程。这就使草原畜牧业生产更依附于自然环境，使草原畜牧业生产过程成为自然生态系统与经济生态系统复合运作的过程（海山，2000）。草地放牧畜牧业，逐水草而牧，靠天养畜，因此，草场的优劣、储草的多少以及气候的好坏等，都将直接影响草原畜牧业的发展。

1.2　脆弱性

草原畜牧业的脆弱性主要由牧业的脆弱性、牧业生产资料与生产产品（牲畜）的同一性以及牧业所面临的自然灾害的频发性所决定。

首先，牧业赖以生存的草原生态系统是极其脆弱的。如前所述，我国主要草原牧区多分布在降水条件差、生态环境脆弱的干旱半干旱地区或高寒地区，那里的生态系统结构和功能相对于自然条件较好的农区而言，比较单一，很容易受到外部环境变化的扰动和破坏。并且，这种生态极其脆弱的系统一旦遭受破坏，就难以恢复到原有的群落状态（敖其仁，2001）。草原畜牧业虽然以草地生态系统为基础，但它是由"人（牧民）-草（草原）-畜（牲畜）"有机构成的"生态-经济-社会"复合系统。其中，作为中心的草原生态系统是一个极其脆弱的子系统，一旦遭到摧毁，整个草原的生态经济社会系统就将整体崩溃（海山等，2009）。

其次，草原畜牧业具有生产资料与生产产品相统一的特点。牲畜既是草原畜牧业的生产资料，又是草原畜牧业的生产产品。草原畜牧业是在天然草场上进行的，因此天然草场的状况直接决定着草原畜牧业的生产状况，而市场行情则直接影响畜产品的价格。自然条件和市场环境的复杂多变，以及牧民防灾抗灾能力的薄弱等各种因素的不确定性（Swift，1995），使草原畜牧业极易受自然风险和市场风险的影响，从而显得非常脆弱。

最后，草原畜牧业面临着较农区更为频发的自然灾害，如旱灾、雪灾、风灾、鼠害等在我国主要草原牧区频繁出现。根据《鄂温克族自治旗志》（1991~2005年）的记载，在1991~2002年，该旗共发生寒潮、旱灾、水灾、雪灾和风灾等自然灾害20多次。有些年份一年甚至出现好几种灾情，如1995年，该旗在1~2月出现黑灾（干旱），6月出现过风灾，而5月和11月则多次出现寒潮天气。

1.3　非平衡性

草原畜牧业的非平衡性主要表现在其产生和发展所依赖的草地生态系统处在非平衡动态的变化中，天然草料的供给和牲畜的营养需求受一系列非生物因素（干旱、降水、雪灾等）的影响。Ellis 和 Swift（1988）在对肯尼亚北部游牧业牧民 9 年的研究中，通过计算图尔卡纳地区的季节 NDVI（标准化植被指数）和年 NDVI 发现，植物生长量对干旱有着十分剧烈的反应，年内很大的气候变化率导致植物生长波动且不可靠，这会影响草料的数量和质量，进而导致牲畜营养条件和畜牧业生产率的连续下降。Illius 和 O'Connor（1999）在研究非洲干旱半干旱草原牲畜数量的密度依赖时发现，密度依赖因素在决定牲畜种群大小中的相对重要性通常取决于气候变化程度的大小，特别是严重干旱发生的频率，因为旱季死亡率限制着牲畜的数量。王晓毅等（2010）则强调干旱半干旱草原生态系统是由"草 - 畜 - 人"组成的复杂多变的生态系统。降水量少且波动大使得草原植被在不同年际间的生长波动剧烈，而不同种类的牲畜有着不同的习性，因而对草的需求也不一样。穆合塔尔等（1998）对新疆山地草场畜牧业的研究指出，山地草场具有典型的季节特征。山地垂直带气候的差异使牧草生长和放牧利用具有强烈的季节性，从而那里的草原畜牧业呈现"夏壮、秋肥、冬瘦、春死"的季节性规律。

1.4　单一性

草原畜牧业生产的单一性表现在三个方面：一是生产部门结构简单。长期以来草原牧区畜牧业经营的主要是牛、马、骆驼、绵羊和山羊五种牲畜，在生产经营方面这五种牲畜相互之间没有什么必然的联系，而共同点是都在天然草场上放牧。自草地产权制度改革以来，畜牧业牲畜结构发生了很大的变化，总体趋势是大牲畜减少而小牲畜增加。目前草原牧区的主导牲畜为绵羊、山羊和牛。二是生产技术结构简单。草原畜牧业生产主要凭借草原生态系统提供的牧草和牲畜再生产能力进行，主要生产技术是使天然牧草得到有效利用和准确把握牲畜再生产的每个环节与时机。三是产品结构单一。迄今为止，草原畜牧业生产产品主要以皮毛和活畜形式外销，当地畜产品制成品极为有限（海山，2000），畜牧产品的附加值非常低。

第二节　牧区草场利用状况

该部分基于青海省环青海湖地区以及内蒙古自治区呼伦贝尔市牧户层面的实地调研，分析我国主要草原牧区草场的利用状况。

2.1　调研区基本情况

青海省位于我国西北地区，面积 72.23 万平方公里，海拔多在 3000～5000 米，地形复杂地貌多样，为高原大陆性气候，降水少、温差大、日照时间长，是我国重要的畜牧业生产基地以及我国主要的河流黄河和长江等的发源地。所调查的环青海湖四县包括海晏县、刚察县、天峻县和共和县。

海晏县位于青海省东北部，是海北藏族自治州州政府所在地和黄河的重要支流湟水河的发源地。全县东西宽 85.7 公里，南北长 102.2 公里，总面积为 4853 平方公里。辖 4 个乡 2 个镇，29 个行政村，3 个居委会和 50 个社。2019 年末，全县总人口为 3.55 万人，其中藏族和蒙古族等少数民族人口占 46.7%。可利用草场 362.5 万亩，其中夏秋草场 153.2 万亩，平均每头牲畜占有草场面积 9.8 亩。气候特点春旱、夏凉、秋短、冬长。年均温 1.5℃，年均日照 2980 小时，年均降水 400 毫米，蒸发量为 1582 毫米。冰雹、干旱和风沙等自然灾害频繁。

刚察县位于青海湖北岸，是青海省重要的牧业县之一。截至 2019 年，全县总人口为 4.50 万人，其中藏族、蒙古族、回族和东乡族等少数民族人口占 72.5%。面积 8138 平方公里，辖 3 乡 2 镇 1 场，15 个村，17 个牧委会（相当于牧业村）。县境东西长 113.8 公里，南北宽 122.2 公里。全县约 90% 的土地总面积为天然草原，可利用草地面积占天然草原面积的 90%，达 6500 多平方公里。其中，冬春草场约 475 万亩，夏秋草场约 467 万亩。42% 的天然草地遭到不同程度的退化。气候特点冬冷夏凉，日照长，温差大。大风、干旱、冰雹等自然灾害频发（陈永杰，2008）。

天峻县是环青海湖地区以藏民族为主体的纯牧业县，土地总面积为

2.60 万平方公里，东北—西南最宽约 170 公里，西北—东南最长约 312 公里。辖 3 镇 7 乡，2019 年总人口为 2.3 万余人，藏族等少数民族人口占总人口的 86%。以山地为主，平均海拔 4200 米。畜牧业是其主要产业，境内地形复杂，生态脆弱，气候严寒酷冷，干旱灾害频繁发生，尤其春旱是造成牧草歉收的最主要因素（黄央奎等，2018）。草地面积 1.53 万平方公里，占全县总面积的 59.4%，其中可利用草地 1.29 万平方公里（郑建宗、乌仁，2019），冬季草场约 0.51 万平方公里，夏秋草场约 0.79 万平方公里（杨慧清，2009）。

共和县地处青藏高原东北角，位于青海湖南岸，平均海拔 3200 米，总面积为 1.72 万平方公里，辖 11 个乡镇，99 个行政村，14 个社。它是一个以牧业为主的县，全县拥有天然草场约 1923 万亩，其中可利用草场约 1814 万亩（拉加，2018）。2020 年，总人口为 13.34 万人，其中藏族和回族等少数民族人口占全县总人口的 70%。气候相对于其他三个县较为温凉，光照充足，适于开发太阳能和风能。

呼伦贝尔市位于内蒙古东部，境内的草原幅员辽阔，草地类型丰富，被认为是世界上最好的草原之一，包括四个纯牧业旗——新巴尔虎右旗、新巴尔虎左旗、陈巴尔虎旗、鄂温克族自治旗。以下将这四个旗简称为新右旗、新左旗、陈旗和鄂旗。新右旗土地总面积为 2.52 万平方公里，其中草地面积约 2.2 万平方公里，人口 3.52 万人（2013），下辖 3 个镇和 2 个苏木。与蒙古国和俄罗斯接壤。气候特征为多大风、多春旱。陈旗面积约 2.12 万平方公里，可利用草地面积 1.52 万平方公里，人口 5.9 万人（2012 年），下辖 3 个镇和 4 个苏木。新左旗土地总面积为 2.2 万平方公里，其中天然草地面积约 1.76 万平方公里，占整个呼伦贝尔草原的 1/5 以上。2011 年，全旗总人口为 4.2 万人，下辖 2 个镇和 5 个苏木。该旗西南与蒙古国接壤、东北与俄罗斯隔河相望。鄂旗土地总面积约 1.91 万平方公里，其中草地面积约 1.06 万平方公里。2013 年，全旗人口达 14.3 万人，辖 4 个镇 1 个乡和 5 个苏木，涵盖 44 个牧业嘎查。2013 年，全市牲畜存栏达 1881.96 万头（只）。呼伦贝尔地处温带北部，大陆性气候，冬季寒冷漫长，夏季温凉短促，春季干燥风大，秋季气温骤降霜冻早；热量不足，昼夜温差大，有效积温利用率高，无霜期短，日照丰富，降水量差异大，降水期多集中在 7～8 月。大部分地区年平均气温在 0℃以下。降水变率大，分布不均匀，年际变化也大。冬、春两季各地降水一般为 40~80mm，占年降水量 15% 左右；夏季降水量大而集中，大部地区为 200~300mm，占年降水量 65% ~ 70%；秋季降水量相应减少，为 30~50mm。

2.2　调研区草场利用状况

调研采用随机抽样原则，在环青海湖四县（海晏县、刚察县、天峻县和共和县）、内蒙古呼伦贝尔市的四个纯牧业旗（陈旗、鄂旗、新左旗和新右旗）抽取牧户进行面对面访谈，了解牧户草地利用情况。从这两个地区得到的有效问卷及样本牧户经营情况见表 15.1。

表 15.1　调研区牧户经营情况

项目	环青海湖四县	呼伦贝尔市
调查有效样本数（个）	242	187
其中：合作经营（个）	71	40
占比（%）	29	21
单户经营（个）	171	147
占比（%）	71	79

在环青海湖四县的实地调研共获得有效牧户问卷 242 份，包括海晏的 53 份、刚察的 71 份、天峻的 33 份和共和的 85 份。所有样本中，111 户参与了草场租赁，平均租入草场面积为 335 亩。参与草地租出的牧户有 33 户，有租赁行为包括租入和/或租出的牧户有 133 户。调研样本中，参与合作放牧的牧户 71 个，不足总样本户的 1/3。这些合作放牧小组规模一般在 3 户以内，合作基本上限于亲戚或邻居之间。

从呼伦贝尔市四旗调查的 187 个牧户中，将近 4/5 的牧户采取单户经营方式，选择合作的牧户略为高出总样本的 1/5。在呼伦贝尔市的调研中发现了两种关于合作的情形：一是合作放牧，即多个牧户联合雇用某个或某家羊倌或牛倌放牧，而这些牛倌或羊倌自家也有牲畜，他们将自家的牲畜和雇主家的牲畜合并在一起放牧，其放牧的场所可能是雇工自家的草场，也可能是雇主家的草场，但是这其中并不包括将牲畜全部放在公共草场上的行为（我们 2011 年去调研时，据说陈旗就有 20 多万

亩公共草场）；二是合作打草，即几家牧户合作，共用打草机或共同租用
打草机打草，并将所打的草按照事先商量好的比例分成。调研中见到的
多是对半分成。单户经营的情形也包括两种：一是自家没有承包到草场
的牧户，从他人那里租入草场来从事牧业生产以维持生计；二是已承包
到草场，但由于参与非牧活动或其他原因（如没有牲畜）而将草场转给
他人经营，自己只获取租赁收入的牧户。

第三节　合作与单干的经济效果

从牧户草场利用的情况来看，虽然合作经营方式在环青海湖四县和
内蒙古呼伦贝尔市的调研区都存在，但是合作经营的牧户数量及其比重
都明显小于单户经营牧户。两地合作牧户所占的比例均在 30% 以下。对
于草地资源这种具有生产力低、异质性强和可分性弱等特征的共享资源
的管理，学者认为牧户之间的合作有助于降低牧区多发的自然灾害和市
场的不确定性等带来的风险，减少牧业人力投入和打草机等生产性资产
的成本，降低单户经营的草地细碎化问题和由此带来的 "蹄灾"，从而
促进草地资源的可持续管理。合作经营与单户经营在实地调研的牧户数
据层面存在怎样的差异？本部分将从样本牧户的投入成本和经济收益方
面进行比较。

3.1　合作经营与单户经营的投入成本比较

合作经营方式和单户经营方式投入成本方面的比较主要是生产性投
资规模的比较，包括围栏建设费用、舍棚建设费用以及干草饲料费用、
兽医药费用、种子成本、化肥投入等流动资金投入。

3.1.1　环青海湖四县的生产性投入分析

经过对单户经营和合作经营牧户生产性投资状况的描述性统计分析，
表 15.2 讨论了户均层面上的牧户生产性投资状况。从表 15.2 可以看出，
在户均层面，购买饲料粮费用、雇用劳动力费用、化肥投入和灌溉成本，
单户经营牧户要高于合作经营牧户；兽医、兽药、配种费，种子成本，
播种时的其他成本方面，单户经营方式与合作经营方式的差异不大；购
买干草费用、购买牲畜费用、油料费（农业机械）、鼠虫害防治、舍棚

建设费用的成本投入方面，单户经营的牧户要小于合作经营的牧户。

表 15.2　环青海湖户均生产投资状况

单位：元

项目	单户经营	合作经营	户均生产性投资规模比较
购买干草费用	351.5	558.7	单户＜合作
购买饲料粮费用	1411.6	657.5	单户＞合作
购买牲畜费用	1243.3	2950.1	单户＜合作
兽医、兽药、配种费	445.7	544.3	单户＜合作
雇用劳动力费用	175.7	159.0	单户＞合作
播种时的其他费用	68.4	63.8	单户＞合作
种子成本	207.1	241.1	单户＜合作
化肥投入	542.1	328.0	单户＞合作
灌溉成本	15.3	10.1	单户＞合作
油料费（农业机械）	173.8	317.3	单户＜合作
鼠虫害防治	15.6	182.5	单户＜合作
播种时的其他成本	52.6	56.5	单户＜合作
舍棚建设费用	4089.0	5600.0	单户＜合作

环青海湖地区单户和合作两种不同的经营方式下各类生产性投资规模的亩均差异如表 15.3 所示。从表 15.3 的数据可以看出，在比较亩均生产性投资规模时，合作经营的牧户在各项生产性投资上的成本都要低于单户经营的牧户。

（1）在购买饲料粮费用、雇用劳动力费用、化肥投入和灌溉、鼠虫害防治成本方面，无论是从户均层面还是从亩均层面分析，单户经营都要大于合作经营。究其原因，随着牧户合用草场，牧户的家庭劳动力、牲畜、打草机和搂草机等生产性资产，甚至资金等也得到合作利用，这就提高了牧业生产中的劳动力效率，降低了对雇用劳动力的需求。此外，这样的合作使得各家的自然资本，即条件不同的草地资源得以互补，从而提高了牧业经营的效果。如第 3 章图 3.1 和图 3.2 所示，草地承包到户时尽管考虑到饮水水源等问题，但由于草原上水资源稀少而且分布不均匀，日常人、畜饮水需要消耗的水资源供给来源受到限制，各家草场的资源状况各不相同，合作经营可以较好地互补，从而缓解水资源稀缺带来的冲击。

（2）对于兽医、兽药、配种费，种子成本，播种时的其他成本，购买干草费用，购买牲畜费用，油料费（农业机械），舍棚建设费用，在户均层面和亩均层面出现了单户经营和合作经营相对不一致的情况。

表 15.3　环青海湖四县亩均生产投资状况

单位：元

项目	单户经营	合作经营	亩均生产性投资规模比较
购买干草费用	33.9	21.5	单户 > 合作
购买饲料粮费用	136.5	25.3	单户 > 合作
购买牲畜费用	120.2	113.7	单户 > 合作
兽医、兽药、配种费	43.1	20.9	单户 > 合作
雇用劳动力费用	16.9	6.1	单户 > 合作
其他费用	6.6	2.5	单户 > 合作
种子成本	20.0	9.3	单户 > 合作
化肥投入	52.4	12.6	单户 > 合作
灌溉成本	1.5	0.4	单户 > 合作
油料费（农业机械）	16.8	12.2	单户 > 合作
鼠虫害防治	1.5	7.0	单户 < 合作
播种时的其他成本	5.1	2.2	单户 > 合作
围栏建设费用	1542.0	984.0	单户 > 合作
舍棚建设费用	559.0	348.0	单户 > 合作

3.1.2　呼伦贝尔市的生产性投入分析

经过对单户经营和合作经营牧户生产性投资状况的描述性统计分析，表 15.4 讨论了在户均层面各类生产性投资的状况。

表 15.4　呼伦贝尔市牧业四旗合作与否牧户的户均生产性投资

单位：万元

项目	单户经营	合作经营	单户与合作比较
生产性投资总额	27.19	30.23	单户 < 合作
流动资金投入	1.31	1.30	单户 > 合作

项目	单户经营	合作经营	单户与合作比较
围栏建设费用	0.43	1.24	单户 < 合作
牧畜棚圈建设费用	1.48	1.01	单户 > 合作
饮水设施建设费用	0.59	0.75	单户 < 合作
基础畜群规模（头）	264	308	单户 < 合作
牧业生产用机动车和机械购置费用	2.30	1.28	单户 > 合作

从表 15.4 可以看出，在户均层面上，单户经营的生产性投资总额、围栏建设费用、饮水设施建设费用以及基础畜群规模的成本小于合作经营（张书怡，2012）。而流动资金投入、牲畜棚圈建设费用、牧业生产用机动车和机械购置费用，单户经营要大于合作经营。

表 15.5 讨论了两种不同经营方式下各类生产性投资在单位面积上的差异，反映生产性投资规模的亩均差异。

表 15.5　呼伦贝尔市牧业四旗合作与否亩均生产性投资

单位：元

项目	单户经营	合作经营	单户与合作比较
生产性投资总额	59.93	40.27	单户 > 合作
流动资金投入	2.89	1.74	单户 > 合作
围栏建设费用	0.94	1.66	单户 < 合作
牲畜棚圈建设费用	3.26	1.35	单户 > 合作
饮水设施建设费用	1.29	1.00	单户 > 合作
基础畜群规模（头）	0.06	0.04	单户 > 合作
牧业生产用机动车和机械购置费用	5.06	1.70	单户 > 合作

在亩均生产性投资规模层面，除了围栏建设费用外，其他方面的生产性投资，单户经营都大于合作经营。

综上，可得出以下结论：

（1）无论从户均层面还是单位面积层面都可以看出，单户经营的流动资金投入、牲畜棚圈建设费用、牧业生产用机动车和机械购置费用要大于合作经营。这是因为在单户经营方式下，每户拥有的牧业生产用机械和机动车与自家草场面积等不相匹配，出现生产能力过剩，导致生产性资产使用效率低下。合作经营中随着草场面积的扩大，这些生产性资产的使用效率也得到提高，原本每家必备的打草机、搂草机等，几家合用一套就够了。

（2）单户经营时户均和单位面积围栏建设费用小于合作经营。这与实际情况不太相符，实际情况应该是，合作可以节省合作牧户草场之间拉围栏的成本。原因可能是调查区域内覆盖了政府"退牧还草"等项目的围栏补贴和围栏修建项目，这些政策的实施使得草地经营方式对这部分投资的影响并不显著（张书怡，2012）。调研发现，有些牧户多次从不同项目受益，有些牧户家的草场已经拉上了不止一道围栏（有些项目规定资金只能用于拉围栏，而不能建舍棚等其他设施）。

（3）饮水设施建设费用和牲畜棚圈建设费用呈现的差异不大，这是因为饮水设施和牲畜棚圈在牧业生产中的基础作用和较强的私人权属特性，这两方面的投资在草地经营方式改变之前就已存在，而并不会随草地经营方式不同出现较大改变。

3.2　合作经营与单户经营的经济收益比较

本部分比较环青海湖四县单户经营和合作经营方式下，牧户经济收益方面的差异。经济收益分为畜牧业收益和非畜牧业收益两部分。其中，畜牧业收益主要包括售卖牲畜及畜产品的收益，以及牧业补贴；非畜牧业收益包括以上牧业收入之外的其他收入，如做生意所得、旅游服务收入、中草药收入、工资收入等。

从表15.6可以看出，首先，在经济收益的总额方面，合作经营方式下平均每户牧民的总经济收益、畜牧业经济收益、非畜牧业经济收益都高于单户经营方式下每户牧民的收益。其次，在经济收益的构成方面，无论是单户经营还是合作经营，畜牧业收益所占的比重都大于非畜牧业收益。单户经营的畜牧业收益比重为90.3%，非畜牧业收益比重为9.7%；合作经营的畜牧业收益比重为79.0%，非畜牧业收益比重为21.0%。这说明，在合作的情况下，牧户更有可能抽出部分时间从事非牧活动，使家庭生计策略多样化，从而提高生计水平。

表15.6 环青海湖四县牧户平均经济收益状况

单位：元、%

项目	单户经营	合作经营
牲畜及畜产品	8473	10780
占比	90.3	79.0
做小生意	725	2370
占比	7.7	17.4
中草药	187	496
占比	2.0	3.6
总收入	9385	13646

第四节 合作与单干的生态效果

以社区为基础的自然资源管理方式的优点主要体现在牧户之间的合作上。牧户之间合作选择有效的技术措施，有助于提升草地的利用效果，从而促进草原的可持续发展。本部分运用环青海湖四县的调查数据，从鼠害发生情况和草场退化情况两个方面描述单户和合作两种经营方式下草场利用效果的差异。

4.1 鼠害发生情况

在草原上，鼠害的发生与草地退化是互为因果而又互相强化的过程。一方面鼠害的发生表明草地在退化，另一方面发生了鼠害的草地更容易遭到退化。在对环青海湖的实地调研中，我们将鼠害区分为四种情形，请被访牧民用打分的方法评估：1＝无鼠害发生，2＝轻微鼠害，3＝较严重鼠害，4＝很严重鼠害。此外，根据草场性质的差异，我们将草场分为冬春草场和夏秋草场。青海湖流域冬春草场的放牧时间一般为头一年的9月下旬到次年的5月上旬（罗立夏等，2014），而自5月中旬到9月中旬放牧的草场则为夏秋草场。表15.7比较了冬春草场和夏秋草场单户经营和合作经营的鼠害发生情况。在242个总样本牧户中，有10户没有对鼠害发生情况进行回应。

表 15.7　环青海湖四县冬春草场和夏秋草场的鼠害发生情况

单位：户，%

项目	冬春草场				夏秋草场			
	单户经营		合作经营		单户经营		合作经营	
	户数	占比	户数	占比	户数	占比	户数	占比
无鼠害发生	14	8	2	3	4	4	3	9
轻微鼠害	36	22	14	21	27	26	7	21
较严重鼠害	44	27	12	18	30	29	8	24
很严重鼠害	72	43	38	58	43	41	15	46
总计	166	100	66	100	104	100	33	100

　　根据调查，在 232 个样本中，冬春草场发生鼠害的牧户总共有 216 户，其中单户经营的牧户为 152 户，合作经营的牧户为 64 户。无论是单户经营，还是合作经营，鼠害在冬春草场和夏秋草场都普遍发生。如在冬春草场上，单户经营的牧户家 70% 的草场遭到较严重和很严重的鼠害破坏，合作经营的牧户草场则情况更加糟糕，较严重和很严重鼠害的发生率高达 76%；夏秋草场的情况也不乐观，无论是单户经营还是合作经营，遭受较严重和很严重鼠害的牧户都占牧户样本的 70%。具体而言，根据鼠害发生的严重程度，在冬春草场，单户经营方式下，有 14 户牧户没有发生鼠害，占 8%；36 户鼠害情况不严重，占 22%；44 户鼠害情况较严重，占 27%；72 户鼠害情况很严重，占 43%；在合作经营方式下，有 2 户没有发生鼠害，占 3%；14 户鼠害情况不严重，占 21%；12 户鼠害情况较严重，占 18%；38 户鼠害情况很严重，占 58%。鼠害在所调研地区的冬春草场上发生得十分频繁，而且一半左右的牧户的草场遭到严重鼠害程度。而且，在合作经营下，鼠害发生很严重的牧户所占的比重要高出单户经营 15%。防治鼠害需要集体行动，如果合作经营的牧户之间不能就此达成集体行动、共同灭鼠，就会因单家独户的牧民在其自家的草场上防治了鼠害，而加剧那些没有进行鼠害防治的共用草场的鼠害。

　　夏秋草场发生鼠害的牧户总共有 130 户，其中单户经营的牧户为 100 户，合作经营的牧户为 30 户。根据鼠害发生的严重程度，在单户经营方式下，有 4 户牧户没有发生鼠害，占 4%；27 户鼠害情况不严重，占 26%；30 户鼠害情况较严重，占 29%；43 户鼠害情况很严重，占 41%；

在合作经营方式下，有 3 户没有发生鼠害，占 9%；7 户鼠害情况不严重，占 21%；8 户鼠害情况较严重，占 24%；15 户鼠害情况很严重，占 46%。相对于冬春草场，夏秋草场鼠害的发生频率比较低，但是也存在鼠害严重程度最高的牧户所占的比例最高的现象。不过，根据实地调查，在合作经营的牧户中，有 46% 参与了灭鼠，而单户经营的牧户参与灭鼠的也为总户数的 45%。

4.2 草场退化情况

在环青海湖四县调查的 242 户牧户当中，村里有公共草场的牧户有 175 户，占 72%。为了了解当地的草场退化情况，被调查牧户将村里公共草场的退化程度与自家的草场进行了对比，结果如图 15.1 所示。

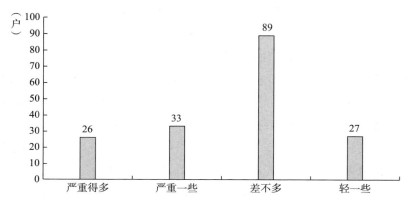

图 15.1　环青海湖四县公共草场退化程度与牧户家庭草场退化程度对比

从图 15.1 可以看出，认为公共草场退化程度与家庭草场退化程度差不多的牧户数量最多，为 89 户，占 51%；认为公共草场退化程度比家庭草场退化程度严重的牧户有 59 户（其中认为严重得多的牧户 26 户，认为严重一些的牧户为 33 户），占总样本牧户的 34%；认为比家庭草场退化轻一些的牧户有 27 户，占总样本牧户的 15%。可见，认为公共草场比家庭草场退化程度严重的牧户所占的比重高出认为退化要轻微一些的牧户的 1 倍以上。这说明，从总体上来看，公共草场的利用在一定程度上存在"公地悲剧"问题。在公共草场的利用缺乏切实可行的约束规则和有效的监督时，有些牧户可能会倾向于尽量利用公共草场来减轻家庭草场的压力，从而减轻自家草场的退化程度。

第五节　结语

利用青海省环青海湖四县和内蒙古呼伦贝尔市四个纯牧业旗的实地调研数据，比较合作和单户两种不同经营方式下牧户草场利用和管理的经济效果和生态效果，结论如下。

5.1　草场利用的经济效果

①相对于单户经营，合作经营降低了牧户单位草场面积上的生产性投资成本。一方面，草场利用方式会对草地的规模产生很显著的影响。合作经营增加了每户牧民可利用的草场规模，减少了单位面积草场上的放牧成本，不仅降低了围栏建设费用和舍棚建设费用等固定生产性投资，还因为牲畜有了更加丰富的草料来源，减少了牧民用于购买草饲料的资金投入。另一方面，草场规模的扩大提高了用于畜牧业生产的机械的使用效率。牧业生产用机械和机动车的投资在固定资产投资中所占比重最大，单家独户的经营方式导致各家各户为了进行生产必须购置相应的机械和机动车，而这些生产性资产的利用率并不高，有些牧户的这类资产甚至被闲置，造成资源和资金的浪费。

②相对于单户经营，合作经营有利于增加牧户的经济收益，其中非牧业收益明显增加。牧户经济收益的提高与劳动力要素有着密切的关系。首先，从草原畜牧业生产的劳动力耗费程度来讲，合作经营要小于单户经营。合作经营在合并使用牧户家庭草场的同时，伴随着家庭劳动力和资金的合并。劳动力的合并不仅增加了可供畜牧业生产使用的劳动力数量，还有利于专业化分工，从而减少了对雇用劳动力的需求，降低了畜牧业生产的劳动力成本。其次，草场、生产设备等生产要素的合并提高了畜牧业的生产效率，降低了畜牧业生产对劳动力数量的要求，牧区多余的劳动力可以从事其他行业的劳动，获得打工收入等，使得非畜牧业经济收益提高。

5.2　草场利用的生态效果

从草场利用的生态效果来看，合作经营的牧户草场不仅鼠害更为严重，而且与牧户自家经营的草场相比，共用草场的退化程度更高一些。

这说明，合作经营相对于单户经营，可以扩大经营规模、节省经营成本，带来更好的经济收益。根据前文草地细碎化对自然资本的削弱效应，草地资源由于生产力低、可分性弱以及时空异质性强，其资源属性使其更适合较大面积共用，但是环青海湖地区的实地调研情况表明，如果缺乏有效的约束，牧业的合作经营可能导致不利的环境影响。一方面鼠害防治等有益的集体行动不容易达成，另一方面对公共草场的利用却可能由于机会主义行为的存在而倾向于过分使用而试图保护自家草场。这两种行为效果的叠加，最终可能引发"公地悲剧"。

第16章 草地经营方式：是单家独户、草地租赁，还是互惠合作

草原畜牧业生产是我国主要牧区牧民的重要生计来源。畜牧业生产可以采用不同的草地经营方式。在"双权一制"改革实施前的很长时期里，草地的使用权为集体所有，以集体为单位的游牧式放牧是牧区主要的草地经营方式。但随着20世纪90年代"双权一制"改革在牧区的实施，草场的使用权被划分到户，以集体为单位的游牧式放牧不再具备实施条件，单家独户的定居式放牧成为牧区主要的草地经营方式。草地使用权的划分在一定程度上调动了牧民的生产积极性，并增强了牧民生活的稳定性，但却割裂了"牧民–草原–家畜"的完整放牧系统（任继周等，2010；Hobbs et al.，2008；李文军、张倩，2009），进而加剧了草地退化（杨理，2008；Chen and Zhu，2015）、牧户生计资本失配（王晓毅，2013；姚洋，2009）、牧民冲突增加（王晓毅，2009）等一系列的生态、经济、社会问题。在"双权一制"改革实施后不久，部分牧户开始通过参与草地租赁重新配置家庭资源，调节草地与其他家庭生计资本的配置，草地租赁市场在牧区逐渐形成，并由此衍生出在单家独户基础上参与草地租赁的牧户，这里将介入了草地租赁市场的牧户的经营称为草地租赁方式。已有研究（如张倩、李文军，2008；赖玉佩、李文军，2012）表明，草地租赁可以提高草地资源的配置效率，促进牧户收入的提高，并且有利于草地的生态保护。随着草地退化以及牧区减贫进程的加快，草地租赁作为调节资源配置的手段越来越受到鼓励。如早在1999年，内蒙古自治区人民政府就发布了《内蒙古自治区草原承包经营权流转办法》，规范草原承包经营权流转行为，以进一步完善草原承包制度；2005年施行的《草畜平衡管理办法》规定，牧户可以通过草原承包经营权流转增加草原面积。牧户除参与草地流转或租赁市场，还可通过合作使用草地，牧区因而衍生出以共用草场为特征的互惠合作。有研究（如杜国祯等，1999；敖仁其，2011，2014）指出，互惠合作的草地经营方

式更加适应于草地资源的时空异质性特征，有助于牧户实行更为灵活、合理的放牧安排，具有传统游牧方式下草地经营方式的诸多优点。

目前，单家独户经营自家承包草场的方式、草地租赁方式以及互惠合作方式在我国主要草原牧区并存。这三种方式的经济和生态效果如何，尤其是草地租赁和互惠合作这两种衍生方式的效果，仍有待探究。已有研究多针对草地租赁和单家独户方式，或是对互惠合作和单家独户方式进行比较分析，较少有研究同时分析这三种方式的经营效果（张梦君，2017；张如心，2018）。并且，已有研究多利用案例或小范围数据进行定性分析，尚未见使用大规模牧区数据进行的定量分析。草地的经营方式一方面关系着牧户生计与社会稳定，另一方面关系着草地的生态保护。比较不同草地经营方式的效果，分析不同经营方式的优势所在，在草地不断退化以及牧户生计脆弱的背景下具有重要的现实意义，有助于促进牧户生计水平提高，缓解草原生态退化。

本章利用内蒙古牧区的 438 份牧户调研数据，结合有关研究以及牧区的实地调研资料，从生态、经济和社会三个维度选取代表性指标，对单家独户、草地租赁以及互惠合作方式进行定量测算与比较。

第一节　现有草地经营方式分类

参考已有研究（Wang et al.，2013；Agrawal and Perrin，2009；曹建军，2010；王晓毅，2009），结合牧区的实际情况，本章将当前牧区的草地经营方式分为单家独户方式、草地租赁方式以及互惠合作方式。如上文所描述的，单家独户方式是指在现有草地制度下，牧户以自有的承包草场为基础进行畜牧业生产、独立进行决策的草地经营方式；草地租赁方式和互惠合作方式是在单家独户方式的基础上衍生出的草地经营方式。其中，草地租赁方式是指牧户通过参与草地租赁市场，调节草地资源使之与家庭其他资本（如劳动力、牲畜和打草机等生产性资产）相匹配，以自家草场和租入的草场为基础进行畜牧业生产、独立进行决策的草地经营方式。互惠合作方式是指牧户通过协商将自家的草场与合作对象的草地合在一起，以共同的草场为基础进行畜牧业生产的草地经营方式。在合作方式下，牧户一般共同制定放牧安排、共同使用生产设备或是在部分牧业生产活动中进行劳动分工协作。

　　本章旨在分析与比较单家独户、草地租赁以及互惠合作三种方式的经济和生态效果，这些效果直接体现在草地的生态、生产和生活功能的发挥上。其中，生态功能主要体现草地生态系统的自然属性，生产功能主要体现草地作为畜牧业生产基础的经济属性，而生活功能主要体现草地系统的人类繁衍和文化及宗教传承的社会属性（龙瑞军，2007）。本章的分析框架如图 16.1 所示。

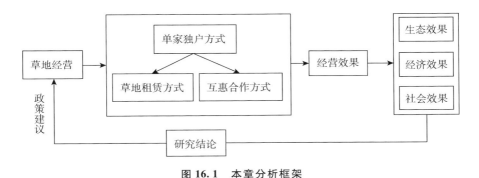

图 16.1　本章分析框架

　　参考已有研究，结合调研地区的实际情况，本章选取的用来衡量草地经营方式的生态、经济和社会效果的具体指标如表 16.1 所示。

第二节　分析不同方式效果的方法

　　本章所用数据来自 2011～2012 年于内蒙古锡林郭勒盟与呼伦贝尔市的实地调查。调查所获的 438 份样本牧户对草地利用方式的分布情况见表 16.2。

　　本章使用综合指标评估法测算三种不同方式的经济、生态和社会效果。测算步骤如下。

　　首先，对二级指标进行标准化处理以消除观测值单位不同造成的影响。

$$P_{ij} = \frac{X_{ij} - X_{i,\min}}{X_{i,\max} - X_{i,\min}} \tag{1}$$

表 16.1 草地经营方式效果的分析指标及来源参考

维度（ME）	一级指标（MS）	二级指标（X）	指标说明	参考文献
生态	草场生态状况	放牧场可食性牧草的平均高度	1=<10cm，2=10~20cm，3=21~30cm，4=31~40cm，5=>40cm	张引弟（2009）；曹建军（2010）；Cao 等（2011）；赖玉珮、李文军（2012）；Chen and Zhu（2015）；
		放牧场可食性牧草的盖度	1=<20%，2=20%~40%，3=41%~60%，4=61%~80%，5=>80%	
		放牧场可食性牧草的种类	1=<5种，2=5~10种，3=11~15种，4=16~20种，5=>20种	
	草场载畜程度	单位草场载畜量	年初性畜数量/草场经营面积；草地经营面积=承包草场面积±租赁草场面积	
经济	牧业收入水平	牧业净收入	牧业总收入扣除草料和饲料支出、劳动雇用费用、草场租赁费用，以及牲畜医药费用	赖玉珮、李文军（2012）；Wang 等（2013）；敖仁其 等（2014）；Gongbuzeren 等（2016）；
		牧业畜均净收入	牧业净收入除以售出性单位的数量	
	牧业收入能力	年底性畜存栏量	年底性畜折算为羊单位的数量	
		生产性固定资产总值	打草机、搂草机、捆草机、拖拉机、摩托车的折旧价值	
		有无水井	0=无水井；1=有水井	
		有无棚圈	0=无棚圈；1=有棚圈	
		打草场经营面积	打草场经营面积=承包打草场面积+租赁打草场面积	
		放牧场经营面积	放牧场经营面积=承包放牧场面积+租赁放牧场面积	

续表

维度 (ME)	一级指标 (MS)	二级指标 (X)	指标说明	参考文献
社会	社会关系	邻里信任度	1 = 完全不信任，2 = 不太信任，3 = 基本信任，4 = 比较信任，5 = 十分信任	王晓毅（2009）；曹建军（2010）；Cao 等（2011）；Chen 和 Zhu（2015）
		邻里互助度	1 = 完全不互助，2 = 不太互助，3 = 基本互助，4 = 比较互助，5 = 十分互助	
		冲突发生度	1 = 频繁发生冲突，2 = 经常发生冲突，3 = 偶尔发生冲突，4 = 较少发生冲突，5 = 基本不发生冲突	
	社会参与度	传统节日参与度	1 = 从不参加，2 = 几乎不参加，3 = 偶尔参加，4 = 经常参加，5 = 总是参加	
		组织与协会参与度	0 = 不参加组织与协会，1 = 参加组织与协会	

表 16.2　三种方式的样本分布

单位：户

项目	单家独户	草地租赁	互惠合作	总计
锡林郭勒盟	126	55	43	224
呼伦贝尔市	105	59	50	214
总计	231	114	93	438

式中，X_{ij} 表示第 i 个二级指标的第 j 个样本值；$X_{i,\min}$ 表示第 i 个二级指标中最小的样本值；$X_{i,\max}$ 表示第 i 个二级指标中最大的样本值；P_{ij} 表示标准化后的第 i 个二级指标的第 j 个样本值。

其次，对二级指标进行加权处理

$$WIP_{ij} = P_{ij} \times W_i \tag{2}$$

式中，W_i 表示通过熵权法求出的第 i 个二级指标的权重；WIP_{ij} 表示样本 j 的第 i 个二级指标的得分。

再次，对每个样本的二级指标得分 WIP_{ij} 进行加总，并除以二级指标权重 W_i 的总和，得到各一级指标的得分，即

$$MS_j^h = \frac{\sum_{i=1}^{a} WIP_{ij}}{\sum_{i=1}^{a} W_i} \tag{3}$$

式中，a 表示各一级指标下的二级指标的数量，h 表示各维度下的第 h 个一级指标。

最后，对各一级指标 MS_j^h 进行加总平均，得到生态、经济、社会维度的指标得分，即

$$ME_j^D = \frac{\sum_{h=1}^{b} MS_j^h}{b} \tag{4}$$

式中，b 表示维度 D 下的一级指标的数量；ME_j^D 表示维度 D 的指标得分。

基于上述测算步骤，草地经营方式的综合效果得分为

$$WES_j = \frac{1}{3} \sum_{D=1}^{3} ME_j^D \tag{5}$$

利用熵权法计算权重 W_i 的过程如下：

首先，计算指标信息熵，即

$$e_i = -h \sum_{j=1}^{n} (Y_{ij} \times \ln Y_{ij}) \qquad (6)$$

式中，$h = \dfrac{1}{\ln n}$；$Y_{ij} = \dfrac{1 + P_{ij}}{\displaystyle\sum_{j=1}^{n} (1 + P_{ij})}$。

其次，计算信息熵冗余度，即

$$d_i = 1 - e_i \qquad (7)$$

最后，计算权重，即

$$W_i = \frac{d_i}{\displaystyle\sum_{i=1}^{a} d_i} \qquad (8)$$

经过上述步骤计算得到的 ME_j^D、WES_j 的取值在 $0 \sim 1$，取值越接近于 1，表示经营效果越好。

第三节　不同草地经营方式的效果

根据本章选取的评价指标，利用综合指标评估法计算三种方式的生态维度、经济维度以及社会维度的指标得分见表 16.3。为验证指标得分的差异是由抽样还是由经营方式的不同所致，本章对测算结果进行方差分析，结果见表 16.4。

表 16.3　三种方式效果的指标得分

维度	独户方式	租赁方式	合作方式
生态效果	0.575	0.612	0.669
经济效果	0.446	0.441	0.512
社会效果	0.416	0.440	0.471
综合效果	0.479	0.498	0.551

表 16.4　三种草地经营方式效果的方差分析

项目	草地租赁 vs 单家独户	互惠合作 vs 单家独户	互惠合作 vs 草地租赁
生态效果指标得分差值	0.037 ***	0.094 ***	0.057 ***

续表

项目	草地租赁 vs 单家独户	互惠合作 vs 单家独户	互惠合作 vs 草地租赁
经济效果指标得分差值	– 0.005	0.066 ***	0.071 ***
社会效果指标得分差值	0.024	0.055 *	0.031
综合效果指标得分差值	0.019	0.072 ***	0.053 ***

注：对于效果指标得分差值的计算，以草地租赁方式与单家独户方式相比较的情况为例，效果指标得分的差值为草地租赁方式的指标得分减去单家独户方式的指标得分。* 表示在 10% 水平上显著；*** 表示在 1% 水平上显著。

比较测算结果（见表 16.3）与方差分析结果（见表 16.4），有如下发现：就综合效果来看，互惠合作方式最佳，显著好于草地租赁方式和单家独户方式；而草地租赁的综合效果却并未显著区别于单家独户方式。就生态效果而言，依旧是互惠合作方式最佳，要显著好于草地租赁和单家独户方式；单家独户方式相对于草地租赁方式，生态效果也显著较差。这可能是因为牧户家庭承包的草场面积有限，如不介入租赁市场，又不与他人合作使用草场，草地细碎化问题难以缓解，从而影响自家承包草场的生态环境。从经济效果看，互惠合作方式优于草地租赁方式与单家独户方式，但草地租赁方式和单家独户方式之间无显著差异。从社会效果来看，互惠合作方式优于单家独户方式，其余方式之间差异不显著。

下文分别从生态、经济、社会方面，进一步分析与讨论测算结果。

3.1　生态效果

我国草地大部分位于季风性气候区，冷暖变化悬殊、降雨少而不均，极端气象灾害频发，生态十分脆弱（王晓毅等，2016）。在"双权一制"实施以前，牧户一直采用"逐水草而居"的游牧式放牧，旨在发挥草地生产功能的同时，保护脆弱的草地生态，实现经济与生态的平衡与统一。在游牧方式下，牧户按季节轮换使用草场，并通过调节出牧方向与放牧时间控制草场的使用强度与使用频率，实现草场的合理、适度利用（敖仁其、席锁柱，2012）。"双权一制"改革后，草场被划分到户，游牧式放牧不再具备实施条件，牧户的放牧活动只能在自有的细碎草场上进行。在这种情况下，牲畜的活动范围有限且活动路线固定，只能常年反复啃食、践踏同一块草场，使得草场无法充分获得恢复生态的时间，草地生态逐渐恶化（曹建军，2010；敖仁其、席锁柱，2012），并且随着牲畜数量的增长，生态恶化趋势日渐加剧。

草地租赁意味着牧户经营面积的增大，这就增大了牲畜的移动范围，从一定程度上减轻了"蹄灾"的可能性（赖玉珮、李文军，2012）。与此相似，合作放牧也可以增加牲畜的移动范围，而被认为有利于促进草地的生态保护（敖仁其，2011，2014）。本章的测算结果证实了以上研究的结论，草地租赁方式与互惠合作方式的生态效果皆显著高于单家独户方式。对于草地租赁方式与互惠合作方式的生态效果比较，已有研究涉及较少。根据本章的测算结果，相对于草地租赁方式，互惠合作方式的生态优势更加明显，差异值见表16.4。

表16.5列出了三种方式生态维度下各具体指标的均值。从一级指标草场生态情况的相对得分来看，互惠合作方式最佳，分值最高；单家独户方式的得分低于互惠合作方式和草地租赁方式，表明其生态状况最差。从绝对得分来看，三种方式的指标得分皆小于0.400，说明无论处于何种方式下，草地的生态总体情况都十分不乐观。从另一个一级指标草场载畜程度的相对得分来看，互惠合作方式与草地租赁方式的草场载畜程度得分也皆高于单家独户方式，即单位草场的载畜量低于单家独户方式，但是互惠合作方式与草地租赁方式之间的差异并不明显。

表 16.5 三种草地经营方式生态维度下的指标值

项目	单家独户方式	草地租赁方式	互惠合作方式
放牧场草的高度（数值型）	1.771	1.956	2.556
放牧场草的盖度（数值型）	2.662	2.726	2.764
放牧场草的种类（数值型）	2.160	2.059	2.208
草场生态状况（数值型）	0.292	0.308	0.382
草场载畜程度（数值型）	0.858	0.915	0.918

注：表中数值对应的具体取值见表16.1。

有研究（如张引弟，2009；赖玉珮、李文军，2013）指出，在草地租赁方式下，牧户会将放牧压力转移到租入草地上，进而导致租入草地的过度利用，加重租入草地的退化程度。这些研究的理论依据是，草地租赁行为是短期的，在有限的时间内最大限度地使用租入草地最符合租入者的利益，因而租入者会过度利用租入草地，并且由于缺乏租赁条款的约束与相应的监督，这种过度利用的行为不受任何制约（包玉山，2003；文明、塔娜，2015）。但也有研究（如聂萨茹拉、任晓晨，2015）认为，牧区草场稀缺，牧户具有较强的草地租赁意愿，这种希望能够持续租赁草地的意愿会使牧户谨慎地利用租入的草场，因而并不会出现租入草场过度利用的情况。

本章在测算草地租赁方式下草地生态状况得分时使用的是牧户租入草场与自有草场的平均可食性牧草的高度、盖度、种类，若真的存在牧户严重过度利用租入草场的情况，则草地租赁方式下草场生态状况的指标得分应明显低于单家独户方式。但是，根据本章的测算结果，草地租赁方式的草场生态情况得分高出单家独户方式 6.43%，表明牧户严重过度利用租入草场的情况并不普遍。究其原因，根据作者的实地调研，除牧户具有强烈的长期租赁草场的意愿外，大部分牧户的租赁对象为亲戚或同村朋友，这种熟人关系网络产生了潜在的社会约束，使得牧户不会轻易过度利用租入的草场。

3.2　经济效果

草地属于非平衡生态系统，初级生产力主要受气候的影响（王晓毅等，2016）。在牧区季风气候的背景下，温度与降水的高度时空异质性决定了牧草的产量与质量具有极强的波动性，也决定了饮水源和舔盐地等草原畜牧业生产必要资源的空间分布具有严重的不均等性。为适应气候变化和牧业资源分布的不均匀性，在"双权一制"实施前，牧户"逐水草而居"，通过四季游牧以及单季轮牧实现对草地资源的充分利用（曹建军，2010；敖仁其、席锁柱，2012）。此外，草原畜牧业属于劳动密集型活动，不同生产阶段对劳动力数量具有不同的需求。在游牧方式下，牧户以浩特、嘎查或是更高层级的集体（如苏木）为单位实行畜牧业生产的劳动分工，以实现适应于草原畜牧业生产特点的有效劳动配置（王晓毅，2007）。"双权一制"改革后，牧户的畜牧业生产被限制在自有草地上，难以再通过移动来调配草地资源，并且伴随着游牧的消失，家庭间的劳动分工协作也不复存在。在这种情况下，牧户出现不同程度的生产要素失配，造成生计水平的降低与畜牧业生产效率的损失（王晓毅，

2009；敖仁其，2014）。

现有部分研究（如 Otsuka，2007；Jin and Jayne，2013）表明，土地租赁能够通过调节土地与其他资源的匹配程度，或将土地从经营能力较弱的家庭转移到经营能力较强的家庭，从而提高生产效率。不过，根据本章的测算结果，草地租赁方式的经济效果指标得分与单家独户方式无显著差别。对此，参考已有研究（如 Tan et al.，2018），原因可能在于，牧区的草地租赁主要发挥的是生产资源调配功能。在这种情况下，租赁草地的家庭相对未参与租赁的家庭在租赁前具有更加严重的资源不匹配性，生产效率相对较低。这些家庭参与租赁市场降低了资源的不匹配程度，使生产效率提高至与生产资源匹配较好因而尚不需参与租赁的家庭相近的程度。比较单家独户方式与草地租赁方式下牧户的自有草场面积，可对此进行证明。样本中单家独户方式下的户均放牧场面积为 3735 亩，户均打草场面积为 497 亩；而租赁方式下牧户自有放牧场面积 3540 亩，自有打草场面积为 370 亩，分别少于单家独户方式的 5.2% 和 25.6%。但通常这两类家庭的劳动力和打草机、搂草机等生产性资产的数量都差不多，因此，可以认为总体而言，单家独户方式牧户的草地 - 劳动力 - 牲畜 - 生产性资产匹配要好于草地租赁方式牧户在介入土地市场之前的状况。

除草地租赁外，有的研究（如曹建军，2010；敖仁其，2011，2014）主张通过合作放牧实现草地资源的合理利用。这些研究指出，在合作方式下牧户共同使用草场。这能够在较大程度上扩大放牧空间，为实施更加灵活的放牧安排提供基础，进而有助于草地资源较为充分、合理的利用，从而提高牧业生产的长期效益。在合作方式下，牧户可进行劳动的分工协作以及生产工具的共享，进而降低生产成本，提高生产效率（Cao et al.，2011；曹建军，2010）。本章的测算结果也表明，互惠合作方式相对单家独户方式具有显著的经济优势。单家独户方式的经济效果指标得分为 0.446，而互惠合作方式的经济效果指标得分为 0.512，高出单家独户方式 14.8%。

测算结果显示，互惠合作方式的经济效果不仅显著优于单家独户方式，也显著优于草地租赁方式（见表 16.6）。互惠合作方式的经济效果指标得分高出草地租赁方式 16.10%。可见，互惠合作方式下牧户生产能力层级的指标，如年底牲畜存栏量、打草场面积等并不高于单家独户方式与草地租赁方式。互惠合作方式具有较高经济效果的原因在于该方式下牧户的总净收入与畜均净收入大幅度高于另外两种方式。还需说明的是，互惠合作方式下牧户的生产性固定资产总值远低于单家独户方式与草地租赁方式，但这并不代表该方式下牧户的生产能力较低，因为互惠合作方式下部分牧户同合作集体中的他人共同使用打草机、搂草机、拖拉机等机械设备，不需大额的资金投入。在这种情况下，较低的生产性固定资产总值代表着机械设备的高效利用以及生产资金更加有效的配置。

表 16.6　　三种草地经营方式经济维度下的指标值

项目	单家独户方式	草地租赁方式	互惠合作方式
牧业畜均净收入（元）	204	191	359
年底牲畜存栏量（头）	351	387	312
打草场面积（亩）	497	367	333
放牧场面积（亩）	3735	4735	4086
生产性固定资产总值（元）	17965	15817	7568
水井（1 = 有水井；0 = 无水井）	0.696	0.616	0.639
棚圈（1 = 有棚圈；0 = 无棚圈）	0.692	0.624	0.639

　　三种方式下牧户的投入产出情况可以用来解释为何互惠合作方式下畜牧业生产会有较高的总净收入与畜均净收入，进而取得较高的经济效果指标得分。三种方式下牧户的牲畜售价与主要生产成本见表16.7。互惠合作方式下，畜牧业生产的草料支出、饲料支出、牲畜医药费用以及雇用劳动力费用皆明显小于另外两种方式，并且与草地租赁方式相比，互惠合作方式下的牧户不需要支出任何租赁费用。较低的草料支出与饲料支出可以间接反映互惠合作方式对草地资源相对高效的利用。合作使用草地有效扩大了牲畜的活动空间，使得牧户可以根据牧草的生长情况在一定程度上调整放牧的频度与空间，这不仅有助于实现对当期牧草的充分利用，而且有助于牧草的再生产，增加未来可获得的牧草产量，从而降低牧户对草料与饲料的支出。草场租赁虽然也能够扩大牲畜的活动空间，但由于租入的草场可能并不与牧户原有草场连片，即使连片，扩

大程度也较为有限，牲畜的活动空间仍相对固定，草地资源的使用效率难以有明显的提高（赖玉珮、李文军，2012），牧户仍需支出较高的草料与饲料费用。

表16.7　三种经营方式下牲畜售价与主要生产成本

单位：元

项目	单家独户方式	草地租赁方式	互惠合作方式
牲畜销售价格	294	356	378
草料支出	12192	12693	5863
饲料支出	12629	8171	5148
牲畜医药费用	1299	1266	693
雇用劳动力费用	1688	1397	548
草场租赁费用	0	13558	0

除草料与饲料支出外，互惠合作方式下的雇用劳动力费用与牲畜医药费用也明显小于另外两种方式。究其原因，互惠合作方式不仅代表了一种草地资源的配置方式，还伴随着牧户在畜牧业生产上的分工协作以及生产工具的共享（曹建军，2010；Cao et al.，2011）。以本章样本中的牧户为例，在采用互惠合作方式的牧户中，部分协作进行打草、接羔、洗羊等牧业活动，部分不仅共同使用草场还将全部牲畜合在一起分工合作放牧。在这种情况下，牧户本来需要支出的生产资金由相互之间的帮助替代了，这就降低了牧户用于劳动方面的成本支出。

3.3　社会效果

游牧不仅是一种放牧方式，也是草原文化的载体（王晓毅，2009；敖仁其，2011）。随着游牧的终止，以游牧为核心的草原风俗习惯、牧区社会关系以及村规民约逐渐弱化。部分已有研究指出，合作放牧能够在一定程度上发挥草原文化传承的功能，并且有助于增强牧户之间的社会联系（曹建军，2010；Cao et al.，2011）。本章的测算结果与这些研究的结论相一致，互惠合作方式的社会效果指标得分高于单家独户方式，但仅在10%的水平上显著。

测算结果还显示，互惠合作方式与草地租赁方式、草地租赁方式与

单家独户方式之间的社会效果差异不显著，而互惠合作方式与单家独户
方式之间的社会效果虽然有一定的差异，但是显著水平较低。这表明，
不同方式对草地的影响主要表现在生态功能与生产功能上，与之相对应
产生的是经济效果与生态效果。传承草原文化与增强牧户社会联系仅是
草地经营方式的副产品，即使能够产生影响，程度也是十分微弱的。

三种草地经营方式社会维度下的具体指标值见表16.8。可以看出，
三种方式下各社会维度的指标得分情况都有所差异。就邻里信任度而言，
互惠合作高于草地租赁，更高于单家独户；就邻里互助而言，互惠合作
的表现也相对较好；而就冲突的发生情况来看，互惠合作的冲突相对较
明显一些，而草地租赁方式的冲突较少。这可能跟牧户合作时涉及的一
些利益相关。

表16.8   三种草地经营方式社会维度下的指标值

项目	单家独户方式	草地租赁方式	互惠合作方式
邻里信任度（数值型）	3.043	3.274	3.333
邻里互助度（数值型）	3.745	3.741	3.764
冲突发生度（数值型）	3.403	3.593	3.389
传统节日参与度（数值型）	2.537	2.474	2.444
组织与协会参与度（数值型）	0.177	0.200	0.264

注：表中数值对应的具体取值见表16.1。

第四节   结语

草地是我国重要的生态安全屏障，也是牧区经济发展和社会稳定的
物质基础，兼具生态、生产、生活三方面的功能。草地功能的发挥受草
地经营方式的影响。当前我国牧区主要存在三种草地经营方式：单家独
户方式，以及在此基础上衍生出的草地租赁方式和互惠合作方式。本章
利用内蒙古牧区的438份牧户数据，采用综合指标评估法，对单家独户、
草地租赁以及互惠合作三种草地经营方式，从生态、经济、社会方面进
行测算与分析，以比较不同方式的效果，探究各草地经营方式的优势所
在。虽然本章选取的测算指标不尽完善，但这些指标仍能较好地反映草
地生态、牧业生产以及牧区社会的主要特征。测算结果显示，综合来看，

三种方式经营效果的排序为互惠合作方式优于草地租赁方式，优于单家
独户方式。具体地，互惠合作方式的生态效果与经济效果皆优于草地租
赁方式和单家独户方式，社会效果虽和草地租赁方式无差异，但优于单
家独户方式；草地租赁方式虽在经济与社会方面不优于另外两种方式，
但在生态效果方面优于单家独户方式。

　　互惠合作和草地租赁是在单家独户方式的基础上，牧户为实现更加
有效的草地经营而衍生出的两种方式。本章的研究结果表明，这两种方
式相对单家独户方式都具有一定的经营优势。近年来，我国草地退化非
常严重，牧户生计也很脆弱。本章的研究发现，互惠合作方式在生态效
果与经济效果方面都具有明显的优势，因此政策应积极鼓励牧户参与合
作放牧，以促进生计水平提高与草原生态保护。不过，在合作中需要协
调好各牧户之间的利益关系，减少冲突的发生。

第 17 章　结论和建议

　　我国主要牧区干旱和高寒的气候特征决定了草原非平衡生态系统的特征，使得牧民"逐水草而居"的传统游牧方式成为一种与生存环境相适应的历史悠久的公共资源利用制度。但受主流农耕文明向产业文明进化的影响，牧区自 20 世纪 80 年代起先后对牲畜和草原进行了双承包，这一制度安排使得原本族群公有共用的草地资源变为公有私用，放牧制度也从游牧和季节性转场轮牧，逐步转为定居放牧。传统轮牧时期草地资源共享的制度被农区"产权清晰化"的资源公有私用制度取代，这导致牧业经营成本的增加和草原生态环境的恶化，草地利用的可持续性受到严重威胁。这也是"退牧还草"政策和草原生态保护补助奖励政策制定的基础和依据。

　　2011 年，国务院在内蒙古呼伦贝尔市召开全国牧区工作会议。回良玉在会上指出，鉴于自然、地理、历史等原因，牧区仍然是全国经济发展的滞后区、民生改善的薄弱区、生态环境的脆弱区。强调坚持生产生态有机结合、生态优先的基本方针，走出牧区经济建设又好又快发展的新路子。2017 年 10 月 18 日，习近平同志在党的十九大报告中指出，坚持人与自然和谐共生，必须树立和践行"绿水青山就是金山银山"的理念。同时，还提出了乡村振兴战略，2018 年 1 月 2 日国务院公布了 2018 年中央一号文件，即《中共中央国务院关于实施乡村振兴战略的意见》。实现乡村振兴战略的路径之一就是坚持人与自然和谐共生，走乡村绿色发展之路。这标志着国家发展战略和农林牧渔业制度建设思想的重大改变。

　　在这样的大背景下，要实现少数民族人口和贫困人口居住集中、占国土面积广大的草原牧区的绿色发展和乡村振兴，就必须实现草地资源的可持续管理。而导致草地不可持续管理的因素很多，其中不乏历史层面的原因和多种利益相关者层面的原因。本书主要基于作为草地主要利用者和管理者的牧户层面，探讨现有草地产权制度下影响我国主要草原牧区牧户草地不可持续管理与可持续管理之间双向变化的因素，以期在现有的产权制度框架下，寻求有助于草地资源可持续管理的制度改进、政策激励和市场机制。研究主要采用作者于 2005 年 10 月至 2019 年 5 月在主要牧区实地调研和访谈的一手资料，运用计量经济模型、案例分析、制度分析等经济学、社会学和人类生态学等多学科交叉的研究方法进行。

第一节　研究结论

本书以牧户为研究对象，分析正式制度（如产权制度和组织制度）和文化、宗教等非正式制度对牧户的草地管理行为及其生计策略的影响，探讨与草地利用和管理相关的政策，如"退牧还草"和"生态补奖"等如何改变牧户的生产行为，而通过参与要素市场，牧户的草地管理行为可能发生怎样的变化等。本书的研究目的在于探讨在现有的草地产权制度安排下，如何通过制度创新、政策设计（包括政策的实施）和市场机制，激励牧户更好地管理其草地资源，以实现牧区的可持续发展。

1.1　关于牧区草地退化的状况及其主要原因

自 20 世纪 80 年代实施"双权一制"以来，草原牧区的草地呈现加速退化的态势。与 20 世纪 70 年代 10% 的草地总面积遭到退化相比，20 世纪 90 年代中期的草地退化比例上升至 50%，而 2000 年之后不同程度退化的草地已达草地总面积的 90%。在气候变化等自然因素不大可能在短短的二十年间如此快速导致草地退化的情况下，超载、过牧等人为因素和其背后的制度、政策和市场等因素就需要加以审视。这其中，草畜双承包阶段对草地退化的影响显而易见，如"分畜到户"加剧了气候不利情况（如干旱）下的草地退化，而"分草到户"进一步导致草地细碎化和"围栏陷阱"恶化草地生态环境，并使草地持续退化成为可能。

1.2　关于"双权一制"对牧户草场管理和牧户生计的影响

"双权一制"实施中，在将牲畜分到各户而草场社区共用阶段（通常从 1984 年前后开始到 1996 年前后，有些地方如青藏高原的某些地区到 2005 年），牲畜数量快速增长，导致了较为严重的"公地悲剧"；随后在将草地分到各户的阶段，出于公平考虑，草地被按照草场质量、位置、饮水源和基础设施条件等分配到户，导致草地的细碎化。随着家庭细分和草原确权围栏，出现"围栏陷阱"。牧户的草地、劳动力、牲畜和生产性资产（如打草机等）出现了"失配"，给牧户的生计带来了不利影响。小规模细碎化的草地经营状况和牧户生计资产的不匹配，使草地的可持续管理受到影响，牧户的生计水平也难以提高，牧户因而陷入"草地退化－生计水平降低－增加牲畜－超载过牧－草地退化"的恶性循环。

1.3　现行草地产权制度下，牧户的草地管理行为、效率及非正式制度对其草地管理和生计的影响

在现行草地产权制度下，中央政府将对自然资源的管理权下放。牧区草地管理制度经历了从传统到现代、从中央集权到分权管理的转变。然而，由于分权过于彻底，直接将传统上族群共享的草地资源分到牧户层面，从而在某种程度上导致了主要牧区草地资源的退化。研究显示，若以减轻退化作为草场管理目标，那么政府有必要对牧户的舍棚和围栏建设进行投资，而为了弥补禁牧等造成的收入损失，牧民可在短期内和条件适宜的地方（如冬窝子里）种植少量牧草，并可对退化的天然牧场进行人工补播。

不同于小农户的"小而有效"，现行草地经营制度下的牧户是"小而无效"的。作为对正式制度安排的适应，非正式制度在牧户的草地管理和生计策略中发挥了一定的作用。文化通过影响牧户融入市场，影响其草地管理行为；宗教信仰和宗教投入如果能够被善用，则可通过提高人力资本和社会资本改善牧户的生计水平。因而，这些非正式制度可以作为对正式制度的补充，在一定程度上以成本有效的方式达到促进草地可持续管理的效果。

1.4　"退牧还草"、"草畜平衡"和"生态补奖"政策对于草地利用管理和牧户生计的效果

"退牧还草"、"草畜平衡"和"生态补奖"政策的具体措施皆为草畜平衡、禁牧休牧。草地生态政策的实施从总体上而言，促进了草地的

可持续管理，草原生态环境得到改善，牧户的牲畜饲养方式也发生了转变，由放养变为舍饲圈养。然而，这些政策的效果与草地可持续管理的目标存在一定的差距。主要原因在于，补奖的方式与牧民的偏好不相一致，补奖的标准与牧户的期望不符，补奖的发放没能起到激励和约束牧户草地管理行为的作用，而政策执行力度又由于监督力量的不足而大打折扣。此外，有些地区（如内蒙古阿拉善盟）"退牧还草"政策实施的时间过久，因缺少牲畜的适度干扰，草地上动植物的多样性在政策实施头五年部分得以恢复的情况下，后几年却反而大幅减少了。要使"退牧还草"和"生态补奖"成为有效的公共政策，就需要因时因地采用，并适时进行调整，不可以简单化、"一刀切"的方式来执行政策。

1.5　关于牧区要素市场发育及牧户参与对其利用和管理草地的影响

要素市场可用来调节牧户家庭资源的配置，即通过租入草地和雇用劳动力以及借贷资金等生产要素使生计资本从"失配"到"适配"，进而减轻草地退化，提高牧户生计水平，更可持续地进行草地管理。参与草地租赁市场，有助于提高牧户的技术效率。租入草场可缓解承包草场的放牧压力，在一定程度上恢复自家退化的草场，不过，租出的草场却可能因为土地市场的不规范和监督困难而被过分利用，所以不可持续。牧户家庭劳动力的转移会通过改变资源的配置方式而影响草地利用和管理效果。如不改变要素匹配关系，牧户倾向于兼业放牧；租出草地，雇用他人放牧或委托放牧或放弃放牧；转出了家庭里多余的劳动力，放牧方式没有发生变化。劳动力转移可使家庭总净收入提高，从而间接减轻对草场的放牧压力，有利于改善草地的生态状况，促进草地的可持续管理。信贷获取有助于提高牧户草地利用的生态效果和经济效果，从而促进草地可持续管理和推动牧区的可持续发展。

1.6　牧户单家独户和非正式合作对于草地管理的影响

草地资源的自然性以及草原畜牧业的脆弱性、非平衡性和单一性，决定了单家独户的小规模细碎化草地经营难以抵抗频发的自然风险，也难以平衡家庭的各种生计资产，从而不利于草地资源的可持续管理。牧户之间的合作可以释放出一部分劳动力，节约劳动力成本，并允许劳动力有机会寻求其他的收入来源；合作也有利于减少打草机、机井和围栏等固定资产投入，化解小牧户面向大市场的问题；合作使用草场，还可增加牲畜的觅食范围，使其获取更全面的营养。这些都更有利于牧户收入的提高和草地资源的可持续管理。不过，如果合作中不能达成大家愿意遵守的协议，合作者之间容易产生矛盾，而非但不容易达成有效的合作，反而会导致新的"公地悲剧"产生。因此，要想使合作制度真正对我国草地资源的可持续管理发挥作用，就需要加强对合作的管理。

第二节　促进草地可持续管理的制度和政策建议

自 20 世纪 80 年代以来实行了草畜双承包，牧区传统的草地资源族群公有共用的游牧制度变为了草地资源公有私用的定居放牧制度。草地产权制度改革极大地促进了牧区的经济发展，但同时很多牧户家也出现了"人（劳动力）-草（草地）-畜（牲畜）-生产性资产（机械等）"的不合理匹配（"失配"），影响牧区生态环境，加剧牧户的生计脆弱性。促进草地可持续管理势在必行。图 17.1 显示了促进草地可持续管理的制度创新、政策设计和市场机制。制度/政策对草地资源管理的影响主要是通过对草地的利用者和管理者提供激励和约束机制，从而影响其行为来产生的。制度本身是在不同的自然条件和社会经济环境下形成的，且要与文化和宗教等非正式制度相容。有效的草地管理决策需要考虑草地的自然和生物生产能力、决策在技术和经济上的可行性以及在制度上的可被接受性。

在设计制度和政策的时候要考虑草地的自然资源属性和草地畜牧业的生产特征。中国草原面积广大，约 60 亿亩，分为几个草原带，面积最大的北方干旱半干旱草原带约占 40%，青藏高原草原带约占 35%。不同地带的草原，气候、地质等差异较大，因而草地产权制度和管理制度安排需要更多考虑当地的实际。草地资源的属性和牧业生产的特点，使得在农区较为成功的土地制度对草地和草原畜牧业而言好坏参半。可以在明晰产权的情况下，对草地的使用制度和管理制度进行创新。以适合各地特色的方式进行草原确权，如将草地的使用权从空间上确权到社区层

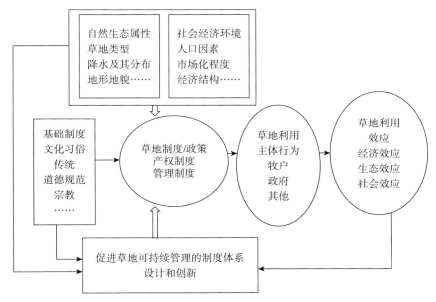

图 17.1 促进草地可持续管理的制度创新、政策设计和市场机制

面。减轻草地细碎化，使牲畜可以在更大的范围内采食，兼顾多种草地资源，避免"蹄灾"；保证草原生态系统、草食家畜饲养系统、传统社区（如内蒙古的浩特和藏族聚居区的互助组等）三者相互依存、相互制约所形成的生态、经济、社会、文化的完整系统免受割裂和分离（敖仁其，2014）。具体如下：

（1）重视正式制度创新和政策设计中与宗教和文化等非正式制度的相容（制度的可接受性），从而更为有效地发挥制度和政策对于草地可持续管理的作用。

（2）应审慎对待草地确权。草地资源生产力低、可分性弱和时间空间异质性强的特点，不仅使其确权到户的交易成本高昂，而且确权之后的利用也因细碎化而带来很多问题。在草地已经确权到户的牧区（如内蒙古），应鼓励牧户在草场确权之后以不同方式进行合作经营，使牧民失配的生计资产可以在合作中截长补齐，整合草地、劳动力和牲畜等资源，实现生计资产从"失配"到"适配"，提高生计水平，提高对草地的可持续管理；在草地尚未确权到户的牧区，可考虑将草地确权到社区（嘎查/村、浩特/社或牧户小组）。

（3）适度利用草原，保持既不超载过牧，又不过度禁牧休牧，以牲畜的适度干扰促进草原保护，达到草原与牲畜的协同进化。

（4）"生态补奖"等草地政策也可以考虑以社区为单位而不是基于牧户来实施，在如何支配补奖金额以及如何禁牧及平衡草畜等问题上，让社区有更多的自主权。这样可以更加因地制宜地制定禁牧和草畜平衡的标准，也便于自我监督和自主治理。

（5）在利用和管理草地时，要树立草原生态系统的整体观念，即不仅要看到地面上的草资源，也要看到与之密切相连的地表水和地下水等资源。严禁将干旱半干旱草原转化为耕地，并尽快将以往开垦的耕地退耕还草，避免草地退化带来的异地（off-site）负面效果影响草地的可持续管理。要保护好草原上天空、地表和地下的水资源，作为草地资源的重要组成部分，草原上水资源的管理对于草地的可持续管理至关重要。利用地下水资源发展灌溉农业，并以此实现草原保护和农牧民增收的政策需要审慎。

促进牧区要素市场的发育，使牧民可以更为便利有效地介入要素市场。这包括规范草地租赁市场，给租入方和租出方提供信息平台，充分发挥土地市场配置资源的作用，同时约束租入者过度利用草地的机会主义行为；提供低交易成本的正式信贷，使牧民可以在有需要的时候获得贷款以购买草料，从而减少对草地超载过牧等不可持续管理的行为；抓好牧区的中小学正规教育，从长远提高牧区人口的素质；给牧民提供适当培训，促进劳动力的有序转移；将无心无力务牧的人口转移出牧区，减轻牧区的人地压力，为草地的规模经营提供条件；同时，鼓励学成归来愿意从事牧业的年轻人回乡。发挥劳动力市场、信贷市场、土地租赁市场等要素市场的综合作用，促进牧户之间的合作，鼓励基于社区的草地管理。

总之，牧区草地的资源属性有别于农区耕地，牧业也有别于农业，适用于农地的制度对于草地的管理未必奏效，而需要考虑草地的特征和牧业的业态，以此来激励牧户的草地管理行为。正如草地退化的原因错综复杂，草原问题是"难缠问题"（wicked problem），因此不能用"万能药"的思想去解决。"一刀切"的制度和政策不适合广大的草原牧区。要接受草地的复杂性，以自然和生物生产能力适宜、技术和经济可行以及制度上可接受为标准进行草地资源的可持续管理，这就有赖于尊重作为非正式制度的当地习俗、文化，在国家制定的制度和政策框架下，因地制宜，给社区赋权，使多种行为主体可以就如何利用和管理草地进行决策。

参考文献

1. 〔美〕R. 科斯、A. 阿尔钦、D. 诺斯等：《财产权利与制度变迁——产权学派与新制度学派译文集》，刘守英等译，上海人民出版社，1994。

2. 〔美〕埃莉诺·奥斯特罗姆：《公共事物的治理之道——集体行动制度的演进》，余逊达等译，上海译文出版社，2000。

3. 〔德〕柯武刚、史漫飞：《制度经济学——社会秩序与公共政策》，韩朝华译，商务印书馆，2000。

4. 于立、于左、徐斌：《"三牧"问题的成因与出路——兼论中国草场的资源整合》，《农业经济问题》2009 年第 5 期。

5. 丁恒杰：《关于草场制度改革的思考》，《草业科学》2002 年第 5 期。

6. 马兴文：《草场使用及草权制度的历史变迁——基于青海省同德县 X 村的调研》，《柴达木开发研究》2012 年第 2 期。

7. 万华伟、高帅、刘玉平等：《呼伦贝尔生态功能区草地退化的时空特征》，《资源科学》2016 年第 8 期。

8. 马梅、乔光华：《制度变迁与草地退化的关联性分析——以锡林郭勒盟为例》，《农业现代化研究》2015 年第 5 期。

9. 马瑞芳、李茂松、马秀枝：《气候变化对内蒙古草原退化的影响》，《内蒙古气象》2011 年第 2 期。

10. 王云霞：《内蒙古草地退化成因与草原畜牧业可持续发展研究》，内蒙古农业大学硕士学位论文，2004。

11. 王羊、刘金龙、冯喆等：《公共池塘资源可持续管理的理论框架》，《自然资源学报》2012 年第 10 期。

12. 王关区：《我国草原退化加剧的深层次原因探析》，《内蒙古社会科学（汉文版）》2006 年第 4 期。

13. 王关区：《草原退化的主要原因分析》，《经济研究参考》2007 年第 44 期。

14. 王向涛、杨军、赵星杰等：《人文因素视域下西藏草地退化问题研究》，《畜牧与饲料科学》2019年第2期。

15. 王庆锁、李梦先、李春和：《我国草地退化及治理对策》，《中国农业气象》2004年第3期。

16. 文明、塔娜：《内蒙古农村牧区土地流转问题研究》，《内蒙古社会科学（汉文版）》2015年第2期。

17. 王金枝、颜亮、吴海东等：《基于层次分析法研究藏北高寒草地退化的影响因素》，《应用与环境生物学报》2020年第1期。

18. 王建文：《中国北方地区森林、草原变迁和生态灾害的历史研究》，北京林业大学博士学位论文，2006。

19. 王晓毅：《干旱下的牧民生计——兴安盟白音哈嘎屯调查》，《华中师范大学学报》（人文社会科学版）2009年第4期。

20. 王晓毅：《从承包到"再集中"——中国北方草原环境保护政策分析》，《中国农村观察》2009年第3期。

21. 王晓毅：《市场化、干旱与草原保护政策对牧民生计的影响——2000～2010年内蒙古牧区的经验分析》，《中国农村观察》2016年第1期。

22. 王晓毅：《制度变迁背景下的草原干旱——牧民定居、草原碎片与牧区市场化的影响》，《中国农业大学学报》（社会科学版）2013年第1期。

23. 王晓毅：《家庭经营的牧民——锡林浩特希塔嘎查调查》，《中国农业大学学报》（社会科学版）2007年第4期。

24. 王晓毅、张倩、荀丽丽等：《贫困影响评价与资源利用——以草原奖补政策和土地流转为例》，《中国农业大学学报》（社会科学版），2016年第5期。

25. 王晓毅：《非平衡、共有和地方性——草原管理的新思考》，中国社会科学出版社，2010。

26. 邓维杰、韩伟：《社区主导的草原发展——态度、视角与方法》，四川人民出版社，2010。

27. 韦惠兰、鲁斌：《玛曲草场单户与联户经营的比较制度分析》，《安徽农业科学》2010年第1期。

28. 王静、郭铌、韩天虎等：《退牧还草工程生态效益评价——以甘肃省玛曲县和安西县为例》，《草业科学》2008 年第 12 期。

29. 尹燕亭、运向军、郭明英等：《基于牧户感知和野外调查相结合的内蒙古东部草甸草原健康评价》，《生态学报》2019 年第 2 期。

30. 包玉山：《内蒙古草原退化沙化的制度原因及对策建议》，《内蒙古师范大学学报》（哲学社会科学版）2003 年第 3 期。

31. 包玉山：《内蒙古草原畜牧业的历史与未来》，内蒙古教育出版社，2003。

32. 白永飞、赵玉金、王扬等：《中国北方草地生态系统服务评估和功能区划助力生态安全屏障建设》，《中国科学院院刊》2020 年第 6 期。

33. 世界环境与发展委员会：《我们共同的未来》，王之佳等译，吉林人民出版社，1997。

34. 史清华、陈爱兰：《陕西省退耕还林（草）现状、问题及对策》，《陕西林业科技》2002 年第 4 期。

35. 白琥：《内蒙古实施草原生态奖补机制两年草原生态明显改善》，中国新闻网，http://www.chinanews.com/df/2013/03 - 07/4625286.shtml，最后检索时间：2021 年 2 月 19 日。

36. 龙瑞军：《青藏高原草地生态系统之服务功能》，《科技导报》2007 年第 9 期。

37. 冯静蕾、扎玛、曹建民等：《内蒙古草原放牧管理制度对牧民生计的影响——基于内蒙古锡林郭勒盟 4 个嘎查的调查》，《中国草地学报》2014 年第 2 期。

38. 刘纪远、徐新良、邵全琴：《近 30 年来青海三江源地区草地退化的时空特征》，《地理学报》2008 年第 4 期。

39. 刘红霞：《从"草畜承包"看牧民碎片化生产与封禁式生态保护——内蒙古特村的实地研究》，《社会学评论》2016 年第 5 期。

40. 刘佳、刘远妹、杜忠：《中国退化沙化草地治理研究进展》，《安徽农学通报》2018 年第 21 期。

41. 刘明、张莉、王军邦等：《草地退化及恢复治理的文献计量学分析》，《中国草地学报》2020 年第 6 期。

42. 达林太、郑易生：《牧区与市场——牧民经济学》，社会科学文献出版社，2010。

43. 达林太、郑易生:《真过牧与假过牧——内蒙古草地过牧问题分析》,《中国农村经济》2012 年第 5 期。

44. 闫俊杰、刘海军、赵玉等:《2000～2015 年新疆伊犁河谷草地 NPP 时空变化特征》,《水土保持研究》2018 年第 5 期。

45. 孙致陆、肖海峰:《农牧户羊毛生产技术效率及其影响因素研究——基于内蒙古、新疆等 5 省份农牧户调查数据的分析》,《农业技术经济》2013 年第 2 期。

46. 任继周:《中国草原未来可期》,《森林与人类》2020 年第 Z1 期。

47. 任继周、侯扶江、胥刚:《放牧管理的现代化转型——我国亟待补上的一课》,《草业科学》2011 年第 10 期。

48. 任继周、侯扶江、胥刚:《草原文化的保持与传承》,《草业科学》2010 年第 12 期。

49. 刘博、励汀郁、谭淑豪等:《现行草地产权制度下牧户的技术效率分析》,《干旱区资源与环境》2018 年第 9 期。

50. 刘博、谭淑豪:《社会资本与牧户草地租赁研究》,中国农业出版社,2018。

51. 朱震达:《中国土地荒漠化的概念、成因与防治》,《第四纪研究》1998 年第 2 期。

52. 刘黎明、赵英伟、谢花林:《我国草地退化的区域特征及其可持续利用管理》,《中国人口·资源与环境》2003 年第 4 期。

53. 汪三贵:《信贷扶贫能帮助穷人吗?》,《调研世界》2001 年第 5 期。

54. 李文军、张倩:《解读草原困境——对于干旱半干旱草原利用和管理若干问题的认识》,经济科学出版社,2009。

55. 张引弟:《牧区草场承包经营权流转问题研究》,内蒙古大学硕士学位论文,2009。

56. 陈文杰:《牧区劳动力转移的特点及影响因素分析——以锡林郭勒盟为例》,中国人民大学硕士学位论文,2014。

57. 张书怡:《草地经营方式对牧户生产性投资的影响——以内蒙古呼伦贝尔为例》,中国人民大学硕士学位论文,2012。

58. 李云鹏、那日苏、乌日娜等:《内蒙古草原荒漠化遥感监测分析》,《中国草地学报》2011 年第 3 期。

59. 陈乐乐、施建军、王彦龙等：《高寒地区不同退化程度草地群落结构特征研究》，《草地学报》2016 年第 1 期。

60. 李永宏：《内蒙古草原草场放牧退化模式研究及退化监测专家系统雏议》，《植物生态学报》1994 年第 1 期。

61. 陈永杰：《浅论刚察县畜牧业结构调整》，《中国畜禽种业》2008 年第 15 期。

62. 励汀郁、谭淑豪：《制度变迁背景下牧户的生计脆弱性——基于"脆弱性—恢复力"分析框架》，《中国农村观察》2018 年第 3 期。

63. 贡布泽仁、李文军：《草场管理中的市场机制与习俗制度的关系及其影响：青藏高原案例研究》，《自然资源学报》2016 年第 10 期。

64. 张伟：《基于牧户接受意愿的草原牧区生态奖补政策研究》，中国人民大学硕士学位论文，2013。

65. 张如心：《不同模式下牧户草地经营的环境效率分析——基于内蒙古牧区的实地调研》，中国人民大学硕士学位论文，2018。

66. 谷宇辰、李文军：《禁牧政策对草场质量的影响研究——基于牧户尺度的分析》，《北京大学学报》（自然科学版），2013 年第 2 期。

67. 陈伟娜、闫慧敏、黄河清：《气候变化压力下锡林郭勒草原牧民生计与可持续能力》，《资源科学》2013 年第 5 期。

68. 李旭谦：《青海省退化草地治理与恢复的技术措施》，《青海科技》2018 年第 6 期。

69. 张连义、刘爱军、邢旗等：《内蒙古典型草原区植被动态与植被恢复——以锡林郭勒盟典型草原区为例》，《干旱区资源与环境》2006 年第 2 期。

70. 陈佐忠、汪诗平等：《中国典型草原生态系统》，科学出版社，2000。

71. 陈佐忠：《草地退化的治理》，《中国减灾》2003 年第 3 期。

72. 陈佐忠：《新西兰的草地与草地科学研究》，《中国草业科学》1988 年第 4 期。

73. 杜际增、王根绪、李元寿：《近 45 年长江黄河源区高寒草地退化特征及成因分析》，《草业学报》2015 年第 6 期。

74. 李周：《完善草地管理体系，扭转草地退化趋势》，《中国经济学人（英文版）》2017 年第 1 期。

75. 李金亚、薛建良、尚旭东等:《草畜平衡补偿政策的受偿主体差异性探析——不同规模牧户草畜平衡差异的理论分析和实证检验》,《中国人口·资源与环境》2014 年第 11 期。

76. 李金花、潘浩文、王刚:《内蒙古典型草原退化原因的初探》,《草业科学》2004 年第 5 期。

77. 李绍良、陈有君、关世英等:《土壤退化与草地退化关系的研究》,《干旱区资源与环境》2002 年第 1 期。

78. 杜国祯、孙国钧、王兮之等:《垂穗披碱草个体大小依赖的繁殖分配与种群密度的关系》,《草业学报》1999 年第 2 期。

79. 张钦:《气候变化对高寒生态脆弱区农户生计脆弱性的影响》,西北师范大学硕士学位论文,2016。

80. 陈洁、方炎:《论从传统草原畜牧业到现代畜牧业的转变》,《中国软科学》2003 年第 6 期。

81. 陈洁、罗丹等:《中国草原生态治理调查》,上海远东出版社,2009。

82. 陈秋红:《中国北方草地资源可持续管理:基于制度和政策视角的研究》,中国社会科学出版社,2013。

83. 李政海、鲍雅静、王海梅等:《锡林郭勒草原荒漠化状况及原因分析》,《生态环境》2008 年第 6 期。

84. 苏浩:《气候变化与牧民脆弱性》,《广播电视大学学报》(哲学社会科学版)2013 年第 1 期。

85. 张倩:《牧民应对气候变化的社会脆弱性——以内蒙古荒漠草原的一个嘎查为例》,《社会学研究》2011 年第 6 期。

86. 张倩、李文军:《分布型过牧:一个被忽视的内蒙古草原退化的原因》,《干旱区资源与环境》2008 年第 12 期。

87. 李艳波、李文军:《草畜平衡制度为何难以实现"草畜平衡"》,《中国农业大学学报》(社会科学版)2012 年第 1 期。

88. 李海鹏、叶慧、张俊飚:《美、加、澳草地资源可持续管理比较及启示》,《世界农业》2004 年第 7 期。

89. 杨理:《中国草原治理的困境:从"公地的悲剧"到"围栏的陷阱"》,《中国软科学》2010 年第 1 期。

90. 杨理:《对推进草原治理现代化的几点思考》,《2015 中国草原论坛论文集》，2015。

91. 杨理：《草地资源管理的公平性与管理者行为》，《改革》2008 年第 4 期。

92. 杨理、侯向阳：《对草畜平衡管理模式的反思》，《中国农村经济》2005 年第 9 期。

93. 张梦君：《不同草地经营模式及其效果分析——以内蒙古牧区为例》，中国人民大学硕士学位论文，2017。

94. 李博：《中国北方草地退化及其防治对策》，《中国农业科学》1997 年第 6 期。

95. 李惠梅、张安录：《基于结构方程模型的三江源牧户草地生态环境退化认知研究》，《草地学报》2015 年第 4 期。

96. 张新时、唐海萍、董孝斌等：《中国草原的困境及其转型》，《科学通报》2016 年第 2 期。

97. 李毓堂：《中国草原政策的变迁》，《草业科学》2008 年第 6 期。

98. 李毓堂：《草产业和牧区畜牧业改革发展 30 年》，《草业科学》2009 年第 1 期。

99. 杨慧清：《天峻县草地畜牧业可持续发展对策初探》，《草业与畜牧》2009 年第 2 期。

100. 房风文、孔祥智：《不同养殖方式下奶农的技术效率及其影响因素分析——基于呼和浩特市的调查和 SFA 方法应用》，《江汉论坛》2011 年第 6 期。

101. 周立：《中国农村金融：市场体系与实践调查》，中国农业科技出版社，2010。

102. 拉加：《共和县生态畜牧业建设现状分析》，《中国畜禽种业》2018 年第 10 期。

103. 周立、董小瑜：《"三牧"问题的制度逻辑——中国草场管理与产权制度变迁研究》，《中国农业大学学报》（社会科学版）2013 年第 2 期。

104. 罗立夏、王柳英、黎明等：《放牧时间对青海湖流域冬春草场高寒草原群落特征的影响》，《青海大学学报》（自然科学版）2014 年第 5 期。

105. 国际草原大会：《草原牧区管理——核心概念注释》，2008 年世界草地与草原大会翻译小组译，科学出版社，2008。

106. 单丽燕、负旭疆、董永平等：《退牧还草工程项目遥感分析与效益评价——以四川省阿坝县为例》，《遥感技术与应用》2008 年第2 期。

107. 郑建宗、乌仁：《浅谈天峻县草地生态畜牧业合作社可持续发展》，《青海草业》2019 年第 2 期。

108. 中华人民共和国国家统计局：《中国统计年鉴 2005》，中国统计出版社，2005。

109. 金焱：《内蒙古牧区草原产权制度发展研究》，中国农业大学硕士学位论文，2007。

110. 林毅夫、胡庄君：《中国家庭承包责任制改革：农民的制度选择》，《北京大学学报》（哲学社会科学版）1988 年第 4 期。

111. 姜立鹏、覃志豪、谢雯等：《基于 MODIS 数据的草地净初级生产力模型探讨》，《中国草地学报》2006 年第 6 期。

112. 侯向阳、尹燕亭、丁勇：《中国草原适应性管理研究现状与展望》，《草业学报》2011 年第 2 期。

113. 侯向阳、尹燕亭、王婷婷：《北方草原牧户心理载畜率与草畜平衡生态管理途径》，《生态学报》2015 年第 24 期。

114. 侯向阳、尹燕亭、运向军等：《北方草原牧户心理载畜率与草畜平衡模式转移研究》，《中国草地学报》2013 年第 1 期。

115. 侯向阳：《中国草地生态环境建设战略研究》，中国农业出版社，2005。

116. 赵好信：《西藏草地退化现状成因及改良对策》，《西藏科技》2007 年第 2 期。

117. 赵兴梅、左停：《生态制度视域下的草原政策演变述评》，《前沿》2010 年第 3 期。

118. 赵成章、龙瑞军、马永欢等：《草地产权制度对过度放牧的影响——以肃南县红石窝乡的调查为例》，《草业学报》2005 年第 1 期。

119. 赵成章、贾亮红：《西北地区退牧还草工程综合效益评价指标体系研究》，《干旱地区农业研究》2009 年第 1 期。

120. 赵宝海：《草原生态补奖政策下的牧民家庭经济》，《内蒙古师范大学学报》（哲学社会科学版）2016 年第 3 期。

121. 洪绂曾：《做好草原大文章是时代赋予的使命》，《中国草地学报》2009 年第 1 期。

122. 赵鸣骥：《统筹谋划　周密部署　确保各项惠牧政策落到实处——关于内蒙古自治区实施草原生态保护补助奖励机制情况的调查报告》，《农村财政与财务》2011 年第 10 期。

123. 姚洋：《内蒙古草牧场承包经营权内部流转市场的问题研究》，内蒙古农业大学硕士学位论文，2009。

124. 柏娜：《城市化进程中的新生代农民工市民化问题研究》，鲁东大学硕士学位论文，2012。

125. 赵春花、曹致中、荣之君：《退牧还草工程对内蒙古阿拉善左旗经济社会效益的影响》，《草地学报》2009 年第 1 期。

126. 胡振通、孔德帅、靳乐山：《草原生态补偿：草畜平衡奖励标准的差别化和依据》，《中国人口·资源与环境》2015 年第 11 期。

127. 赵萌莉、郑淑华、王忠武等：《草地可持续性管理》，科学出版社，2014。

128. 赵新全、周华坤：《三江源区生态环境退化、恢复治理及其可持续发展》，《中国科学院院刊》2005 年第 6 期。

129. 赵澍：《草原产权制度变迁与效应研究》，中国农业科学院博士学位论文，2015。

130. 海山：《内蒙古牧区人地系统演变及调控问题研究》，内蒙古教育出版社，2014。

131. 海山：《内蒙古牧区贫困化问题及扶贫开发对策研究》，《中国畜牧杂志》2007 年第 10 期。

132. 海山：《试论内蒙古草原牧区畜牧业生产特点》，《内蒙古科技与经济》2000 年第 3 期。

133. 海山：《蒙古高原游牧文化中的环境道德及其现实意义》，《中央民族大学学报》（哲学社会科学版）2012 年第 5 期。

134. 海山、乌云达赖、孟克巴特尔：《内蒙古草原畜牧业在自然灾害中的"脆弱性"问题研究——以内蒙古锡林郭勒盟牧区为例》，《灾害学》2009 年第 2 期。

135. 徐凤君：《内蒙古草地退化原因分析及其恢复治理的科技支撑》，《科学管理研究》2002 年第 6 期。

136. 敖仁其：《对合作放牧制度的实证与理论思考》，《内蒙古社会科学（汉文版）》2014 年第 6 期。

137. 敖仁其：《合作利用牧场制度的理论思考与案例分享》，《原生态民族文化学刊》2011 年第 3 期。

138. 敖仁其：《对内蒙古草原畜牧业的再认识》，《内蒙古财经学院学报》2001 年第 3 期。

139. 敖仁其、席锁柱：《游牧文明的现代价值》，《前沿》2012 年第 15 期。

140. 贾幼陵：《关于草原荒漠化及游牧问题的讨论》，《中国草地学报》2011 年第 1 期。

141. 贾幼陵：《草原退化原因分析和草原保护长效机制的建立》，《中国草地学报》2011 年第 2 期。

142. 唐华俊、辛晓平、李凌浩等：《北方草甸退化草地治理技术与示范》，《生态学报》2016 年第 22 期。

143. 恩和：《内蒙古过度放牧发生原因及生态危机研究》，《生态经济》2009 年第 6 期。

144. 恩和：《草原荒漠化的历史反思：发展的文化维度》，《内蒙古大学学报》（人文社会科学版）2003 年第 2 期。

145. 聂萨茹拉、任晓晨：《牧户草原流转意愿的研究——锡林郭勒盟为例》，《商》2015 年第 1 期。

146. 高鸿宾：《中国草原》，中国农业出版社，2012。

147. 郭强、米福贵、殷国梅等：《气候因子对内蒙古四子王旗草原退化的影响》，《畜牧与饲料科学》2008 年第 6 期。

148. 高雷、彭新宇：《草原生态补偿与可持续发展研究——以呼伦贝尔草原的实践为例》，《生态经济》2012 年第 6 期。

149. 贾慎修、夏景新：《草地资源研究的几个理论和实践问题探讨》，《中国草原与牧草》1985 年第 2 期。

150. 黄文秀：《西南畜牧业资源开发与基地建设》，科学出版社，1991。

151. 黄央奎、史坤忠、樊万珍：《天峻县春旱变化特征及对牧业生产的影响》，《青海农林科技》2018 年第 4 期。

152. 菅刚、郭晓川、王锋正等：《草原退化的价值视角与治理》，《中国草地学报》2014 年第 5 期。

153. 曹旭娟、干珠扎布、梁艳等：《基于 NDVI 的藏北地区草地退化时空分布特征分析》，《草业学报》2016 年第 3 期。

154. 盖志毅：《制度视域下的草原生态环境保护》，辽宁民族出版社，2008。

155. 曹建军：《青藏高原地区草地管理利用研究》，兰州大学出版社，2010。

156. 曹建军、许雪赟、杨书荣等：《青藏高原不同草地利用方式产生的原因及其对社会—生态系统的影响研究进展》，《自然资源学报》2017 年第 12 期。

157. 黄梅、尚占环：《青藏高原毒草型退化草地治理技术研究进展》，《草地学报》2019 年第 5 期。

158. 董光荣、金炯、高尚玉等：《晚更新世以来我国北方沙漠地区的气候变化》，《第四纪研究》1990 年第 3 期。

159. 曾贤刚、唐宽昊、卢熠蕾：《"围栏效应"：产权分割与草原生态系统的完整性》，《中国人口·资源与环境》2014 年第 2 期。

160. 韩念勇：《草原的逻辑（第一辑）：警惕新名义下的农耕扩张》，北京科学技术出版社，2011。

161. 韩俊等：《中国草原生态问题调查》，上海远东出版社，2011。

162. 温铁军：《农户信用与民间借贷研究——农户信用与民间借贷课题主报告》，http://www.50forum.org.cn，最后检索时间：2001 年 6 月 7 日。

163. 靳乐山、胡振通：《谁在超载？不同规模牧户的差异分析》，《中国农村观察》2013 年第 2 期。

164. 赖玉珮、李文军：《草场流转对干旱半干旱地区草原生态和牧民生计影响研究——以呼伦贝尔市新巴尔虎右旗 M 嘎查为例》，《资源科学》2012 年第 6 期。

165. 雍国玮、石承苍、邱鹏飞：《川西北高原若尔盖草地沙化及湿地萎缩动态遥感监测》，《山地学报》2003 年第 6 期。

166. 路冠军、刘永功：《草原生态奖补政策实施效应——基于政治社会学视角的实证分析》，《干旱区资源与环境》2015 年第 7 期。

167. 褚保金：《构建新型农村金融缓解农村信贷约束》，《中国农村信用合作》2008 年第 12 期。

168. 谭仲春、张巧云、谭淑豪等：《典型草原牧区"生态奖补"政策落实及牧户偏好研究》，《生态经济》2014 年第 10 期。

169. 谭灵芝、王国友：《气候变化对干旱区家庭生计脆弱性影响的空间分析——以新疆于田绿洲为例》，《中国人口科学》2012 年第 2 期。

170. 蔡虹、李文军：《不同产权制度下青藏高原地区草地资源使用的效率与公平性分析》，《自然资源学报》2016 年第 8 期。

171. 谭淑豪、王济民、涂勤等：《公共资源可持续利用的微观影响因素分析》，《自然资源学报》2008 年第 2 期。

172. 谭淑豪、谭文列婧、励汀郁等：《气候变化压力下牧民的社会脆弱性分析——基于内蒙古锡林郭勒盟 4 个牧业旗的调查》，《中国农村经济》2016 年第 7 期。

173. 额尔敦扎布：《草原荒漠化的制度经济学思考》，《内蒙古大学学报》（人文社会科学版）2002 年第 5 期。

174. 樊胜岳、张卉：《草地使用权制度对牧民经济收入和草地退化的影响——以甘肃省肃南县红石窝乡为例》，《甘肃社会科学》2007 年第 5 期。

175. 穆少杰、朱超、周可新等：《内蒙古草地退化防治对策及碳增汇途径研究》，《草地学报》2017 年第 2 期。

176. 穆合塔尔、米克什、阿衣丁：《新疆草原畜牧业特点及其发展对策》，《草业科学》1998 年第 5 期。

177. 魏利平：《不同因素对锡林郭勒盟草原退化影响程度研究》，内蒙古农业大学硕士学位论文，2009。

178. 魏琦、侯向阳：《建立中国草原生态补偿长效机制的思考》，《中国农业科学》2015 年第 18 期。

179. 戴微著、谭淑豪：《草原生态奖补政策效果评价——基于内蒙古典型牧区调研的制度分析》，《生态经济》2018 年第 3 期。

180. Acemoglu, D., S., Johnson, "Unbundling Institutions," *Journal of Political Economy* 113 (2005): 949 – 995.

181. Acemoglu, D., S., Johnson, J. A. Robinson, "The Colonial Origins of Comparative Development: An Empirical Investigation," *American Economic Review* 91 (2001): 1369 – 1401.

182. Adger, N., "Social and Ecological Resilience: Are They Related?" *Progress in Human Geography* 24 (2000): 347 – 364.

183. Agrawal, A., N. Perrin, "Climate adaptation, local institutions and rural livelihoods," in *Adapting to Climate Change: Thresholds, Values, Governance* (Cambridge: Cambridge University Press, 2009).

184. Akiyamal, T., K. Kawamura, "Grassland degradation in China: Methods of monitoring, management and restoration," *Grassland Science* 53 (2007): 1 – 17.

185. Anderson, G., "Mr Smith and the Preachers: The Economics of Religion in the Wealth of Nations," *Journal of Political Economy* 96 (1988): 1066 – 1088.

186. Andersson, K., "Understanding decentralized forest governance: an application of the institutional analysis and development framework," *Sustainability: Science, Practice & Policy* 2 (2006): 25 – 35.

187. Azzi, C., R. Ehrenberg, "Household Allocation of Time and Church Attendance," *Journal of Political Economy* 83 (1975): 27 – 56.

188. Banks, T., "Property Rights Reform in Rangeland China: Dilemmas On the Road to the Household Ranch," *World Development* 31 (2003): 2129 – 2142.

189. Banks, T., C. Richard, L. Ping, "Community-Based Grassland Management in Western China," *Mountain Research and Development* 23 (2003): 132 – 140.

190. Behnke, R., "Natural Resource Management in Pastoral Africa," *Development Policy Review* 12 (1994): 5 – 27.

191. Beukes, P. C., R. M. Cowling, S. I. Higgins, "An ecological economic simulation model of a non-selective grazing system in the Nama Karoo,

South Africa," *Ecological Economics* 42 (2002): 221 – 242.

192. Bollig, M., A. Schulte, "Environmental change and pastoral percep-
tions: Degradation and indigenous knowledge in two African pastoral com-
munities," *Human ecology (New York)* 27 (1999): 493 – 514.

193. Briske, D. D., S. D. Fuhlendorf, F. E. Smeins, "State-and-Transition
Models, Thresholds, and Rangeland Health: A Synthesis of Ecological
Concepts and Perspectives," *Rangeland Ecology & Management* 58
(2005): 1 – 10.

194. Bruce, J., L. Fortmann, C. Nhira, "Tenures in Transition, Tenures in
Conflict: Examples from the Zimbabwe Social Forest," *Rural Sociology*
58 (1993): 626 – 642.

195. Burton, I., R. W. Kates, G. F. White, *The Environment as Hazard*
(New York: Oxford University Press, 1978).

196. Cao, J. J., Y. C. Xiong, J. Sun, "Differential Benefits of Multi-and
Single-Household Grassland Management Patterns in the Qinghai-Tibetan
Plateau of China," *Human Ecology* 39 (2011): 217 – 227.

197. Cao, J. J., N. M. Holden, J. F. Adamowski, R. C. Deo, X. Y. Xu,
Q. Feng, "Can individual land ownership reduce grassland degradation
and favor socioeconomic sustainability on the Qinghai-Tibetan Plateau?"
Environmental Science & Policy 89 (2018): 192 – 197.

198. Chazovachii, B., M. Chuma, A. Mushuku, L. Chirenje, L. Chitongo,
R. Mudyariwa, "Livelihood Resilient Strategies through Beekeeping in
Chitanga Village, Mwenezi District, Zimbabwe," *Sustainable Agricul-
ture Research* 2 (2013): 12 – 25.

199. Conte, T. J., B. Tilt, "The Effects of China's Grassland Contract Policy
on Pastoralists' Attitudes towards Cooperation in an Inner Mongolian Ban-
ner," *Human Ecology* 42 (2014): 837 – 846.

200. Costanza, R., L. Wainger, C. Folke, Karl-Göran Mäler, "Modeling
Complex Ecological Economic Systems," *BioScience* 43 (1993): 545 –
555.

201. Davis, D. K., "Indigenous knowledge and the desertification debate:

problematising expert knowledge in North Africa," *Geoforum* 36 (2005):
509 – 524.

202. Deininger, K. , S. Jin, "Tenure security and land-related investment:
Evidence from Ethiopia," *European Economic Review* 50 (2006):
1245 – 1277.

203. Demsetz, H. , "Toward a theory of property rights," *American Economic Review* 62 (1967): 347 – 359.

204. DFID, "Sustainable Livelihoods Guidance Sheets (1999) Department for International Development," https://www. unscn.

205. Dougill, A. J. , E. D. Fraser, M. S. Reed, "Anticipating Vulnerability to Climate Change in Dryland Pastoral Systems: Using Dynamic Systems Models for Kalahari," *Ecology and Society* 15 (2010): 17 – 37.

206. Eakin, H. , L. A. Bojórquez-Tapia, "Insights into the composition of household vulnerability from multicriteria decision analysis," *Global Environmental Change* 18 (2008): 112 – 127.

207. Ekvall, R. B. , *Fields on the Hoof. Nexus of Tibetan Nomadic Pastoralism* (New York: Holt, Rinehart & Winston, 1968).

208. Ellis, J. E. , D. M. Swift, "Stability of African Pastoral Ecosystems: Alternate Paradigms and Implications for Development," *Journal of Range Management* 41 (1988): 450 – 459.

209. Fan, S. , R. Pandya-Lorch, S. Yosef, *"Resilience for Food and Nutrition Security,"* Washington, DC. : International Food Policy Research Institute, 2014).

210. Feng, Y. , Q. Lu, T. Tokola, H. Liu, X. Wang, "Assessment of grassland degradation in Guinan county, Qinghai Province, China, in the past 30 years," *Land Degradation & Development* 20 (2009): 55 – 68.

211. Fernández-Giménez, M. E. , "Spatial and Social Boundaries and the Paradox of Pastoral Land Tenure: A Case Study from Postsocialist Mongolia," *Human Ecology* 30 (2002): 49 – 78.

212. Field, C. B. , "Sharing the garden," *Science* 294 (2001): 2490 – 2491.

213. Fraser, E. D. G. , "Travelling in Antique Lands: Using Past Famines to

Develop an Adaptability/Resilience Framework to Identify Food Systems Vulnerable to Climate Change," *Climatic Change* 83 (2007): 495 – 514.

214. Fraser, E. D. G. , A. J. Dougill, K. Hubacek, C. H. Quinn, "Assessing Vulnerability to Climate Change in Dryland Livelihood Systems: Conceptual Challenges and Interdisciplinary Solutions," *Ecology & Society* 16 (2011): 46 – 58.

215. Galvin, K. A. , "Transitions: Pastoralists living with change," *Annual Review of Anthropology* 38 (2009): 185 – 198.

216. Galvin, K. A. , "Responses of Pastoralists to Land Fragmentation: Social Capital, Connectivity, and Resilience," in Kathleen A. Galvin, Robin S. Reid, Roy H. Behnke Jr. , N. Thompson Hobbs, eds. , *Fragmentation in Semi-arid and Arid Landscapes: Consequences for Human and Natural Systems* (The Netherlands: Springer, 2008).

217. Goldstein, M. C. , *A History of Modern Tibet: The Demise of the Lamaist State* (Berkeley: University of California Press, 1989).

218. Goldstein, M. C. , "The Revival of Monastic Life in Drepung Monastery," in M. C. Goldstein, M. T. Kapstein, eds. , *Buddhism in Contemporary Tibet: Religious Revival and Cultural Identity* (Berkeley: University of California Press, 1998).

219. Gongbuzeren, M. Zhuang, W. Li, "Market-based grazing land transfers and customary institutions in the management of rangelands: Two case studies on the Qinghai-Tibetan Plateau," *Land Use Policy* 57 (2016): 287 – 295.

220. Greif, A. , *Institutions: Theory and History . Comparative and Historical Institutional Analysis* (Cambridge: Cambridge University Press, 2005).

221. Grier, R. , "The Effect of Religion on Economic Development: A Cross national Study of 63 Former Colonies," *Kyklos* 50 (1997): 47 – 62.

222. Grunfeld, A. T. , *The making of modern Tibet Armonk* (NY: M. E. Sharpe, 1996).

223. Guelke, L. , "The tragedy of privatisation: Some environmental consequences of the Dutch invasion of KhoiKhoi South Africa," *South African*

Geographical Journal 85（2003）：90 – 98.

224. Guiso，L.，P. Sapienza，L. Zingalez，"People's Opium? Religion and Economic Activities，" *Journal of Monetary Economics* 50（2003）：225 – 282.

225. Haberl，H.，"Human appropriation of net primary production as an environmental indicator：Implications for sustainable development，" *Ambio* 26（1997）：143 – 146.

226. Chen，H.，T. Zhu，"The dilemma of property rights and indigenous institutional arrangements for common resources governance in China，" *Land Use Policy* 42（2015）：800 – 805.

227. Hardin，G.，"The tragedy of the commons，" *Science* 162（1968）：1243 – 48.

228. Hobbs，N. T，K. A Galvin，C. J. Stokes，"Fragmentation of rangelands：Implications for humans，animals，and landscapes，" *Global Environmental Change* 18（2008）：776 – 785.

229. Ho，P.，"China's rangelands under stress：A comparative study of pasture commons in the Ningxia Hui Autonomous Region，" *Development and Change* 31（2000）：385 – 412.

230. Holling，C. S.，"Resilience and Stability of Ecological Systems，" *Annual Review of Ecology and Systematics* 20（1973）：1 – 23.

231. Hua，L.，V. R. Squires，"Managing China's pastoral lands：Current problems and future prospects，" *Land Use Policy* 43（2015）：129 – 137.

232. Huang，W.，B. Bruemmer，L. Huntsinger，"Incorporating measures of grassland productivity into efficiency estimates for livestock grazing on the Qinghai-Tibetan Plateau in China，" *Ecological Economics* 122（2016）：1 – 11.

233. Huntsinger，L.，N. F. Sayre，L Macaulay，"Ranchers，land tenure，and grassroots governance，" in Pedro M. Herrera，Jonathan Davies，Pablo Manzano Baena，eds.，*The Governance of Rangelands：Collective action for sustainable pastoralism*（New York：Routledge，2014）.

234. IFPRI（International Food Policy Research Institute），"Definitions of

Resilience: 1996-Present," Washington, DC, 2013, http://www. 2020resilience. ifpri. info/files/2013/08/resiliencedefinitions. pdf.

235. Illius, A. W. , T. G. O'Connor. , "On the Relevance of Nonequilibrium Concepts to Arid and Semiarid Grazing Systems," *Ecological Applications* 9 (1999): 798 – 813.

236. Jin, S. Q. , T. S. Jayne, "Land Rental Markets in Kenya: Implications for efficiency, equity, household income, and poverty," *Land Economics* 89 (2013): 246 – 271.

237. Jode, H. D. , "Modern and Mobility: The Future of Livestock Production in Africa's Drylands". International Institute for Environment & Development (IIED) and SOS Sahel International UK, 2010, http://pubs. iied. org/pdfs/12565IIED. pdf.

238. Kates, R. W. , W. C. Clark, R. Corell, J. M. Hall, C. C. Jaeger, I. Lowe, J. J. Mccarthy, H. J. Schellnhuber, B. Bolin, and N. M. Dickson. , "Environment and Development: Sustainability Science," *Science* 292 (2001): 641 – 642.

239. Kemp, D. , C. Brown, G. Han, D. Michalk, Z. Nan, J. Wu, Z. Xu. , "Chinese Grasslands: Problems, Dilemmas and Finding Solutions. In Development of Sustainable Livestock Systems on Grasslands in North-western China," in David Ramon Kemp, David Leslie Mickalk, eds. , *ACIAR Proceedings No.* 134 (Canberra: Australian Center for International Agricultural Research, 2011).

240. Kennedy, J. J. , B. L. Fox, T. D. Osen, "Changing social values and images of public rangeland management," *Rangelands* 17 (1995): 127 – 132.

241. Knowles, S. , C. Weatherson, "Informal Institutions and Cross-Country Income Differences," *Economics Discussion Papers Dunedin: Univezsity of Otago* 0604, 2006.

242. Kwon, H. Y. , E. Nkonya, T. Johnson, V. Graw, E. Kato, E. Kihiu, "Global estimates of the impacts of grassland degradation on livestock productivity from 2001 to 2011," in Ephraim Nkonya, Alisher Mirzabaev,

Joachim von Braun, *Economics of Land Degradation and Improvement-A Global Assessment for Sustainable DevelopmentEconomics of land degradation and improvement* (Cham: Springer, 2016).

243. Laerhoven, Van F. and E. Ostrom. , "Traditions and trends in the study of the commons," *International Journal of the Commons* 1 (2007): 3 – 28.

244. Lane, C. , R. Moorehead, "New directions in rangeland and resource tenure and policy," in Ian Scoones, ed. , *Living with uncertainty: New Directions in Pastoral Development in Africa* (London: Institute of Development Studies, 1995).

245. Li, A. , J. Wu, X. Zhang, J. Xue, X. Han, J. Huang, "China's new rural 'separating three property rights' land reform results in grassland degradation: Evidence from Inner Mongolia," *Land Use Policy* 71 (2018): 170 – 182.

246. Lin, L. , Y. K. Li, X. L. Xu, F. W. Zhang, Y. G. Du, S. L. Liu, G. M. Cao, "Predicting parameters of degradation succession processes of Tibetan Kobresia grasslands," *Solid Earth* 6 (2015): 1237 – 1246.

247. Little, P. D. , J. G. McPeak. , "Resilience and Pastoralism in Africa South of the Sahara," in Shenggen Fan, Rajul Pandya-Lorch, and Sivan Yosef, eds. , *Resilience for Food and Nutrition Security* (Washington, D. C: International Food Policy Research Institute, 2014).

248. Liu, J. , J. Diamond, "China's environment in a globalizing world," *Nature* 435 (2005): 1179.

249. Liu, M. , L. Driesb, W. Heijmanb, X. Zhu, X. Deng, J. Huang, "Land tenure reform and grassland degradation in Inner Mongolia," *China Economic Review* 55 (2019): 181 – 198.

250. Locke, K. , *Grounded Theory in Management Research* (Thousand Oaks: SAGE, 2001).

251. Ma, W. , K. Ding, Z. Li, "Comparison of soil carbon and nitrogen stocks at grazing-excluded and yak grazed alpine meadow sites in Qinghai-Tibetan Plateau, China," *Ecological Engineering* 87 (2016): 203 – 211.

252. Masten, A., S., and A. R. Monn., "Child and Family Resilience: A Call for Integrated Science, Practice, and Professional Training," *Family Relations* 64 (2015): 5 – 21.

253. McCleary, R. M., R. J. Barro, "Religion and Economy," *Journal of Economic Perspectives* 20 (2006): 49 – 72.

254. Meinzen-Dick, R., R. Pradhan, D. Gregorio, "Understanding property rights. In collective action and property rights for sustainable rangeland management," *CAPRI Brief* (2005): 3 – 4.

255. Meng, L., H. Gao, *The status of grassland degradation of China and the strategies for grassland conservation* (Beijing: the 6th Chinese International Rangeland Congress, 2002).

256. Miller, D. J., "Nomads of the Tibetan Plateau Rangelands in Western China—Part Two: Pastoral Production Practices," *Rangelands* 21 (1999): 16 – 19.

257. Ngaido, T., N. McCarthy, *Institutional Options for Managing Rangelands* (Washington, DC: International Food Policy Research Institute, 2005)

258. Niamir-Fuller, M., "Managing Mobility in African Rangelands," in Mwangi, E., ed., *Collective Action and Property Rights for Sustainable Rangeland Management* (Washington, DC: CAPRi Research Brief, International Food Policy Research Institute, 2005).

259. Noland, M., "Religion and Economic Performance," *World Development* 33 (2005): 1215 – 32.

260. North, D., *Institutions, Institutional Change and Economic Performance* (Cambridge: Cambridge University Press, 1990).

261. Ostrom, E., "Beyond Markets and States: Polycentric Governance of Complex Economic Systems," *American Economic Review* 100 (2010): 641 – 672.

262. Otsuka, K., "Efficiency and equity effects of land markets," *Handbook Agric. Econ* 3 (2007): 2671 – 2703.

263. Platteau, J. P., *Institutions, Social Norms and Economic Development*

(Amsterdam: Harwood, 2000).

264. Polski, M. M. , E. Ostrom, *An Institutional Framework for Policy Analysis and Design.* W98 – 27, Workshop in Political Theory and Policy Analysis, Department of Political Science, Indiana University, 1999: 1 – 49.

265. Pretty, J. , "Social Capital and the Collective Management of Resources," *Science* 302 (2003): 1912 – 1914.

266. Quaas, M. F. , S. Baumgärtner, "Natural vs. financial insurance in the management of public-good ecosystems," Working Paper Series in Economics. University of Lüneburg, Institute of Economics, 2006.

267. Quaas, M. F. , S. Baumgärtner, C. Becker, K. Frank and B. Müller. , "Uncertainty and sustainability in the management of rangelands," *Ecological Economics* 62 (2007): 251 – 266.

268. Netting, R. M. , "What alpine peasants have in common: Observations on communal tenure in a Swiss village," *Human Ecology* 4 (1976): 135 – 146.

269. Robin, S. R. , K. A. Galvin, and R. S. Kruska, "Global Significance of Extensive Grazing Lands and Pastoral Societies: An Introduction," in Kathleen A. Galvin, Robin S. Reid, Roy H. Behnke Jr. , and N. Thompson Hobbs, eds. , *Fragmentation in Semi-arid and Arid Landscapes: Consequences for Human and Natural Systems* (The Netherlands: Springer, 2008).

270. Rodrik, D. , A. Subramanian, F. Trebbi, "Institutions Rule: The Primacy of Institutions over Geography and Integration in Economic Development," *Journal of Economic Growth* 9 (2004): 131 – 165.

271. Rui, Y. , A. J. Evans, N. Malleson, "An agent-based model for assessing grazing strategies and institutional arrangements in Zeku, China," *Agricultural Systems* 171 (2019): 135 – 142.

272. Runge, C. , "Common Property Externalities: Isolation, Assurance, and Resource Depletion in a Traditional Grazing Context," *American Journal of Agricultural Economics* 63 (1981): 595 – 606.

273. Sallu, S. M. , C. Twyman, D. S. G. Thomas, " The Multidimensional Nature of Biodiversity and Social Dynamics and Implications for Contemporary Rural Livelihoods in Remote Kalahari Settlements," *Botswana. African Journal of Ecology* 47 (2009): 110 - 118.

274. Sallu, S. M. , C. Twyman, L. C. Stringer, " Resilient or Vulnerable Livelihoods? Assessing Livelihood Dynamics and Trajectories in Rural Botswana," *Ecology & Society* 15 (2010): 299 - 305.

275. Schumacher, E. F. , *Small Is Beautiful*: *Economics as if People Mattered* (New York: Harper & Row, 1973).

276. Shah, K. U. , H. B. Dulal, C. Johnson, A. Baptiste, " Understanding Livelihood Vulnerability to Climate Change: Applying the Livelihood Vulnerability Index in Trinidad and Tobago," *Geoforum* 47 (2013): 125 - 137.

277. Smale, S. , "Assessing Resilience and Vulnerability: Principle, Strategies and Actions," *Annals of Botany* 101 (2008): 403 - 419.

278. Sneath, D. , "State policy and pasture degradation in Inner Asia," *Science* 281 (1998): 1147 - 1148.

279. Solomon, T. B. , H. A. Snyman, G. N. Smit, "Cattle-rangeland management practices and perceptions of pastoralists towards rangeland degradation in the Borana zone of southern Ethiopia," *Journal of Environmental Management* 82 (2007): 481 - 94.

280. Swallow, B. M. , D. W. Bromley, "Institutions, governance and incentives in common property regimes for African rangelands," *Environmental and Resource Economics* 6 (1995): 99 - 118.

281. Strong, A. , *When Serfs Stood Up in Tibet. San* (Francisco: Red Sun Publishers, 1976).

282. Swift, J. , *Major issues in pastoral development with special emphasis on selected African countries* (Rome: FAO, 1988).

283. Swift, J. , "Dynamic ecological systems and the administration of pastoral development," in I. Scoones, ed. , *Living with uncertainty*: *New directions in pastoral development in Africa* (London: Intermediate Technology

Publ, 1995).

284. Tabellini, G. , *Culture and Institutions*: *Economic Development in the Regions of Europe* (Oxford: CESIFO Working Paper # 1492, 2005).

285. Tan, S. H. , R. X. Zhang, and Z. C. Tan, "Grassland rental markets and herder technical efficiency: ability effect or resource equilibration effect?" *Land Use Policy* 77 (2018): 135 – 142.

286. Tan, S. H. , B. Liu, Q. Y. Zhang, Y. Zhu, J. H. Yang, "Understanding grassland rental markets and their determinants in eastern inner Mongolia, PR China," *Land Use Policy* 67 (2017): 733 – 741.

287. Tan, S. H. , Z. C. Tan, "Grassland tenure, livelihood assets and pastoralists' resilience: evidence and empirical analyses from western China," *Economic and Political Studies* 5 (2017): 381 – 403.

288. Tu, Q. , E. Bulte and Tan Shuhao, "Religiosity and economic performance: Micro-econometric evidence from Tibetan area," *China Economic Review* 22 (2011): 55 – 63.

289. Tu, Q. , S. Tan, N. Heerink, F. Qu, "Effects of culture on grassland degradation," *China Perspective* 2 (2008): 39 – 47.

290. Turner, M. D. , "The role of social networks, indefinite boundaries and political bargaining in maintaining the ecological and economic resilience of the transhumance Systems of Sudano-Sahelian West Africa," in M. Niamir-Fuller, ed. , *Managing mobility in African rangelands*: *The legitimization of transhumance* (London: Intermediate Technology Publications Ltd, 1999).

291. Twine, W. , "Multiple Strategies for Resilient Livelihoods in Communal Areas of South Africa," *African Journal of Range & Forage Science* 30 (2013): 39 – 43.

292. Undargaa, S. J. F. Mccarthy, "Beyond Property: Co-Management and Pastoral Resource Access in Mongolia," *World Development* 77 (2016): 367 – 379.

293. Unkovich, M. , Z. Nan, "Problems and prospects of grassland agroecosystems in western China". *Agriculture, Ecosystems & Environment* 130

（2008）：75 – 182.

294. van der Vegt, S. Gerben, P. Essens, M. Wahlstrom, Gerard George , "Managing Risk and Resilience," *Academy of Management Journal* 58 （2015）：971 – 980.

295. Vetter, S. , "Rangelands at equilibrium and non-equilibrium：Recent developments in the debate," *Journal of Arid Environments* 62 （2005）：321 – 341.

296. Waldron, S. , C. Brown, J. Longworth, "Grassland degradation and livelihoods in China's western pastoral region：A framework for understanding and refining China's recent policy responses," *China Agricultural Economic Review* 2 （2010）：298 – 320.

297. Walker, B. , C. S. Holling, S. Carpenter, A. Kinzig, "Resilience, Adaptability and Transformability in Social-Ecological Systems," *Ecology and Society* 9 （2004）：5 – 14.

298. Wang, J. , D. G. Brown, R. L. Riolo, et al. , "Exploratory analyses of local institutions for climate change adaptation in the Mongolian grasslands：An agent-based patternling approach," *Global Environmental Change* 23 （2013）：1266 – 1276.

299. Wang, Z. , X. Deng, W. Song, Z. Li, J. Chen, "What is the main cause of grassland degradation? A case study of grassland ecosystem service in the middle-South Inner Mongolia," *Catena* 150 （2017）：100 – 107.

300. Westoby, M. , B. Walker, I. Noy-Meir, "Opportunistic Management for Rangelands Not at Equilibrium," *Journal of Range Management* 42 （1989）：266 – 274.

301. White, G. F. , *Natural Hazards, Local, National, Global* （Cambridge：Oxford University Press, 1974）.

302. Wiesmair, M. , H. Feilhauer, A. Magiera, A. Otte, R. Waldhardt, "Estimating vegetation cover from high-resolution satellite data to assess grassland degradation in the Georgian Caucasus," *Mountain Research and Development* 36 （2016）：56 – 65.

303. World Bank, "ASPIRE：The Atlas of Social Protection-indicators of

Resilience and Equity," Washington, DC, 2014, http://datatopics. worldbank. org/aspire/.

304. Wunder, S. , *Payments for Environmental Services: Some Nuts and Bolts* (Jakarta: CIFOR Occasional Paper, 2005).

305. Yang, Q. , Z. Du, *Tibetan Geography* (Beijing: China Intercontinental Press, 2004).

306. Yang, Y. , Z. Wang, J. Li, C. Gang, Y. Zhang, Y. Zhang, J. Qi, "Comparative assessment of grassland degradation dynamics in response to climate variation and human activities in China, Mongolia, Pakistan and Uzbekistan from 2000 to 2013," *Journal of Arid Environments* 135 (2016): 164 – 172.

307. Zhang, Q. , "May They Live with Herds-Transformation of Mongolian Pastoralism in Inner Mongolia of China," *Thesis Submitted for the Degree of Master of Philosophy in Indigenous Studies Faculty of Social Sciences*, (Norway: University of Tromsø, 2006).

308. Zhao, M. , G. Han, H. Mei, "Grassland resource and its situation in Inner Mongolia, China," *Bulletin of the Faculty of Agriculture Niigata University* 58 (2006): 129 – 132.

后 记

进入草原领域做研究，源于 2005 年 9 月我从荷兰瓦赫宁根大学博士毕业前的一次朋友聚会。

自小生长在农区，并且从本科阶段在南京农业大学土化系学习土壤科学，到进入江西省樟树市农业局土肥站工作，再回到南京农业大学土地管理学院学习农业资源经济与土地利用管理，一直与农区和耕地打交道。直到 2005 年我在荷兰瓦赫宁根大学社会科学系发展经济组学习，即将博士毕业。回国之前，已决定接着做一个关于中国土地退化的"中（国）-荷（兰）"科技战略联盟（Sino-Dutch KNAW-MoST）项目。博士阶段的调研经历，让我对即将开始的项目的选点颇为犯愁。

博士研究受欧盟第五框架"经济政策改革、农户行为和土地退化"项目的支持。当时为了选到适合研究的调研点，颇费了一番苦心，最后选择了江西鹰潭和上饶地区的农户和稻田作为研究对象。不过，调研显示，那里的土地退化主要表现为土壤肥力耗竭，非肉眼容易分辨；农民固然可以感知，但各人感知的情况不同。正寻思将要开展的土地退化研究去哪儿找时，有位朋友刚回国参加了北京大学原校长许智宏院士的甘南考察团回到瓦赫宁根，兴致勃勃地展示了藏族聚居区的风情。记得当时说到"甘南的草场退化非常严重，200 亩草场才能养活一头山羊"。我听了之后相当吃惊（注：估计是朋友弄错了，或者当时我听错了，因为后来了解到甘南每头标准羊一年需要十多亩草场就够了，内蒙古有些荒漠地区需要 80～90 亩承载 1 头标准羊，但尚未听说过 200 亩 1 头标准羊的。局部地区的这种情形也有可能，但无论如何，我当时就信以为真了）。我的博士论文研究的是农区的土地细碎化问题，研究地点江西贵溪、余江和铅山的农户家庭平均只有不足 10 亩地，这就是许多家庭的全部生计来源。而甘南草原牧区，200 亩草场竟然只能够养活一头山羊，而需要饲养 200 头山羊才能保障一家人的生计。草原牧区是个什么样的情形？我怀着强烈的好奇心打算前往牧区去看个究竟。

　　2005 年 9 月 6 日我博士答辩毕业之后，在西欧和南欧游历了几周。10 月初回国后不久，正好有机会参加中国农科院畜牧经济所王济民老师课题组在藏族聚居区的"退牧还草"项目检查，第一次去到牧区。首站便是甘南草原，随后去了青海果洛等牧区，开启了草原调研之路。10 月底的青藏高原已非常寒冷，青海省农牧厅的一位老司机每天早上提前发动四轮驱动的路虎车（巧的是，这辆车也是欧盟项目资助购买的，几年前项目结束了，但车子依然留下来发挥作用），又备好军用大衣好让我们上车时感觉暖和一些。可见，草原牧区自然条件是艰苦的。那次的调研之后，我就决定以牧区草原作为研究对象了。接下来的几年多次去了青海进行调研。之后由于个人工作变动，我担任了荷兰瓦赫宁根大学及研究中心（Wageningen University & Research Center，WUR）驻中国首席代表，草原研究暂时中断。直到 2010 年，老院长温铁军教授将我引荐给前福特项目官员白爱莲（Irene Bain）女士，我才又重新开始了对草原的研究。在此，要特别感谢温老师。

　　感谢白爱莲女士。就我所知所感，她为推动中国的草原研究倾注了极大的热情和努力。在我从事福特项目研究的几年里，白爱莲女士给了我们大力的支持，不仅将自己手头相关的书籍资料和会议材料等任何有可能对我们有帮助的资源慷慨地给了我们，帮助我们建立了一个小型草原研究资料室，还积极组织和参与了各类草原沙龙。那几年是北京的草原研究界最活跃的时期。在她的努力之下，我们于 2011 年 5 月 11 日邀请到诺贝尔经济学奖获得者埃利诺·奥斯特罗姆（Elinor Ostrom）教授和她在美国印第安纳大学研究所的接任者，专门在学院召开了一个长达 4 个多小时的草原政策研究研讨会。记得是我开车去友谊宾馆接 Ostrom 教授和其同事，而研讨会结束和用餐之后，是温铁军老师将她们送到首都国际机场的。Ostrom 教授在研讨会上对中国的草地研究表现出极大兴趣，表示次年夏天将来中国和去蒙古国商讨草原方面的合作研究。而令人非常惋惜的是，一年后的 6 月 12 日，Ostrom 教授竟然永远地离开了我们。那次政策研讨会成了 Ostrom 教授的最后一次中国之行，也可能是她最后一次正式参加国际学术活动。

　　在白爱莲女士的建议和帮助下，我们翻译了国际农业研究磋商组织（CGIAR）基于集体行动和产权的项目（CAPRi）、由国际食物政策研究

所 （IFPRI） 高级研究员 Ruth Meinzen-Dick 主编的《资源、权利和合作：促进可持续发展的产权和集体行动》。为该书作序的，正是时任美国印第安纳大学政治理论与政策分析研究所所长、美国亚利桑那州立大学制度多样化中心研究员和创始董事的 Elinor Ostrom。Ostrom 教授在序中说"人们应对社会重大挑战的能力，取决于其全球和地区性自愿合作的能力，以及设计并维持如何管理其自身和所拥有的资源多样性制度的能力"，还断言"……经常被当作灵丹妙药的简单'解决方法'（即'一刀切'的制度安排）并不能解决复杂问题"。从某种程度上来说，我本人多年来坚持以草地为主要研究领域，并生发撰写本书的念头，与以上经历无不相关。本书的成果，得益于这些年的积累，也受益于草原沙龙学界各位老师的讨论和启发。

　　感谢过去这些年里给我们的调研提供过帮助和便利的人，其中包括时任内蒙古呼伦贝尔市政府副秘书长的胡兆民同志，锡林郭勒盟水利局的王苏荣女士，内蒙古农业大学修长柏（现任内蒙古民族大学副校长）教授和乔光华教授，内蒙古师范大学地理系海山教授，内蒙古社科院敖仁其研究员，内蒙古大学达林太教授和杨理教授等，以及当时的内蒙古大学学生苏布德和欧日乐克，还有呼伦贝尔的牧民冬梅等。需要感谢的人太多，不能一一列举，在此一并致谢。

　　还要感谢曾经一起多次去草原调研的人——原中国社科院世界经济研究所涂勤，同事朱勇和张巧云。每次出去调研，领着自己的研究生和一批在当地招募的学生翻译，大家一起对调研人员进行培训，去做预调研，回到宾馆讨论修改问卷，再分组调研，再集中总结调研情况。这些年做草原研究，有苦有乐，还有很多美好记忆。草原调研比农区调研辛苦得多，仍愿意坚守，说明了草原的魅力和我们对草原的热爱。2012 年之前，尽管北京的草原研究界气氛活跃，但对整个中国而言，草原研究属于小众的研究领域，我当年以"基于制度视角的我国干旱和半干旱牧区草地资源的可持续管理研究"为题申请国家自然科学基金时，学院的资深教授还不无担心地告诫我这一小众的研究恐难引起关注。令人欣慰的是，近年来，草原研究吸引了学术界越来越多的关注。

　　我指导的部分博士和硕士研究生以及本科生参与了本书的一些前期工作。博士生励汀郁作为我当时的科研秘书，协助我完成本书项目的申请；博士生张如心帮助我分析数据、查阅资料和撰写了部分初稿；硕士生胡露等帮助我整理了文献。感谢他们的付出！第 4 章基于和励汀郁的合作，第 6 章基于和刘博等的合作，第 10 章、第 11 章分别基于与谭仲春和戴微著等的合作。另有几章基于我所指导的硕士研究生和本科生的部分毕业论文，包括姜东的论文（第 9 章）、陈文杰的论文（第 13 章）、柏娜的论文（第 14 章）、张书怡和肖钦翰的论文（第 15 章）、张梦君和张如心的论文（第 16 章）。以上合作论文及学生的毕业论文都是在我组织和亲自带队参与调研的基础上完成的。第 9 章的数据来自国务院发展研究中心的调查。在此，感谢韩俊和张云华，他们将调研的数据无私地分享给了我们。此外，第 7 章、第 8 章基于我们调研的数据和原中国社科院世界经济研究所的涂勤以及荷兰瓦赫宁根大学 Ewrin Bulte 和 Nico Heerink 等的合作。征得以上所有合作者的同意，在引用原文的情况下，经过翻译和改写后收录于此。

在草原牧区的多次调研中，牧民们的淳朴与热情好客以及他们较为艰难的生计给我留下了深刻的印象。自 2011 年 5 月起，我们定期不定期地重返内蒙古和青海等地的草原，也对曾经调研过的牧户进行过几次回访。每当听到牧民向我们表达他们的心声时，真希望能够帮助他们更加有效地达成提高生计水平和恢复草原生态的愿望，希望每次去牧区时，看到的是更翠绿的草色、更肥壮的牛羊、更富庶的生活和更开心的笑脸。然而，几分钟之前，我们常去调研的内蒙古锡林郭勒盟正镶白旗的牧民告诉我，前些日他们那里天天是沙尘，北京也不例外，空气质量指数曾高达 500。这让我更深刻地体会到，我们离草原很近！草原一旦遭到退化，哪怕远在千里之外，也难逃沙尘的肆虐。

今天的这会儿（下午 4 时），北京西北风 5 级，阳光灿烂，有着一年中最好的空气质量，AQI 仅为 26，一级优。顺手查了一下，此时的正镶白旗，也是天气晴好，西风 4 级，空气质量指数 42，优。但愿几天前，起源于蒙古高原的沙尘暴能远离我们。草原与我们休戚相关，一荣俱荣，一损俱损。因此，有待全社会甚至全球从正式和非正式制度（包括文化）、政策及市场等各个方面加强对草地资源的可持续管理。

再次向所有提到过名字和未提到过名字的、以不同方式给我们的研究以帮助的人们表示感谢。希望能够为草地资源的可持续管理和牧区的可持续发展尽一份绵薄之力。

　　文责自负，书中的错误和不妥之处由本人负责。恳请读者能够不吝指教。

2021 年 3 月 21 日

于中国人民大学明德楼

图书在版编目（CIP）数据

牧区草地资源的可持续管理：制度、政策与市场 /
谭淑豪著. -- 北京：社会科学文献出版社，2022.6
国家社科基金后期资助项目
ISBN 978 - 7 - 5201 - 8925 - 5

Ⅰ.①牧… Ⅱ.①谭… Ⅲ.①牧区 - 草地资源 - 资源
管理 - 研究 - 中国 Ⅳ.①F323.212

中国版本图书馆 CIP 数据核字（2021）第 169940 号

国家社科基金后期资助项目
牧区草地资源的可持续管理：制度、政策与市场

著　　者 / 谭淑豪

出 版 人 / 王利民
责任编辑 / 薛铭洁
责任印制 / 王京美

出　　版 / 社会科学文献出版社·皮书出版分社（010）59367127
　　　　　　地址：北京市北三环中路甲 29 号院华龙大厦　邮编：100029
　　　　　　网址：www. ssap. com. cn
发　　行 / 社会科学文献出版社（010）59367028
印　　装 / 三河市龙林印务有限公司

规　　格 / 开 本：787mm × 1092mm　1/16
　　　　　　印 张：18.75　字 数：296 千字
版　　次 / 2022 年 6 月第 1 版　2022 年 6 月第 1 次印刷
书　　号 / ISBN 978 - 7 - 5201 - 8925 - 5
定　　价 / 158.00 元

读者服务电话：4008918866